本书得到上海市政府发展研究中心决策咨询重点项目
和江西长江经济带协同创新中心重点项目资助

长江经济带研究论丛

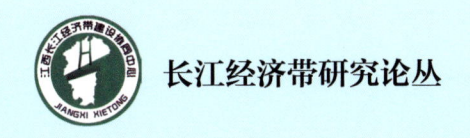

江西省新型城镇化融入长江经济带的基础、障碍与关键

刘耀彬　戴　璐　编著

社会科学文献出版社
SOCIAL SCIENCES ACADEMIC PRESS (CHINA)

内容提要

长江经济带建设是党中央、国务院谋划新发展的重大战略布局，是实现中华民族伟大复兴的重大决策部署。长江经济带位处国土中心，横贯东西、连接南北，资源丰富、经济发达，客观上具有缩小东西差距的物质基础，将成为推动全国经济东中西联动和全面振兴的最佳战略区。

新型城镇化是以城乡统筹、城乡一体、产城互动、节约集约、生态宜居、和谐发展为基本特征的城镇化，是大中小城市、小城镇、新型农村社区协调发展和互促共进的城镇化。新型城镇化的核心在于不以牺牲农业和粮食、生态和环境为代价，着眼农民，涵盖农村，实现城乡基础设施一体化和公共服务均等化，促进经济社会发展，实现共同富裕。

中央做出促进中部崛起重大战略决策之后，中部各省纷纷制定了经济圈规划，这些规划对加速中部各省的经济发展、促进中部地区的崛起将起到巨大的推动作用。在中部崛起的战略实施中，江西省提出了"鄱阳湖生态经济区"、全国生态文明先行示范区、原赣南中央苏区以及昌九一体化建设目标，为融入长江经济带建设提供基础和条件。

然而，江西省新型城镇化融入长江经济带建设存在障碍，主要体现在鄱阳湖生态经济区体量小、发展不平衡，整个社会经济发展水平低、不均衡，高铁背景下其区位被边缘化，物联网时代其电子商务被弱化，江西省城市等级规模结构不完善以及其沿江岸线短，开放开发的空间有限等。

本书认为，江西省新型城镇化融入长江经济带的原则为逐步提升、产业融入以及城市与沿江开发，应从短期和长期来思考江西省融入长江经济带的方式：短期内，江西省以昌九一体化建设为目标，长期则以赣鄱流域融入长江经济带为整体思路。

　　最后，本书提出江西省新型城镇化融入长江经济带的两个关键。关键之一就是从城市群融入长江经济带经验借鉴的角度出发，得出江西省新型城镇化融入长江经济带的关键是要加快和加强区域空间结构、综合交通运输体系建设、沿江开发、产业协作和生态补偿标准区等方面的建设。关键之二就是从非密集城镇带的就近城镇化角度出发，分析得出发展以新型城镇化融入长江经济带所面临的重点障碍是土地流转问题，即实质是农地产权资本化的问题；另一障碍是要发展县域特色经济，以当地经济吸引力促使农业人口就近城镇化。

　　关键词： 新型城镇化　城市群一体化　农地产权资本化　长江经济带

目 录

第一章 引言 ··· 1
  第一节 研究背景和意义 ·· 1
  第二节 国内外研究现状 ·· 6
  第三节 研究目标和主要内容 ······································ 25
  第四节 研究方法与技术路线 ······································ 27

第二章 新型城镇化的内涵与经验借鉴 ································· 29
  第一节 新型城镇化的内涵 ·· 29
  第二节 国外的城镇化经验借鉴 ···································· 30
  第三节 中国的城镇化经验 ·· 36

第三章 江西省新型城镇化融入长江经济带的基础 ····················· 39
  第一节 长江经济带现状与若干关键因素分析 ························ 39
  第二节 江西省城镇化发展的过程 ·································· 69
  第三节 江西新型城镇化建设的主要载体 ···························· 71
  第四节 江西省新型城镇化融入长江经济带的 SWOT 分析 ············ 104

第四章 江西省新型城镇化融入长江经济带建设的障碍 ················· 108
  第一节 社会综合发展的不平衡 ···································· 108
  第二节 区位空间边缘化陷阱显现 ·································· 124

第三节 城市体系发展的不完善……………………………… 137
第四节 沿江开放开发短板效应凸显…………………………… 145

第五章 江西省新型城镇化融入长江经济带的原则与思路…… 152
第一节 融入的原则……………………………………………… 152
第二节 融入的思路之一：短期大力推进昌九一体化………… 154
第三节 融入的思路之二：长期建设赣鄱流域经济带………… 158

第六章 江西省新型城镇化融入长江经济带的关键之一：
城市群一体化融入……………………………………… 165
第一节 长江经济带城市群融入的经验借鉴…………………… 166
第二节 江西省新型城镇化融入道路：
生态融入、产业对接、交通一体………………………… 173

第七章 江西省新型城镇化融入长江经济带的关键之二：
就近城镇化融入………………………………………… 178
第一节 问题的启示：基于土地利用效率的视角……………… 179
第二节 制度的启示：基于农地产权的视角…………………… 194
第三节 途径的启示：基于农地产权资本化的视角…………… 201
第四节 推进模式：引导农村土地经营权有序流转…………… 210
第五节 推进方式：大力发展县域特色经济…………………… 226

参考文献 …………………………………………………………… 241

后　记 …………………………………………………………… 256

第一章
引 言

第一节 研究背景和意义

一 研究的背景

（一）长江经济带建设是党中央、国务院实现中国经济升级的重大决策部署

长江经济带位处国土中心，横贯东西、连接南北，资源丰富、经济发达，客观上具有缩小东中西差距的物质基础，将成为推动全国经济东中西联动和全面振兴的最佳战略区。长江经济带横向延伸，融入"丝绸之路经济带"与"21世纪海上丝绸之路"，是面向世界的重要战略举措。推进长江经济带的建设，对于有效扩大内需、促进经济稳定增长、调整区域产业结构、实现中国经济升级具有重要意义，在我国未来空间开发格局中具有举足轻重的战略地位。通过建设长江经济带，构建沿海与中西部相互支撑、良性互动的新格局，把长三角经济区、长江中游城市群和成渝经济区三大"板块"的产业发展和基础设施连接起来、要素流动起来、市场统一起来，促进产业有序转移衔接、优化升级和新型城镇集聚发展，缩小地区差距和城乡差距，形成直接带动上海、江苏、浙江、安徽、江西、湖北、湖南、四川、重庆、

云南、贵州 11 个省市、超过 1/5 国土、约 6 亿人的强大发展新动力，是我国实现中华民族伟大复兴的重大战略布局。

（二）长江经济带建设是加快长江中游城市群发展、实现中部崛起的必要途径

长江中游城市群汇集了中部地区大量的人口和产业，是中部地区主要的城市集聚区之一，是支撑中部地区经济持续快速增长的主导地区。在我国未来空间开发格局中呼应长江三角洲和珠江三角洲腹部，是国家规划重点地区和我国经济"第四"增长极。长江中游城市群是长江经济带建设的重要载体和支撑，是长江经济带建设的重要区域，长江经济带的建设有利于长江中游城市群和中部地区更好、更快发展。长江经济带的建设，可快速集聚生产要素，构建起强大的产业集群和城市集群，有效承接沿海地区产业转移，快速增强城市的集聚辐射功能，有助于发挥长江中游城市群承东启西的区位优势。利用长江流域的巨大交通便利，增强长江中游城市群整体竞争力，在国家发展大格局，特别是中部崛起战略中，成为中部地区具有强大集聚作用和辐射作用的核心增长极，是加快实现中部崛起的必要途径。因此，长江经济带建设，不仅符合区域经济又好又快发展的需要，而且符合各个经济板块不同的发展要求，特别是有利于把中部地区城市群作为经济主体加以整合，实现长江中游城市群建设中的产城融合，实现区域发展格局的创新和升华。

（三）长江经济带建设是江西省社会经济发展升级、绿色崛起的难得机遇

长江经济带的建设是适应能源资源禀赋、投资贸易格局和全球治理结构新变化，有效解决经济发展中不协调、不平衡、不可持续问题的历史选择，也是打造中国经济升级版的时代选择。作为长江经济带 11 个省份中地理位置和经济水平都"居中"的江西，长江经济带的建设既是一次千载难逢的历史机遇，也是一次十分严峻的时代考验，江西可充分发挥自身优势，打破行政区划的限制，消除行政壁垒和地方保护主义，与长江中游其他省份合作共赢，提高自身经济发展水平和经济影响力。通过推动资金、人才、技术等要素的自由流动，引导人口和产业合理集聚转移，培育和发展优势产业，建设跨区域互补型产业基地；完善交通基础设施，进一步建设连接沿江区域的交通网络，使得区域之间的联系更为紧密；沿江经济带的建设能进一步促进环鄱阳湖城市群的建设，完善江西城市体系与空间布局，发挥城市群对经济腹地的拉动作用；建立区域合作的生态环境保护机制，与武汉城市圈、长株潭城市群、皖江经济带一起，走绿色崛起的发展道路，构建区域生态经济发展新模式。江西必须紧紧抓住这次难得的发展时机，乘势而上，从根本上改变相对落后的局面，实现富裕、和谐、秀美的"江西梦"。

（四）江西发展升级是推动长江经济带建设的重要战略支撑

江西具有一定的资源基础，区位条件较为优越，资源环境承载能力较强，经过多年的快速发展已形成良好的产业基础，是全国重要的商品粮基地，拥有有色金属和稀有金属、航空制造和新型制药等特色产业，具有承接东部沿海地区产业转移的空间。江西的发展升级，以昌九一体化为嵌入体、新型城镇化建设为载体的区域发展升级，通过融入长江经济带建设，以跨区域的协作模式提升自身发展质量，是区域经济转型升级的重要途径。长江经济带的建设是综合产业发展、城镇化、基础设施和生态文明等各方面的一体化建设过程，顺应新时期区域发展的方向。江西积极参与长江经济带的建设，可以同其他地区错位发展优势产业，大中小城市和小城镇协调布局，以长江黄金水道为动脉互连互通交通运输要道，建设生态文明社会。江西整体生态环境比较好，医药、高新技术产业、食品加工业等对生态环境要求较高，江西已确立这些产业作为未来产业承接的重要方面，为长江经济带产业布局奠定基础；工业园区建设的快速推进，搭建了长江经济带产业发展的平台；江西的土地成本、人力成本相对低，人力资源丰富，为承接产业转移提供了良好的发展环境。总之，长江经济带建设为江西经济的发展升级提供了大好的历史时机，江西的发展升级是推动长江经济带建设的重要战略支撑。

二 研究的意义

党的十八大报告指出："推进经济结构战略性调整是加快转变经济发展方式的主攻方向。必须以改善需求结构、优化产业结构、促进区域协调发展、推进城镇化为重点，着力解决制约经济持续健康发展的重大结构性问题。坚持走中国特色新型工业化、信息化、城镇化、农业现代化道路,推动信息化和工业化深度融合、工业化和城镇化良性互动、城镇化和农业现代化相互协调,促进工业化、信息化、城镇化、农业现代化同步发展。"国家"十二五"规划纲要在关于城镇化建设方面,提出了"构建城市化战略格局、稳步推进农业人口转化为城镇居民、增强城镇综合承载能力"的要求。在此期间开展的"中部崛起计划"和"鄱阳湖生态经济区规划"等国家级项目的立项和建设,使江西省新型城镇化处在蓬勃发展的阶段。

然而,江西省经济基础仍然比较薄弱,粗放型经济增长方式特征明显,结构性矛盾比较突出;国内外市场竞争激烈,资源环境约束加剧。因此,从战略角度研究江西省在全面建设"美丽江西"的大背景下,如何领先推进江西新型城镇化建设,具有重大的理论与实践意义。

(一) 为江西省科学布局城镇格局和协调城乡统筹关系提供科学依据

江西推进新型城镇化建设,有着其自有的需求和现实基础,具体表现在目前江西省城市化水平低,正处于城市化中期加速发展阶段。2012 年江西省城镇化水平为 47.5%,同期全国城市化水平为 53.8%,比全国低 6.3 个百分点。与中部各省相比,江西省的城镇化水平处于后位。江西省城镇化增长率近 5 年来处于 1.56~1.71,属于城镇化水平发展的中期加速发展阶段。江西省城市规模体系不全,城市体系整体功能未能完全发挥。江西省缺乏大城市,且城市人口集中分布在特大城市和中等城市。江西省大城市发育缓慢,城市主城区规模偏小,中等城市和小城市非农业人口中有一部分并没有居住在主城区,与中部其他省份的同类城市相比,人口、经济聚集程度不高,城市聚集作用没有充分发挥,全省的城市经济增长核心区尚未形成。同时,江西省城市化空间特征主要表现在城市分布不平衡,南北城市化水平差异明显。在城镇化进程中,城市化滞后于工业化与经济非农化,"四化"同步发展存在很大空间。江西生态环境优良,生态环境主要指标多年来稳居全国前三位。城镇发展有着较好的生态基础。

党的十八大提出了城镇建设"四化同步"的新型城镇化建设构想,国家发改委正在编制《国家新型城镇化发展规划》,已于 2014 年上半年发布。江西作为在城镇化发展道路上有后发优势的省份,积极探索一条符合江西城镇化发展的新道路是当前的迫切需要，可以在未来建设中大有所为。因此，对新型城镇化问题的研究可以为江西城镇建设提供科学依据。

（二）为全面推进江西省绿色、低碳和智慧的新型城镇道路提供决策依据

2009年12月12日，国务院正式批准《鄱阳湖生态经济区规划》，指出未来一段时期是鄱阳湖生态经济区工业化、城镇化加速推进的重要时期，城镇化步伐和产业发展将进入提速阶段，核心城市发展对人口、能源、资源及基础设施等方面的要求更高。与我国经济发达地区相比，江西省城市群体系尚未完善，城镇综合经济实力不强，产业发展没有明显优势，社会事业发展相对滞后。江西的城镇化要基于自身的特点与优势，在绿色崛起总战略下有序推进。在城镇化的过程中要按照循序渐进、节约土地、集约发展、合理布局的原则，努力形成资源节约、环境友好、经济高效、社会和谐的城镇化发展新格局，走一条绿色生态的城镇化发展道路。

在城镇化的规划过程中，要强调健全的生态服务功能，强调健康的城市代谢环境，强调产业的合理选择和科学布局，强调城市的低能耗、低废弃、高效率等。江西省的城镇化不能是简单的城市人口比例增加和面积扩张，而是要在产业支撑、人居环境、社会保障、生活方式等方面实现由"乡"到"城"的转变，走新型城镇化道路。新型城镇化的"新"，是指观念更新、体制革新和技术创新，是新型工业化、区域城镇化、社会信息化和农业现代化的生态发育过程；"型"指转型，包括产业经济、城市交通、建设用地等方面的转型，环境保护也要从末端治理向"污染防治－清洁生产－生态产业－生态基础设施－生态政区"五同步的生态文明建设转型。

因此，生态文明建设背景下的新型城镇化，是鄱阳湖生态经济区建设与江西省城镇化建设共同发展的必然要求；加强对新型城镇化的研究，可以更好地推进江西全面科学发展。

（三）为其他欠发达地区的新型城镇化建设提供分析思路与样本素材

江西省的城镇化建设，要坚持"以人为本的和谐发展、城乡统筹的一体化发展、资源节约环境保护的可持续发展、规划引导的有序发展、深化改革的创新发展"的原则,将以人为本作为要求,贯穿于推进新型城镇化的全过程;以推进示范镇建设为途径,促进新型城镇化和小城镇建设、新农村建设良性互动,加快城乡一体化进程;以坚持走科学发展绿色崛起为方向,转变城镇发展模式,促进人与自然和谐相处;以城镇化发展客观规律为准绳,完善规划体系,强化规划管理,发挥城乡规划在新型城镇化中的引导调控作用;以社会主义市场经济体制为导向,形成有利于新型城镇化健康有序推进的体制机制和政策环境;以鄱阳湖生态经济区建设为主线,坚持新型工业化、农业现代化、城镇化和信息化协调推进,推动全省城镇化由偏重数量规模增加向注重质量内涵提升转变、由偏重经济发展向注重经济社会协调发展转变、由偏重城市发展向注重城乡一体化发展转变,走上一条资源节约、环境友好、经济高效、文化繁荣、社会和谐,以城市群为主体,大中小城市和小城镇科学布局,城乡互促共进,区域协调发展的新型城镇化道路,即以大带小、以群促区、以建促保的平安、和谐、美丽的江西特色城镇化道路。

"十二五"期间强调经济结构调整的国家宏观战略构成了中国城乡社会结构转型重大背景,而转型的核心纽带是城镇化发展。在推动工业化和城镇化良性互动、城镇化和农业现代化相互协调,促进城镇化与工业化、信息化、农业现代化同步发展进程中,应正确处理好城镇化发展速度与质量的关系、城镇化发展与"三农"的关系、城镇化与工业化的关系、城镇规模结构与空间分布的关系。江西是中部欠发达地区,也是革命老区和建设中的生态文明先行示范区,研究如何推进江西省新型城镇化发展,可以为城镇化理论积累经验素材,可以为欠发达地区的城镇化发展提供借鉴案例,也可以为城镇化已经较为发达的地区今后发展的方向与重点提供新的对策思路。

第二节 国内外研究现状

一 长江流域城市群研究状况

长江连接中国东部、中部和西部三大区域,其干流通航里程达2800多千米,是举世闻名的"黄金水道"。长江流域是中国人口密集、经济繁荣的地区,对中国区域经济社会的发展具有举足轻重的作用。长江经济带是潜力巨大的区域经济增长带,这一经济增长带升级为中国经济新支撑带,为长江流域推进经济结构战略调整和转变经济发展方式提供了机遇。为响应国家战略,推动自身和带动周边地区发展,各地学者们对长江流域发展进行了广泛讨论,积极寻求协同发展的有效途径。

(一) 关于长江经济带的范围和形成条件

1. 关于长江经济带的名称和范围

改革开放以来,我国率先实施了沿海经济发展战略,地处我国沿海经济带上的长江三角洲、珠江三角洲和环渤海地区得到了超常规发展,带动了全国经济的繁荣,而作为我国除沿海地区之外的另一条发展主轴线的长江沿岸地区,其区域发展战略及相关政策的提出则相对较晚。1992年,党的十四大提出"以上海浦东开发为龙头,进一步开放长江沿岸城市,尽快把上海建成国际经济、金融、贸易中心城市之一,带动长江三角洲和整个长江流域地区经济的新飞跃";党的十四届五中全会进一步明确,"建设以上海为龙头的长江三角洲及沿江地区经济带"。由此,长江经济带建设开始进入实质性启动和加速发展的新阶段,1992年成为长江经济带新时期经济发展的始点。尽管在长江流域内存在一个完整的大尺度的经济单元是公认的事实,但学术界对这一经济单元的具体空间范围和名称没有统一的认识,不同学者先后提出了多种名称,其中具有较大影响的有11种(见表1-1)。

表 1-1 关于长江经济带的不同界定

名称	提出时间(年)	范围	面积	代表作者
长江沿岸产业带	1984	仅包括长江干流沿岸地区,构成"T"字形结构的东西向轴带,具体范围较模糊	不定	陆大道
长江沿岸开发轴线	1987	长江口到四川渡口,全长约3000千米,南北宽约50千米	模糊	陆大道
长江三角洲及长江沿江地区	1992	上海、江苏、浙江、安徽、江西、湖北、湖南、四川		铭文
长江沿岸经济区	1992	沪、苏、浙、皖、赣、鄂、湘、川、黔、滇	10省市面积之和	国家计委

续表

名称	提出时间(年)	范围	面积	代表作者
长江流域经济区	1993	沪、苏、浙、皖、赣、鄂、湘、川、黔、滇、青、藏		陈国阶
东中经济区	1994	沪、苏、浙、皖、赣、鄂、湘为第一成员,豫、陕南、川东南为第二成员	模糊	胡序威
长江产业带	1997	沪、苏、浙、皖、赣、鄂、湘、川	143.3万平方千米	陈雯、虞孝感
长江经济带	1998	沪、苏、浙、淮河以南的安徽、赣、鄂、湘、渝、川		郭振淮
长江经济协作区	2001	以长江干流的辐射效应为依据,以沿长江中下游辖射的范围为长度,以垂直于长江的辖射范围度形成的区域	有机变动	厉以宁
长江经济带	2007	沪、苏、浙、皖、赣、鄂、湘、川、渝、云、贵		陈修颖
长江经济新支撑带	2013	沪、苏、浙、皖、赣、鄂、湘、川、渝、云、贵	超过1/5国土	国家发改委、交通部

资料来源:陈修颖:《长江经济带空间结构演化及重组》,《地理学报》2007年第12期。笔者在其基础上修改而制。

2. 长江经济带的形成条件

区域经济学理论指出,经济带形成的基础是产业带。产业带是在特定经济空间中,由众多相互配合、协作密切的产业部门,围绕资源富集区、中心城市或者交通方便的区位(或节点)而集聚,所形成的由线状基础设施和若干大小不等的中心共同组成的,具有共同内在经济联系的产业集聚区域。陈修颖(2007)认为长江经济带是兼顾自然地理、人文脉络、经济区的整体功能和行政区的完整性等诸多因素形成的一种经济区形式,它是以流域为基础、以长江为纽带、以城市经济区为基本单元的宏观协作经济区。罗祖德等(1998)指出长江经济带是我国的一条资源带,是一条能源带,是一条产业带,是一条城市带,亦是一条中国的财富聚集带(约聚集了全国1/2的财富)。

（二）关于长江流域经济发展战略与协作机制

1. 发展战略

段进军（2005）从横向和纵向两个方面分析长江经济带的联动发展。他认为从横向来看，重点要突出以上海、武汉和重庆为中心的三大区域的特色，并要进一步推动这三大区域的一体化进程，为实现长江经济带的整体联动发展提供动力；从纵向来看，就是为长江经济带的联动发展提供制度、市场、交通等条件，还要充分重视企业和企业集团在长江经济带联动发展中的重要作用。陈友国（2001）并不同意上述观点，他认为应该放弃建立中心城市的做法，而要努力实现跨江的多层次的经济发展区，即把距长江两岸各200千米的地区连成一个统一的经济实体，在以主要城市为基础的前提下发展沿岸广大地区经济，从而出现多层次的经济发展区。他认为接近和超过100万人口的城市可以建成若干卫星城市，并促进小城镇的经济发展。唐辉和杨新梅（1999）提出以沿江中心城市为重点，以水资源联合开发利用为突破口，构筑结构合理、优势互补的综合运输网络带和长江商贸走廊，建设旅游文化组合纽带和沿江科技开发协作纽带的长江流域经济带共同发展的基本思路。朱英明和姚士谋（1999）通过以回归分析的方法对长江经济带农村人口转化问题进行实证研究后认为，长江经济带经济发展的关键在于农村人口的转化：近期内要实施农业产业化和农村非农化转移并重的战略，中长期内要将大中城市打造成吸收农村人口的主力军。辜胜阻等（1997）认为进行长江流域经济开发有利于缩小我国东、中、西部差距，能促进西部大开发战略的实施。

2. 协作机制

沈玉芳等（2000）研究了上海和长江中上游地区在各方面都存在明显差距的区域间的经济协作及其协调机制的问题。他们认为，首先要从市场准入、建立合理的要素流动机制、建立跨地区融资机制、建立恰当的中央政府行政调控机制、建立跨地区的协调机制等方面入手来营造区域合作的良好环境；其次，要以市场手段和中央政府调控相结合的方法来协调区域之间的利益关系。李靖等（2003）探讨了长江经济带合作发展的意义及其可行性。他们认为，应当加强中央与地方共同组成的协调机构的协调力度，发挥企业的主体作用，减少政府没有必要的干预，促进区域市场的优化，建立有效的法律保障措施。

3. **空间布局**

陈修颖和陆林（2004）对长江经济带空间结构形成基础及优化问题进行实证研究的结果表明：长江经济带各个空间结构单元的区域资源结构、产业结构和空间结构存在着紧密的互动关系，即存在互补性。他们还运用拓扑分析的方法分别对1984年和2003年长江经济带不同区域交通网络的通达性进行分析，研究表明：交通网络的迅速优化促进了长江经济带的空间链接，2003年空间结构的紧密程度远较20世纪80年代初要高，尤其是上游地区，空间的封闭状况得到根本改善，并且发现今后要进一步改善长江经济带的交通网络结构特征，提高环度比改善连通性更为重要；而对于空间结构的优化而言，他们认为其重点在于空间管理体制的创新、城市体系的空间结构优化以及通道的优化三个方面。陈修颖（2007）认为，当前长江经济带形成了特殊的条状的核心—外围—边缘结构，而核心就是指上海—武汉—重庆核心。这种空间结构的本质特征是经济带发展空间极化作用的结果，集聚仍然是经济带空间结构形成与演化的主流力量；加快提高经济空间结构的整体性，加强空间链接，尤其是促进长江经济带各次区域的进一步链接，对最终实现整个长江经济带一体化至关重要。这些学者对研究长江流域经济的发展战略、空间布局以及协作机制问题付出了巨大努力，取得了积极的成果。

4. **产业结构**

彭劲松（2005）对长江上游经济带产业发展的现状进行了分析，并通过区位熵和产业贡献率的计算结果来确定产业结构调整的重点以及优先发展的产业。他认为，长江上游经济带的产业布局应遵循这样的思路，即以长江水道、成渝线、宝成线、渝黔线、渝怀线等高速公路（铁路）构成主干发展轴线，并依托重庆、成都两个特大型城市以及发展轴线结点和端点中心城市的极化和扩散效应，带动沿线地区的经济增长。陈雯、周诚军等（2003）对长江流域经济一体化下的中游地区产业发展问题进行研究后认为，我国地区产业同构现象较为严重，地区之间缺乏有效的产业关联与协作，区域整体效益差。他们判断，随着我国市场经济体制的逐步完善，区域经济势必在市场作用下走向一体化，而产业间的联系也将日益密切。在此前提下，他们提出要将中游地区打造成为区内进口替代——面向区外市场的农业和制造业的半成品和最终产品的加工基地。

（三）关于长江流域经济城市群的研究进展

1. 长三角城市群

丁三青（2006）通过对长三角交通一体化对徐州在区域经济发展中的地位的影响问题进行了研究，认为地区界限、体制界限和行业界限日益成为制约我国交通运输业现代化的三大障碍，也成为影响区域经济发展的重要因素。钱芝网（2006）通过对长三角经济圈区域物流一体化的研究认为，只要长三角各市能从区域经济一体化的大局出发，树立科学的发展观，充分运用现代信息技术，以区域物流资源整合为抓手，统一规划，加强协调沟通，就一定能实现区域物流的一体化，并为区域经济一体化的长足发展提供保障。金春良（2005）的研究表明，长三角经济一体化存在着行政招商引资的无序竞争和重复建设、产业重构以及各中心城市地位不突出的三大障碍，并认为长三角地区只要坚持市场主导，就能逐步克服重复建设带来的弊端，形成各城市间合理的水平分工和垂直分工体系，其前提在于政府要成为这一进程的推动者而不是阻碍者。

汪祝龙（2005）分析了长江流域经济一体化发展的现状、产业布置与分工的模式以及阻碍一体化发展的主要因素，提出促进长江流域经济一体化的对策：一要进行统一的战略规划；二要形成合理的产业分工；三要建立推进长江经济一体化协调委员会；四要制定长江经济一体化建设的相关法律、法规；五要加快沿江铁路和高速公路建设；等等。陈湘满和刘君德（1999）提出要以基础设施建设为突破口，促进长江流域经济一体化的发展的观点。这些为数不多的文献虽然将研究区域范围扩大到整个长江流域，但就其研究程度而言则是较为初步的。

2. 成渝经济区

李迅（2008）对成渝经济区形成及发展的基础进行研究，认为成渝经济区形成及发展有着法律政策、历史文化、地理区位、资源和产业五个方面的基础。中国人民银行成都分行金融研究处课题组（2010）对我国区域经济规划现状及成渝经济区发展远景进行研究，认为成渝经济区与沿海的差距仍然较大，但这种差距将随着核心经济圈发生多元化调整重组而趋于缩小，竞争将更趋激烈，所以成渝经济区只有找准战略定位，加快区内资源整合，加强区域间经济合作，才能在区域竞争中胜出。刘朝明、董晖和韩斌（2006）对西部增长极与成渝经济区战略目标定位问题进行了研究，认为成渝经济区要成为西部区域增长极的最基本条件以及实现区域发展转型和可持续成长的可行途径是破除行政区域的界限，按同质产品实现区域一体化，发展产业集群或企业集群。王海芬（2010）对推进成渝经济区产业融合问题进行了研究，认为要很好地推进成渝经济区的发展，就要促进成渝经济区的产业融合。李文东（2009）的研究认为，在当前金融危机的背景下，利用危机对经济结构的倒逼机制，来实现成渝经济区产业结构的调整升级和发展是一个现实的选择。孙继琼等（2006）对成渝经济区城市体系的特征进行了研究，认为成渝经济区城市体系的规模结构较为分散，优化其规模结构已势在必行，提出重点发展特大及大城市，特别是重庆和成都两个超大城市，合理发展中小城市，壮大小城镇的发展方针。薛宗保（2011）运用城市流强度模型对西部大开发战略下的成渝经济区进行的研究表明，一个城市要有较高的城市流强度，就要有较高的总体实力，还要有较高的综合服务能力，而要实现城市群全面均衡的发展就要提高城市流强度。

3. "中四角"长江中游城市集群

（1）武汉城市圈。

辜胜阻、易善策和李华（2007）对武汉城市圈与东部三大城市群进行了比较研究，认为城镇化和城市群发展的基石是工业化，要推进城市群建设就要深化产业分工，要提升城市群的竞争力则需要培育地区创新精神并依靠技术创新来发展产业集群，还要在城市群建设过程中发挥市场配置资源的基础性作用。王昌兴（2004）对武汉城市群发展问题进行研究，认为武汉城市群的建设与发展必须从实际出发，加强内在经济联系，构建面向国内和国际两个市场、利用国际和国内两种资源的产业结构体系；还认为武汉城市群一体化发展的一个重要战略措施是要加强交通基础设施建设。曾翔旻（2003）认为武汉城市群的发展模式应当是加强政府引导，以市场推进为主的发展模式,其发展定位是在推进国际化、工业化、城市化、信息化基础上的保持经济适度、快速、健康的发展。方创琳和蔺雪芹(2008)认为武汉城市群是我国东西部产业梯度转移的纽带,是中部崛起的重要战略支点;提出建设生态型城市群的总体思路,将其总体发展定位为内陆地区重要的先进制造业高地和现代服务业中心;提出延伸十大优势产业链,建设具有区际意义的15个产业集群和7大特色产业带的产业布局和发展思路;提出武汉城市群城市间产业分工与协作方案。赵伟(2006)对中部地区崛起的城市群战略问题进行了研究,认为我国中部城市群发展还不成熟,还处于初期阶段;还认为有必要把包括武汉城市群在内的中部城市群发展提升到战略层面。

(2)长株潭城市群。

董力三和张文佳(2006)对长株潭成为中部新增长极进行分析,认为构筑长株潭经济增长极将形成带动全省城乡和谐发展的综合中心,有利于同一空间布局,有利于促进分工协作和整体经济发展;长株潭经济增长极的建立是可持续增长的保障,是实现区域协调发展的重大举措,能够拓宽我国战略腹地。孙红玲(2007)认为通过政府力量引导和启动长株潭"3+5"城市群建设,关键是要抓紧实施打造长沙中心城市、建设一个半小时通勤圈和对都市圈内城市功能定位三大工程,做到在推进新型城市化与城市现代化建设过程中,逐步形成强大的产业体系、先进的创新体系、完善的市场体系、快捷的物流体系和现代交通通信体系。刘茂松(2008)对长株潭城市群"两型社会"建设进行了思考,认为取得成效的关键在于创新,即技术创新、制度创新、社会创新。冷红(2011)认为长株潭城市群发展尽管势头良好,但也存在管理不协调、经济发展总量和速度有较大差距、资源不足、污染严重等问题,针对这些问题应采取统筹规划城市群、坚持以人为本、充分利用区域人才优势等举措,形成可持续的区域创新体系。陈雯等(2003)对长株潭城市群发展进行优劣势分析后,认为应以长株潭经济一体化为契机,推进长株潭城市群在规划布局、基础设施、产业发展、社会服务、城乡空间、环境保护等方面的全方位联合。在继续优化产业结构的基础上扩大产业规模,提高产业层次,引导分工协作,合理资源配置。此外,还需治理污染环境，建设可持续发展的绿色城市。

（3）皖江城市带。

陈晓华和张小林（2006）在研究中指出融入长三角是皖江沿江城市空间整合的前提，实施跨江发展战略，建设承接沿海地区产业转移的制造业基地，构建与长三角接轨的基础平台，打造"马芜铜"核心增长极，是长三角一体化背景下皖江城市空间整合的主要策略。程必定和袁宏（2010）认为要体现中国区域发展的时代价值，有效承接产业转移，皖江城市带应在化解产业转移"区域黏性"上有新突破。王洋（2010）的研究表明皖江城市带具有重工业发展快速、长三角经济圈带动、国内外资本和产业转移步伐加快等优势，也面临着产业区域竞争态势日趋激烈、与长三角发展落差扩大、环境和生态压力逐渐增加、市场机制与发达地区存在较大差距等问题与挑战。李停（2010）则从晋升博弈分析的视角出发，研究皖江城市带在承接产业转移过程中的问题，发现政府官员对于区域整合和合作的努力激励不足，对无益于区际整合和合作的努力激励过度，区域合作空间很小。他认为加强皖江城市间承接东部产业转移的合作，需要建立干部离任责任追查制度，逐渐淡化政府在产业转移中的主导作用，建立跨行政区的利益协调机制。马怀礼和刘保满（2011）对汽车产业、冶金及金属加工产业、建材及新材料产业、电子电器产业、造船产业和旅游文化产业的整合做了分析，指出皖江城市带承接产业转移示范区产业整合应加强组织领导，协调区域发展，调整产业结构，优化产业布局，建立现代化综合交通体系，探索服务融入的体制机制和可持续发展的模式。

（4）环鄱阳湖城市群。

麻智辉（2006）认为要加快江西在中部崛起，必须构建以南昌为中心，九江、景德镇、鹰潭为次中心的环鄱阳湖城市群，整合区域内经济、文化、科技和资源优势，加快区域交通、产业等市场的一体化进程。黄新建和廖汉鲁（2008）通过借鉴国内外已有的城市群发展经验，结合江西在"十一五"规划中的目标和中部崛起的要求，从多个方面厘清现存的矛盾和问题，并从调整行政区划、优化功能布局、大中小城市配套发展等八个方面对构建鄱阳湖生态城市群进行了探讨。赵黎黎和黄新建（2008）认为加强环鄱阳湖城市群空间的经济联系，应该构建一体化的环鄱阳湖城市群基础设施，建立环鄱阳湖城市合作机制，以信息化带动产业化。刘耀彬和刘玲（2011）运用SWOT分析方法对鄱阳湖生态经济区城市群发展的优势、劣势、机会和威胁进行了全面分析，建议在区域内形成统一的基础设施建设，提升中心城市的核心作用和辐射作用，重点发展低碳经济，做好区域间产业转移、转换工作，以新兴工业化推进城市群建设质量，增强城市群建设的开放程度，增加教育投入，建立统一的环境监督体制和区域生态补偿机制。图1-1是长江流域的城市群。

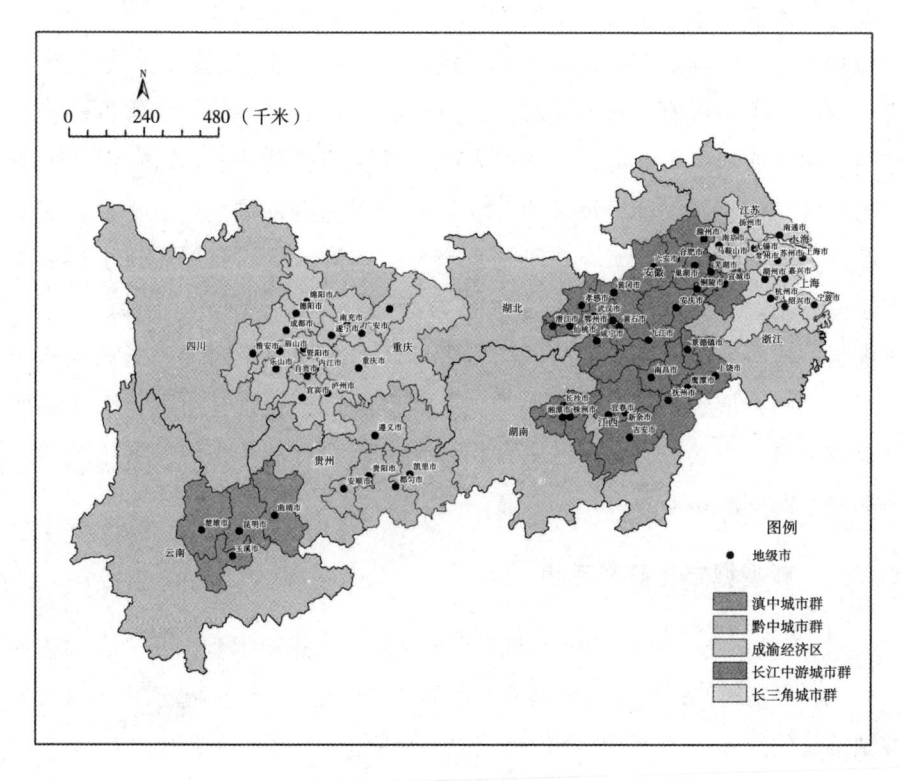

图1-1 长江流域城市群

（四）对现有研究的评述

1. 总体研究涉及内容繁杂

通过文献调查可以发现，目前国内学者对长江经济带的研究大多集中在产业转移、区域合作、区域经济差异、区域不平衡和协调发展以及对长江经济带发展的政策建议等方面。因此，正确分析和认识长江经济带在1992年以后的发展变化，并提出相应的对策建议，具有较大的实际应用价值和实践意义。

2. 研究依然存在很多争论

首先，在长江经济带发展战略方面，大多数学者认为应该发展中心城市，通过中心城市来带动经济带整体的发展，但小城镇以及农村的发展也是长江经济带发展的关键性问题，因此，各地区如果要制定长江经济带发展战略，不仅要考虑中心城市的辐射范围，也要根据自身的情况，考虑小城镇和农村地区的协同发展。其次，在协作机制方面，学者们普遍认为市场、企业、中央政府、地方政府这些市场影响者的良好协作能够推动长江经济带的形成。对于中央政府和地方政府等调节机构的协作，可以建立更好的政策环境，使长江经济带的企业和市场得到良好的发展。再次，在长江经济带空间布局方面，现有研究表明长江经济带空间布局应该主要从空间管理体系、城市体系以及通道这些方面进行考虑。另外，上海、武汉、重庆这些核心城市所形成的外围和边缘地区的聚拢效果对促进长江经济带空间布局的发展也至关重要。最后，长江经济带产业结构方面，上述的研究综述主要表明长江流域产业关联和协作性不强，在未来的发展中应该逐渐加强产业间联系。

二　新型城市化研究现状

"新型城市化"是我国学者提出的概念，目前还未得到国际学者的普遍认同。如果从时间尺度上关注该领域的研究可以发现，国内首次发表有关新型城市化的文献是康就升于1985年6月30日在《人口学刊》上发表的《农业劳动力转移与农村人口城镇化》一文（这呼应了中国城市经济体制改革开始的时间），随后发文量呈逐年上升趋势。如果从文献来源结构看，国内的新型城市化研究发文主要来源于《中国重要报纸全文数据库》（28314篇）和《中国学术期刊网络出版总库》（14530篇），反映出国内新型城市化研究不仅得到学者的重视，也得到新闻媒体的高度关注。

第一章 引言

(一) 现有代表性观点的综述

1. 关于新型城市化的概念研究

新型城市化的概念提出大致可分为四种思路。第一，由于工业化与城市化存在着内容与形式的辩证关系，新型工业化的提出必然也对城市化的发展内涵提出了新的要求。工业化是内容，城市化是工业化存在的空间形式，类似于新型工业化的内容，新型城市化是能够集约利用资源、促进人口地域和劳动力职业有序转移、经济社会持续发展、适宜居住的有中国特色的城市化道路（陈永国，2006）；新型城市化以新型工业化为动力，"新"在科学发展、高效集约、资源节约、环境友好、社会和谐、特色鲜明、城乡统筹（杨帆，2008）。按照传统观点，工业化与城市化存在很大的相关性，因此，用新型工业化中的"新"是有一定依据的，但又是片面的，因为单向的工业化影响城市化理论是对城市化初期阶段的反映，当城市化跨越初期阶段后，城市化反而推动工业化升级，城市化的演进不再主要表现为工业比重上升，而更多地表现为非农产业比重上升。正如钱纳里－赛尔昆模式所揭示的一般趋势一样。仅用工业化内涵来定义是不够的。第二，新型城市化立足解决二元经济结构矛盾、推动农村发展的城市化。新型城市化有利于消除传统的城乡社会经济利益矛盾，突破传统城市化的生产要素约束，促进城乡统筹发展（曹萍，2004）。中国特色的新型城市化道路不但要看速度、数量，更要重视质量，实现城乡良性互动且协调发展（朱铁臻，2008）。新型城市化与传统城市化的最大区别是公平，二元经济是我国城市化进程中特殊的经济问题，虽然贫富差距普遍存在，但是二元经济矛盾却导致了机会的不均等与差别化。第三，新型城市化是城市化的结构转型和创新，它包括产业结构、就业结构、空间结构和文化结构四大结构的城市化转型（程必定，2008）。第四，新型城市化具备循环和生态特征，重在城市功能的提升和可持续发展，发展模式由二维转变成三维（张静，2004）。城市化不仅具有经济社会进步意义，而且对一个人口密集、耕地资源有限的国家来说，城市化还具有重要的生态效益（原新等，2006；彭红碧等，2010）。从宏观和发展的眼光来看，城市不仅是生产有效率，也是生态有效率的居住方式。

2. 关于新型城市化的测度研究

新型城市化作为城市化发展的新阶段，是科学的城市化，是针对我国城市化进程中所出现的问题而提出的全新城市化理念，也是在新型工业化背景下提出的全新城市化战略。由于理解不同，学者对新型城市化的测度明显存在不同，目前存在三大类测度指标体系。第一，中国科学院测度体系。由中国科学院可持续发展战略研究组组长、首席科学家牛文元教授牵头完成的研究成果《中国新型城市化报告》，比较全面地论述了中国新型城市化的战略背景、战略选择、战略依据、战略内容和战略目标，同时，拟定了衡量和测度新型城市化水平的指标体系。中国新型城市化指标体系（CNUIS）由城乡发展动力、城乡发展质量和城乡发展公平三大系统，城乡基础实力、城乡统筹能力、城乡竞争能力、城乡自然质量、城乡人文质量、城乡社会保障、城乡一体化水平、城乡制度建设八大状态和资源禀赋指数、经济规模指数、工业发展指数、基础设施指数、财政统筹指数、投资统筹指数等21个变量及人均土地面积、土地资源占全国份额、水资源占全国份额、GDP占全国份额、人口占全国份额、人均GDP、GDP密度等50个要素组成（牛文元等，2009，2010）。第二，浙江政府测度体系。杨帆（2008）认为新型城市化既要借鉴世界各国城市化经验，也要继承中国城市化好的做法，更要从中国实际情况出发，走中国特色城市化道路，由此提出从集约高效、功能完善、社会和谐、环境友好、城乡一体五个方面构建指标体系；董嘉明等（2008）强调推进新型城市化要坚持集约、和谐、统筹、创新发展四个原则，由此建立了经济集约发展、社会和谐发展、环境友好发展、功能优化发展、城乡统筹发展五个方面30个指标的新型城市化指标体系。第三，典型性指标测度体系。李红波等（2011）将新型城市化的内涵理解为"资源集约化、城市现代化、城乡统筹化"的城市化，由此建立了3大方面6大类22个指标的评价指标体系，采用熵值法对江苏省的新型城市化进行了测评，并明确了未来的发展思路；王承强（2011）在界定了新型城镇化和城镇综合承载能力的内涵的基础上，分析得出了新型城镇化进程中城镇综合承载能力的基本框架，即包括资源承载力、环境承载力、经济承载力和社会承载力，在此基础上，遵循既定的指标选取原则，构建了城镇综合承载能力的评价指标体系；

徐君（2012）在对中原经济区新型工业化、新型城镇化、农业现代化协调发展评价中，提出了从城市化人本化、经济发展和社会发展三个方面来构建新型城市化的指标体系的思路和评价方法；曾志伟等（2012）在分析了新型城镇化的新型度内涵的基础上，从环境、经济、社会三个层面构建了新型城镇化新型度的二级评价指标体系，综合运用熵权法和多目标线性加权函数法，构架了新型城镇化新型度的定量化评价思路和框架。

3. 关于新型城市化与新型工业化关系的研究

国内学者从两个方面对此展开研究。第一，城市化与工业化是相互作用的。蒋满元（2005）研究了城市化与经济结构演变互动机制的逻辑模型，认为在城市化与经济结构转型的逻辑模型中，城市化与经济结构转型之间存在着比较明显的良性互动关系。工业化为城市化提供经济支持，而城市化又为工业化的有效与有序进行创造了良好的空间依托条件。工业化与城市化运动的辩证逻辑表明，工业化是内容，城市化是形式，工业化的特点决定了城市化的形态；工业化与城市化运动的现实经验表明，二者的协调推进并不是指二者同比例、等速度的发展，而是有一定的范围。在我国，既然作为内容的工业化由传统工业化向新型工业化演进，那么作为形式的城市化也应向新型城市化发展；同时，作为形式的城市化对作为内容的新型工业化有反作用（陈永国，2005）。柯映红（2005）探讨了新型工业化道路对城市化进程的影响，新型城市化与新型工业化、市场化相关联。经济体制向市场化转轨和发展战略转向新型工业化，既奠定了城市化的体制基础，也强制解构了与传统工业化、城市化相依存的制度安排，诱致与新型工业化、城市化相匹配的制度安排，进而实现了中国城市化的路径替代（季小立等，2007）。第二，地区新型城市化与新型工业化的关系。余华银等（2007）对安徽新型工业化与城市化的关系进行了研究，认为新型工业化的核心理念是以科技含量高、经济效益好、资源消耗低、环境污染少、充分发挥人力资源优势为特征。李秀霞等（2007）对吉林省人口城市化与经济社会的关联进行了分析，得出了吉林省人口城市化超前经济发展的结论，认为以后要走新型工业化道路，提升工业对城市化的动力作用，注重城市化质量，实现内涵式发展。杨烨军等（2012）建立中部地区新型工业化、新型城市化水平评价指标体系，采用灰色关联综合评价方法计算 2000 ~ 2008 年中部六省新型工业化水平、新型城市化水平综合指数，并运用面板 Granger 因果检验等方法，计量分析中部六省新型工业化与新型城市化的互动关系。研究结论表明：中部地区新型工业化促进了新型城市化的加快发展，新型城市化也推动了新型工业化进程，两者互为 Granger 原因。

4. 关于新型城市化与产业结构转型关系的研究

产业结构与新型城市化之间的相关性研究大致可分为三种类型。第一，通过产业结构的变化来丰富城市化的内容和形式，影响着新型城市化。陈甬军（2004）研究表示产业结构的优化和持续发展，会协调好劳动力的吸纳能力；蒋满元（2007）认为三次产业通过规模化、专业化的充分发展才能加速城市化进程；程必定（2005）认为空间联系的加深，城乡资源配置和分工体系不断优化，导致城乡产业结构的联动调整，同时产业结构的创新对城乡经济具有推动作用（姜永生，2008）。第二，新型城市化影响产业结构的优化和升级。陈明森（2004）认为正是城市化的发展缺陷使得城市化产业结构存在偏差，表现在城市的内部产业结构中工业比重偏高，而第三产业偏低。朱烨等（2009）认为新型城市化是在内涵与外延发展方式下逐渐形成的城市－区域变换过程，以信息流、技术流等实现空间网络交流，使地理摩擦大大减少，减少信息搜寻与交易成本，共同促进公共技术创新，加快观念、思想和知识的扩散等，最大可能地利用范围经济和分工效应。第三，产业结构与新型城市化之间存在互动关联。安虎森等（2005）结合国外经验，从发达国家产业结构变化与城市化的关系来看，产业结构变化是城市化的前提条件，而城市化进一步带动了产业结构的变化。

5. 关于新型城市化道路与战略的研究

关于新型城市化道路的研究，主要集中在对国外城市化道路的比较研究和我国城市化道路的争论上。第一，芝加哥学派和洛杉矶学派比较。基于工业城市发展而阐发的、推崇单核城市发展的芝加哥学派，让位于力主多中心的洛杉矶学派的现象可为借鉴。如果能在这些单核城市发展过程中尽早向多中心格局过渡，同时防止地方政治零碎化倾向，则有助于优化区域经济资源配置，大幅度提高城市化的社会经济效益，减少浪费，少走弯路（王旭，

2006，2009）。第二，对中国城市化道路的研究，基本上有三派。第一派认为，大中小城市和小城镇要协调发展。以前学术界对中国城市化道路有过争论，主要是讨论我国城市发展方针，争论者基本上都认为大中小城市和小城镇要协调发展。第二派认为应该走都市圈化之路。原新等（2006）提出，都市圈化是一种新型的中国城市化战略。牛文元（2009，2010）提出在新型城市化战略的实施中，发展组团式城市群是大、中、小城市和乡村"结构有序、功能互补、整体优化、共建共享"的有效空间镶嵌体，体现出"以城乡互动、区域一体"为特征的新型城市化的高级演替形态。第三派认为应该推行大都市区化。沈南生（2007）认为构建大都市区是中国城市化道路的最佳选择。王旭（2006）认为美国的新型城市发展时期就是大都市区化阶段。城市化大致可分传统城市化时期和新型城市发展时期。如果说，传统城市化的典型是英国，那么新型城市发展的典型则首推美国。陈甬军等（2008）针对这些争论，提出大中小城市和小城镇协调发展，走中国特色的新型城市化道路，并对发展目标进行了预测。第三，对城市化存在阶段性、地域性的道路选择研究。城市化特征的地域差异反映出城市化阶段性。原新等（2006）认为，作为发展中国家，中国尚不能说已经像发达国家那样从整体上进入了都市圈时代，但沿海地区可以说已经或正在进入都市圈时代了。因此，准确地说，中国的都市圈化，应该对应于中国沿海地区，而我国的中西部地区，还是要提倡城市化。沈南生（2007）建议中国的中西部地区的城市化道路不能简单、盲目地仿效三大经济圈的做法，而是要根据各地区大中小城市及城镇体系的自然地理位置、经济发展水平、城镇的规模结构，来制定合理的城市化发展战略，规划和实施自身的城市化道路。地域性与阶段性相联系，不同地区因为发展阶段不同，因而城市化模式也不同。

6. 关于新型城市化促进政策研究

关于新型城市化的政策研究着重讨论制度创新、技术创新和区域规划三个方面，此外政府在中国新型城市化发展中的作用也得到讨论。第一，技术与制度变革和创新。魏娟等（2008）以创新理论为出发点，构建了新型城市化支持系统，以此提出快速推进"十一五"时期江苏省的城市化进程。

姜永生等（2008）系统阐述了新型城市化的概念内涵和基本特征，即城乡统筹的城市化、集约发展的城市化与和谐发展的城市化，由此从结构创新、技术创新和制度创新的角度对新型城市化的发展路径和政策选择进行了研究。仇保兴（2010）在比较我国与发达国家城市化道路的基础上，提出了我国城市化的12条发展对策。徐光平（2011）认为"十二五"时期，协调推进新型城镇化与新农村建设，首先要妥善解决好二者面临的一系列重大问题，如迁村并居的推进问题、土地出让收益的分配问题、新生代农民工的市民化问题、城乡基本公共服务的均等化问题等；其次，要深入研究二者协调推进的环境条件、动力机制和成功模式等；最后，要重点探讨二者协调推进的对策措施，以指导实践工作。陈建军等（2009）分析了"两型社会"背景下武汉城市圈新型城市化道路中人地矛盾、产业结构、城乡差距及生态退化等方面存在的问题，并从"两型"角度提出土地城市化、经济城市化、城乡一体化和环境服务城市化等具体建议和措施。程必定（2012）考察中外城市化的演变史发现，城市化道路有两种类型：一是人口转移型城市化道路，二是结构转换型城市化道路，从中国的国情出发，借鉴中外城市化的经验教训，如今中国城市化发展道路的转型方向，应该是走人口转移和结构转型并存的"双轨"发展的新型城市化道路。第二，区域规划创新。邹军等（2010）从城乡统筹和规划协调视角指出城市群战略是新型城镇化的重点，因而从都市圈、城市群核心城市、城市群外围点状地区等不同尺度提出了区域差异化政策和规划策略。第三，关于城市化中政府的作用。政府在城市化尤其是在发展中国家城市化进程中具有不可或缺的地位与不可替代的作用（傅恒杰，2007）。吴江等（2009）专门研究了中国新型城镇化进程中的地方政府行为。各地都有政府的城市化指导意见和具体的政策措施。如2006年8月8日，浙江省委、省政府在第三次专题研究推进城市化的会议上，提出走资源节约、环境友好、经济高效、社会和谐、大中小城市和小城镇协调发展、城乡互促共进的新型城市化道路。浙江省推行的城市化政策有：全面取消县（市）级以下地区的户口迁移限制，有些地方实行了新的人口管理制度，在社保、医疗、就业、教育、培训等方面，外来人口与本地人口同等待遇，政府投资的基础设施建设不断向农村延伸（董嘉明等，2008）；长株潭经济一体化的推进,使户籍呈现三市一体化特征。2007年11月,长株潭三市户口迁移条件放宽,购房落户标准实现统一。

(二) 现有代表性观点评价

1. 研究的不足

总体来说,尽管新型城市化或者新型城镇化方面的文章近几年层出不穷,不过多停留在政策解读或是初步论述上,真正涉及理论内涵、推行道路探寻以及具体实施方法的文献不多,而从经济角度能深入分析的文章就更是凤毛麟角。当前,对于新型城市化的内涵、评价、路径选择和战略实施应该在包容性发展的理论框架下统帅,借鉴国外在建设现代化城市时的经验,结合我国的实际情况,从多种因素出发分析,但是目前还未出现此类文献。

不仅如此,现有学术研究还存在一些值得商榷之处。第一,新型城市化主要评价标准转移到了城市的人口的城市化。新型城市化的标准是什么?有学者认为,新型城市化主要在于转移到城市的人口的城市化。一般认为,农村人口转移到了城市,成为城市人口,接受城市的文化,接受城市的生活方式,在城市从事第二、第三产业,这就是城市化了。但这个可能在真正成为城市人方面有点距离,这只是暂时的,慢慢就会完全适应;就算一直没有完全转变过来,这种情形可能是针对农民工而言,农民工存在是否真正城市化了的问题。可见,新型城市化应该不主要看这些转移到了城市的人是否真正变为城市人。因此,新型城市化的主要评价标准为转移到了城市的人口的城市化,值得商榷。第二,新型工业化决定新型城市化。一种意见认为,新型城市化主要是由新型工业化决定的,新型工业化决定新型城市化。我国主张走新型城市化的道路,是由于我国的工业化已由传统的工业化道路开始向新型工业化道路转变。走什么样的工业化道路,决定了走什么样的城市化道路。工业化是内容,城市化是形式,内容决定形式:工业化进程中企业或项目决定了城市的性质和规模;工业项目及其配套产业的规模及发展速度决定了城市的容量和发展速度;大、中、小城市之所以产生和分布,归根结底是工业化进程中技术、设备、劳动力和资金等生产要素聚集自然选择的结果。另一种意见认为,工业化与城市化是相互作用的,工业化促进城市化,城市化促进工业化。显然,不敢赞同"工业化由传统变为新型、城市化也就由传统变为新型"这一逻辑。如按此逻辑,在研究为什么推进新型工业化时,不就可以说是因为城市化变为新型城市化?新型城市化其实是对过去城市化的"拨乱反正",回归到真正的城市化,实施应有之义的城市化。新型城市化既是人口城市化,又是城乡一体化。新型城市化反而对工业化提出了要求,即当前我国大规模地向城市转移农村剩余劳动力日渐受阻和信息化浪潮的不期而至,导致城乡新旧二元经济的双重叠加,城乡二元经济转换日益困难。基于此,在城乡二元经济转换的过程中,应导入新型工业化的理念。因此,新型城市化由新型工业化决定这一观点仍值得商榷。

2. 研究趋向

目前关于新型城市化的研究出现了以下三个方面的新变化。第一,城市化关注重点发生了转移。城市化的关注重点由城市变为农村、从有形变为无形,可以说这是一个很大的创新。过去的研究是从地域去思考城市化,考虑人的空间迁移。新型城市化除了考虑这个因素外,可能更多地考虑迁移到城市的人和农村居民的变化。尽管已经转移到城市,但由于其生存条件、生活方式和生活质量与城市水平相差甚远,在城市又形成新的二元结构,这就称不上是真正意义上的城市化人口;相反,有些人口尽管还没有转移到城市,但由于其生存条件、生活方式和生活质量已经接近城市水平,应当称为基本城市化或准城市化。第二,城市综合竞争力的提高在于新型城市化。不少学者发表了文章,论述城市综合竞争力的提高,必须靠新型城市化,这是一个创新。过去认为,城市综合竞争力的提高就是城市规模的扩大。但事实上并非如此。新型城市化包括人的综合素质的提高,因此城市综合竞争力的提高在于新型城市化,是可以接受的。第三,新农村建设与新型城市化紧密关联。新型城市化更多地关注农村,因而新型城市化自然与新农村相联系。新型城市化并不只是意味着农村人口的减少,除此之外,农村也不断发生变化。而新农村建设就是使农村发生重大变化,据此,建设社会主义新农村的提出,意味着我国城市化进入新的发展阶段。

第三节 研究目标和主要内容

一 研究目标

首先，对江西省新型城镇化发展的现状有全面的了解，从省内鄱阳湖生态经济区新型城镇化、生态文明先行示范区、昌九一体和赣南苏区振兴建设几个方面来把握江西省融入长江经济带所具备的基础。

其次，在江西省新型城镇化现有的融入基础之上，对江西省新型城镇化融入长江经济带所面临的障碍，主要从江西省经济社会体量、空间、城市体系和沿江开放开发四个角度来进行分析。

再次，对江西省新型城镇化融入长江经济带的原则和方式进行探索，提出江西省融入长江经济带所必须遵守的原则，并在原则制定的基础之上指出江西省融入的短期和长期思路。

最后，江西省新型城镇化主动融入长江经济带的关键途径研究，从借鉴大城市群的融入经验和非密集城镇带的就近城镇化两个视角，分别指出融入的关键所在。

二 主要内容

本书共分七章，主要包括如下内容。

第一章为引言。本章重点阐明本书的研究背景和意义，阐述本书的研究目标与内容，研究的思路与方法，以及研究的特色和创新点。

第二章为新型城镇化的内涵与经验。阐述新型城镇化内涵，总结国外和我国的城镇化发展经验，指出我国发展新型城镇化可能面临的问题。

第三章为江西省新型城镇化融入长江经济带的基础。本章是对江西省融入长江经济带的基础进行描述分析。第一，对长江经济带的整体发展状况有一个概括，并研究影响长江经济带发展的若干因素。其次对江西省的城镇化发展历程做出阐述。第二，对江西省新型城镇化建设的主要载体进行研究，具体是以江西省全国生态文明示范区建设为新型城镇化的特色方向，以鄱阳湖生态经济区建设作为新型城镇化的主体，以昌九一体化建设作为新型城镇化的重点区域，以赣南原中央苏区作为新型城镇化的小康提速区域。具体如下，一是对江西省生态文明先行示范区的发展现状进行研究；二是对位于长江流域城市群内具有较强带动作用的鄱阳湖生态经济区的新型城镇化水平做出评价；三是对省内重点区域昌九一体的建设情况作整体描述；四是聚焦赣南原中央苏区，对革命老区振兴过程中所采取的措施和取得的成效进行总结。第三，分析江西省自身所具备的优势条件和形成的发展劣势，接着对江西发展所面临的战略机遇和挑战进行全局的把握，由此形成一个对江西新型城镇化融入长江经济带的 SWOT 分析。

第四章为江西新型城镇化与长江经济带发展的障碍。本章重点从经济社会的综合发展、空间结构发展、城市体系发展和沿江开放开发四个角度出发，对江西省与长江经济带发展的不平衡性进行分析。在此基础上讨论江西省融入长江经济带所面临的障碍。

第五章对江西省融入长江经济带所应遵循的原则和可以采取的思路进行探索。首先根据江西省融入的基础和障碍制定出融入长江经济带所必须遵循的原则；其次分别从短期和长期来思考江西融入长江经济带的方式，提出短期江西省以打造昌九一体化为目标，长期则以赣鄱流域融入长江经济带为融入思路。

第六章中所探讨的是江西省新型城镇化融入长江经济带的关键之一。这一章从城市群融入长江经济带的经验借鉴的角度出发，得出江西省新型城镇化融入长江经济带的关键是要从生态融入、产业对接和交通一体化三条道路入手，具体的是加快加强区域空间结构、综合交通运输体系建设、沿江开发、产业协作和生态补偿标准区等方面的建设。

第七章为江西省新型城镇化融入长江经济带的关键之二。这一章从非密集城镇带的就近城镇化角度出发，分析得出发展以新型城镇化融入长江经济带所面临的重点障碍是土地流转问题，实质是农地产权资本化的问题。土地是农业人口的生存保障，就近城镇化需要免去农民进城的后顾之忧才能够成功推行。本书通过对现有土地流转的经验比较，对江西农地产权资本化的道路进行初步探索，并分析这一过程中可能面临的障碍。另外，光有保障还不足以促进农业人口向城市转移，还应加大地方产业的经济吸引力，从而吸引本地农业人口和外地务工人员就近到家门口务工，既促进当地经济产业发展，又能够推动就近城镇化的早日实现。

第四节 研究方法与技术路线

第一，文献研究与实证分析相结合。通过大量阅读相关文献，对新型城镇化的本质和内涵进行深入理解，并通过比较分析的方法得出国内外城镇化发展经验。通过对文献的把握，结合江西省和长江经济带的发展构建综合的评价体系，把握发展现状。

第二，空间分析方法。建立多元融合数据库，充分利用空间分析相关方法，在 GIS 主平台环境下对鄱阳湖生态经济区空间格局进行研究。从空间上发现鄱阳湖生态经济区在长江流域城市群中所处的战略地位，从而作为融入长江经济带的决策依据。

第三，门槛分析法。利用长江经济带面板数据，在市场一体化视角下探讨我国 FDI 对经济增长的门槛效应。

第四，面板回归模型。基于土地利用的视角研究长江经济带粮食、耕地和劳动力三系统的过程中，通过建立面板回归模型，运用面板单位根检验、协整检验、回归分析方法，以探究人均耕地面积和农业劳动人口比重对地区人均粮食产量的影响及地区差异，从而为江西省新型城镇化融入长江经济带的关键做出启发性分析。

第五，SWOT 分析方法。分析江西新型城镇化融入长江经济带具有的优势条件、劣势障碍、发展的机遇、面临的挑战。

研究技术路线如图 1-2 所示。

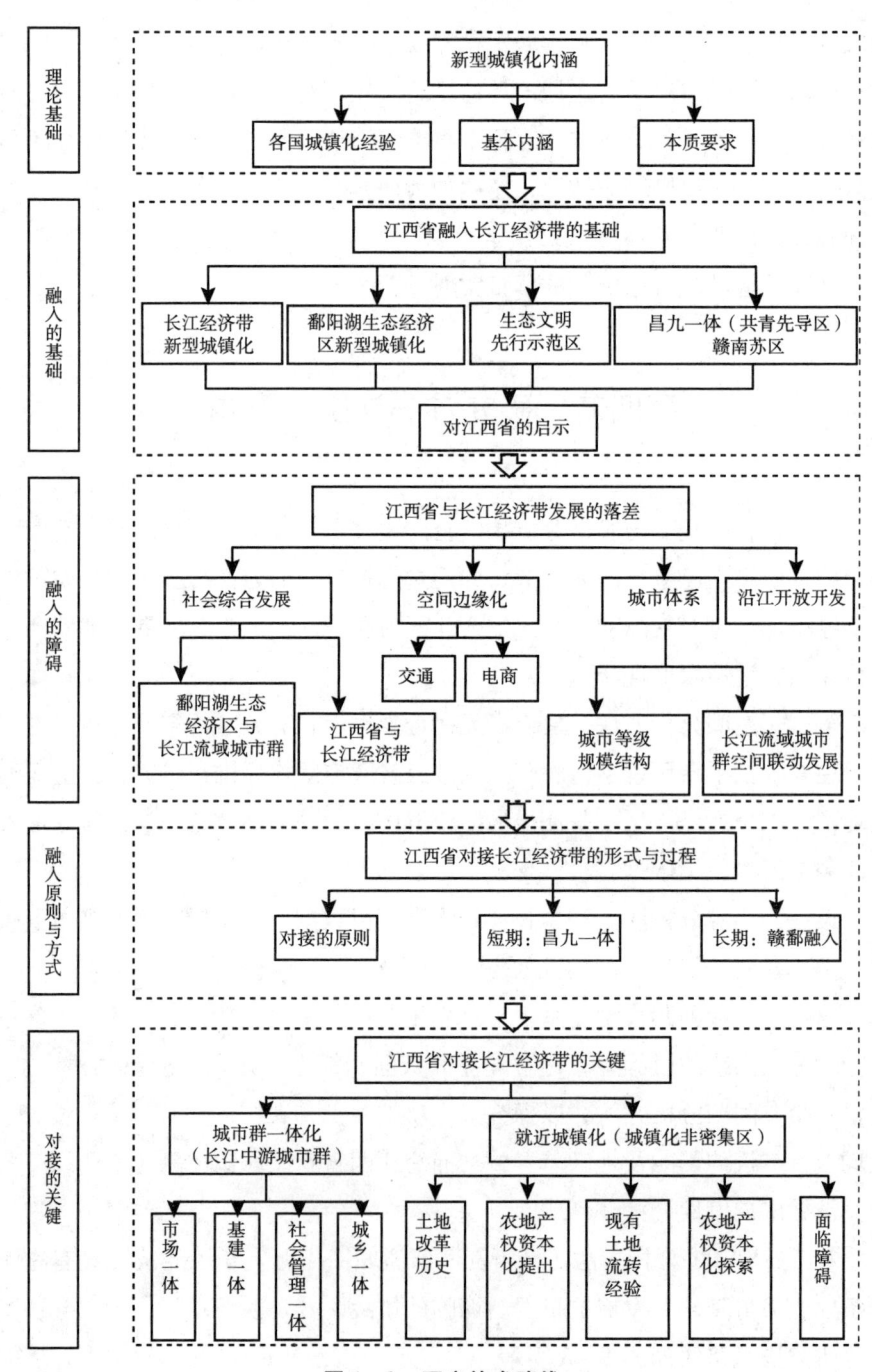

图1-2 研究技术路线

理论基础
- 新型城镇化内涵
  - 各国城镇化经验
  - 基本内涵
  - 本质要求

融入的基础
- 江西省融入长江经济带的基础
  - 长江经济带新型城镇化
  - 鄱阳湖生态经济区新型城镇化
  - 生态文明先行示范区
  - 昌九一体（共青先导区）赣南苏区
- 对江西省的启示

融入的障碍
- 江西省与长江经济带发展的落差
  - 社会综合发展
    - 鄱阳湖生态经济区与长江流域城市群
    - 江西省与长江经济带
  - 空间边缘化
    - 交通
    - 电商
  - 城市体系
    - 城市等级规模结构
    - 长江流域城市群空间联动发展
  - 沿江开放开发

融入原则与方式
- 江西省对接长江经济带的形式与过程
  - 对接的原则
  - 短期：昌九一体
  - 长期：赣鄱融入

对接的关键
- 江西省对接长江经济带的关键
  - 城市群一体化（长江中游城市群）
    - 市场一体
    - 基建一体
    - 社会管理一体
    - 城乡一体
  - 就近城镇化（城镇化非密集区）
    - 土地改革历史
    - 农地产权资本化提出
    - 现有土地流转经验
    - 农地产权资本化探索
    - 面临障碍

第二章
新型城镇化的内涵与经验借鉴

第一节 新型城镇化的内涵

传统城镇化包括人口的城镇化、产业的现代化和城镇规模及数量的扩大化等方面的内容。随着科学发展观的深入以及传统城镇化模式产生的资源浪费、环境恶化、城市综合承载能力不高、城乡联动不够、大中小城市和小城镇协调不足等问题的日益突出，新型城镇化的概念逐渐被提出和受到重视。

相对传统城镇化，新型城镇化不再是以单一的城镇人口或非农人口为评价标准，而是更加注重城乡的集约发展、持续发展与和谐发展，更加注重促进优势资源与生产要素在农村与城镇的合理流动，实现产业结构、就业结构、空间结构、基层治理的调整以及文化与观念的转型，推进城市与农村一体化协调发展。新型城镇化，"新"在于改变过去片面追求城市的规模扩大、"摊大饼式"的发展模式；"新"在于以民生、可持续发展和质量为内涵；"新"在于以追求幸福、转型、绿色和集约为核心目标；"新"在于以实现区域统筹与协调一体、产业升级与低碳转型、生态文明与集约高效、制度改革与体制创新为重点内容的崭新的城镇化过程。

新型城镇化是具有中国特色的城镇化。虽然传统城镇化模式快速推进了中国城镇化进程，却带来一系列问题，例如城乡差距不断扩大，农业耕地严重不足，城市建设用地侵占不断扩张，农民工市民化数量不断增长等，制约了经济社会的发展，从而新型城镇化的概念被提出。

2006年8月浙江省提出要"走新型城镇化道路"，"十二五"时期浙江推进新型城镇化的总体要求是以人口城镇化为核心，以城市群和都市区为主体形态，以统筹城乡体制改革为动力，促进高端要素在城市的集聚和提高发展高端产业的能力，增强创造城市宜居环境、提升生活品质的能力，增强城市带动农村发展的能力，推进新型工业化、农业现代化、新型城镇化的协调发展，加快实现城乡统筹。浙江省将新型城镇化分为经济集约、社会和谐、环境友好、功能优化和城乡统筹五个维度（董嘉明等，2008）。有学者在对以环长株潭城市群为例的新型城镇化新型度评价研究中，认为新型城镇化的本质不是单纯的人口转移，而是城市现代化，是在推进城镇化进程中以人为本的思想，强调集约、协调、统筹的发展方式，从而增强产业集聚的功能，形成结构合理的城镇体系，提高城市自主创新能力，实现集约式和内涵式的发展方式，实现城乡统筹发展，最终使新型城镇化全面惠及经济、社会、文化和政治建设，由此将新型城镇化分为环境、经济、社会三个维度（曾志伟、彭红碧等，2010；杜光化，2009）。

因此，本书将新型城镇化定义为以新型工业化为动力，以新型产业为经济载体；以人为本为核心，实现人的全面发展；以城乡统筹发展为目标，强调经济集约发展、社会和谐、环境友好发展、城市功能优化、城乡一体和可持续发展的高级城镇化。将新型城镇化分为经济集约、社会和谐、环境友好、功能优化和城乡统筹五个维度（董嘉明等，2008）。

第二节　国外的城镇化经验借鉴

城镇化水平通常被看成衡量一个国家和地区的经济发展水平的重要标志，却并不是唯一的标准。城镇化水平反映了一个国家和地区居住在城市里的人口占总人口的百分比，只是单纯的数值的表现，却难以表现出该地区真实的发展状况以及城市人口和农村人口的生活状态和质量。西方发达国家的城镇化水平高，城市发展质量好，尽管有些发展中国家的城镇化水平已经接近和超过了发达国家，但是社会经济发展的总体状况仍比较落后，所以被认为是不健康的城镇化发展模式。认识和学习发达国家和发展中国家的城镇化进程，有利于我国在新时代的背景之下，选择正确的城镇化道路，或为我国在城镇化进程中出现的问题提供解决办法。

一 美国的城镇化：以都市区、连绵带为主体

美国城市的发展经历前后衔接但又各有特色的两大阶段。其中第一阶段，从殖民地时期到1920年，人口由农村向城市集中，城市由小城市到中等城市，再发展为大城市，逐级递进。城市空间结构的主要形式是城市的集中型发展，郊区在城市带动下缓慢发展，即为传统城镇化阶段；第二阶段，1920年以后，郊区化成为拉动城市进一步发展的主导力量，即开始"新城镇化"，构成以多中心、分散化、城市与郊区统筹发展为主要特征的大都市区。

美国在19世纪以前，城镇化进程主要是依托核心城市，使城市规模不断向外扩张，单个城市的发展带动周围小城市的发展，是大都市圈的发展模式。都市圈内部各城市之间紧密相连，存在极强的功能依存和社会经济文化联系，都市圈的兴起和成熟促进了区域经济的可持续发展。随着城镇化的发展，基础设施和管理能力与之发展不相适应，出现了环境不断恶化、交通拥挤、社会不稳定等"城市病"。由于政府在郊区加大了对基础设施、交通、网络等的投入和实施了一些优惠政策，以及更多廉价劳动力的供应等，使制造业向大城市外围转移，推动了美国郊区化和小城镇化。20世纪60～70年代以来美国进入"边缘城市"阶段，出现了大城市人口向郊区和小城市流动的逆城镇化现象，1960年美国郊区人口的比例为31%，1970年为38%，1980年上升到45%；70年代美国中小城市的人口增长率也超过大城市的人口增长率（段瑞君，2008）。"边缘城市"进一步模糊城乡概念，即不存在高密度的高层建筑，自然与人文环境和谐发展，边缘城市公共基础设施完善，没有标志性建筑，边缘城市与大都市圈的发展也存在一定的联系。20世纪80年代后期美国政府推行倾向于郊区城市的资本和技术扶持政策，进

一步分散了中心城市的职能,在中心城市的职能得到缓解的同时,也促进了美国城市分散化发展(孟祥林,2010)。

美国城镇化先由东部地区崛起,以纽约为中心,沿大西洋岸扩散;到20世纪初,以芝加哥为中心,形成了中西部重工业区;20世纪20年代以后,由于第三产业的兴起和继后高新技术的蓬勃发展,以洛杉矶为中心的"西部阳光带"城市地区迅速发展起来(郭尚鑫,1995)。

二 英国的城镇化过程:中小城镇共同发展

英国是工业革命最早诞生的地方,是第一个实现工业化城镇化的西方发达国家,对世界的城镇化进程具有带头示范作用。工业发展和人口逐渐集中,一批新兴工业城镇崛起,使城市数量不断增多,规模不断扩大,并且英国在城镇化进程中逐渐形成了城市网络体系,人口流动迁移和新城市拔地而起成为城镇化的突出特征,城市空间与地域的急剧变化是城镇化的基本特征。然而,英国的城镇化发展是突发激进的过程。1801~1860年,小城镇和乡村人口年均增长仅为1.039%,大城市人口年均增长为2.085%,大城市人口增长速度在1821~1831年达到顶峰,在这十年间布赖顿人口增长了69.7%,布拉德福人口增长了65.5%,索尔福德人口增长了55.9%,利兹人口增长了47.3%,利物浦人口中增长了45.8%(纪晓岚,2004)。其中大部分是北方的工业城市,城市制造业的发展,特别是棉纺织工业的迅速发展带动了城市人口的快速增长,一些新型工商业城市超过了历史悠久的城市。

英国城镇化进程的特点主要表现在三个方面:中小城市和城镇在城镇化进程中具有重要作用,不同规模和类型的小城镇互补发展;小城镇管理政策灵活;新城建设与旧城改造过程中体现现代文化与传统文化的协调(孟祥林,2010)。英国的许多新城不是在封建城镇基础上发展起来的,而主要是依托一些村庄和工矿区,进而促进了商业、运输业和服务业的发展。政府的规划在英国新城的发展过程中发挥着重要作用,科学的规划解决了英国二战后城市人口拥挤的问题和战争导致的城市无序发展问题。20世纪70年代中期,英国建立了33座新城,加上英国工业革命对交通运输业的影响,英国内陆城市与沿海城市已连成一片,大大促进了商品流通和人口流动。70年代后期为振兴城市经济，新城从开始的转移过剩的劳动力及工业转变为协助大城市的发展，新城的开发不再局限于大城市的都市区外围地区，而是扩充到整个区域范围，于是城市郊区化的速度开始大幅增加，英国大企业总部落户小城镇已成趋势，如英国劳斯莱斯总部在德比小城。郊区城镇化之后出现的是城市聚集体的发展，这种集合城市的出现主要是在大城市地区，伦敦也逐渐发展成为一个大都市区，人口从1841年的223.9万人增长到1901年的685.6万人，20世纪中期已发展成为占全国总人口的15%的最大城市（纪晓岚，2004）。

三 日本的城镇化：大都市区主导

日本的经济增长方式决定了其高度集中的城市发展模式，城镇化进程中少数中心城市得到了优先发展，其城镇化进程是大城市主导型的城镇化道路。由于二战后日本在很短的时间内迅速完成了工业化进程，所以其城镇布局是大城市集中发展的模式，以某一大城市为人口聚集的中心，周围发展卫星城，向外辐射和扩展（孟祥林，2010）。日本在二战后形成了东京、大阪、名古屋三大都市中心。1998年三大都市中心的总人口占全国人口的46.8%。日本城镇化发展的集中性还表现在城市国土空间分布上的高度集中，日本的大城市集中分布在太平洋沿岸工业地带，其中七个集中在从东京到大阪的东海道都市带内（李林杰等，2007）。大城市可以提高土地的利用率，容纳更多的人口。日本有着人多地少的矛盾，发展大城市为主的城市体系有利于吸收从农业转移出来的人口，并且最大限度地保护耕地、森林等自然环境。事实证明这种形式的城镇化布局在日本取得了成功。日本的地方小都市在形成和发展过程中十分重视发挥综合功能，涵盖了经济功能、生态功能和社会功能，形成了包括第一、第二、第三产业在内的综合经济体，政府在规划中划分了市区、郊区、农区、工业区和休闲区，从而使经济、社会和文化协调发展。20世纪70年代，受美元汇率制度的变更影响和1973年、1979年两次石油危机的影响，日本经济增长速度减缓。为了降低生产成本，日本的企业开始迁离大都市，搬到农村或者将工厂迁到亚洲、北美一些国家和地区，城市人口增长变得十分缓慢（刘长庚，2007）。由于城镇化到一定程度出现的"城市病",日本城市人口逐渐饱和,城镇化进展不大。

日本在工业化的进程中伴随着城镇化,政府在其中扮演了重要角色。日本政府适应工业化、城镇化不同发展阶段的需要,适时调整农业发展政策和农村土地制度,并在解决与城镇化、农地制度改革相关的农民利益保障问题的过程中,建立并不断完善包括农村在内的社会保障制度,实现了从土地保障向现代社会保障制度的转变,促进了城乡的协调发展(肖绮芳等,2008)。为保障城镇化的有序进行,政府对国土进行全面和周密的规划,制定了《国土综合开发法》,提高土地资源的利用效率,为保证其顺利实施,还制定了《北海道开发法》《东北开发促进法》《九州地方开发促进法》《四国地方开发促进法》等。日本的城镇化重视对农业的改造,促进了农业的现代化,为工业的发展奠定了基础,为后期城镇化的快速发展提供了必要的条件。便利的交通网络对缩小城乡差距起到了关键的作用。制造业和第三产业的发展为大量的劳动力提供了就业机会,使人口迅速向大城市集中。在日本城镇化进程中,加强农村基础设施的建设、重视教育和提高社会保障水平、工业反哺农业等措施都是日本城镇化成功的经验。但是,日本与其他发达国家一样,在城镇化过程中出现的问题也比较突出,主要表现在住房拥挤、房价高、交通堵塞、城市负荷过重、生活环境恶化。

四 韩国的城镇化:卫星城市依托

韩国的城镇化模式是着眼于国际交流与合作的自由区的路径,在激烈的国际环境下兴办经济特区,经济具有明显区域化的特点,具有较强的集中性。以首尔为中心包括京畿和仁川在内的首都经济圈几乎集中了全国总人口的61%和全国城市人口的75%(孟祥林,2010)。韩国工业的迅速增长始于20世纪60年代初,在韩国工业化过程中,轻工业和重工业优先发展程度在不同时期有所不同,工业的发展带动了大量城市的发展。自1962年以来,韩国制定并实施了符合本国国情的出口导向型发展战略,首先促成了首尔和釜山两大城市的高速发展。20世纪60年代起,迅速的国家工业化过程使韩国城市数量不断增加,城市规模不断扩大,城市人口数量迅速上升。到1992年,占国土面积0.6%的首尔已经容纳了全国人口总数的1/4以上,被韩国人称为"首尔共和国"（李辉等，2008）。在韩国，产业布局的变动推动了城镇化，随着产业结构的调整，韩国完成了从农业国向工业国、从轻工业向重工业、从劳动密集型产业向知识和技术密集型产业转变。

韩国是典型的以政府力量为主体的政府主导型城镇化发展机制。韩国的城市实行中央政府、道和郡三级行政管理体制。工业化、城镇化推进过程中，区域经济开发和规划很大程度上也是在政府行政计划综合框架之内运行的，通过高度集聚化的工业基地（工业园区）的设立和开发以及投资政策、税收政策、土地政策、基础设施建设来推动人口和生产力等要素向某些区位的快速集聚是韩国工业和新兴城市迅速崛起的重要机制（李辉等，2008）。

五 印度的城镇化：大都市蔓延

印度从18世纪下半叶开始就逐渐沦为英国的殖民地，自20世纪90年代起，印度的城镇化进入起步阶段。据世界银行统计的数据，2013年印度的城镇人口占总人口的比重为31.66%，城镇化水平不高，是世界上城镇化水平较低的国家之一。随着经济的迅速发展，印度成为"金砖五国"之一，产业结构有所改变，必然需要印度城镇化加快速度以满足经济发展的需求。城镇化在印度首先出现是在20世纪初，但是城镇化的水平比较低，从1931年开始，由于制造业和服务业的快速发展，印度的城市人口数量逐渐增长，城镇化水平不断上升。1980~1993年，城镇化速度放慢，年增长速度仅为0.3%，但是从没有过大的起伏，与印度的经济一致（郭斌等，2011）。在印度独立前，英国的殖民统治对农村劳动力的转移产生了很大的影响，大地主大商人纷纷开设工厂。第二次世界大战期间，民族工业也得到了较大发展，在城市中提供了大量就业机会，促使了农村劳动力的转移，但是大多数集中在几百万人口的大城市，如孟买、加尔各答等，中小城市发展缓慢。从国际比较来看，印度的城镇化速度较慢，20世纪90年代之前，印度的城镇化率高于低收入国家（包含印度在内）的平均水平，但是90年代以来印度的城镇化率却低于低收入国家的平均水平。2005年低收入国家（包含印度在内）的城镇化率水平为29.95%，比印度高出1.26个百分点（刘培林，2010）。

印度的城镇化道路也凸显出自身的特点。相关学者的研究发现，在印度城市人口增长的来源中，城市人口的自然增长是主要的因素（任冲等，2013），所以城镇化的速度较慢。此外，城市体系发育不良，大城市人口过度膨胀，中小城市发展没有得到足够的重视，一直存在人口向较大城市集中的趋势，人口超过百万的城市数量快速增长。尽管城市人口不断增长，但是在就业方面，超过90%的人是非正规就业，即在非正规部门就业或者虽在正规部门工作但不享受相应的劳动保护和社会保障的就业人员，对印度农村劳动力的转移和城镇化进程，以及缓解就业压力，减少贫困发挥了重要作用。现阶段印度城镇化的主要动力是来自农村的极度贫困产生的推力，印度农村人口增长绝对数比城市人口增长绝对数更大，但农业就业增长率却日益呈下降趋势。随着农业的发展这一趋势还会进一步加剧，城市就业增长率相较农村而言大体保持平稳。因此，大量农村无地或少地的农民被迫进入城市寻找生存机会，非正规就业占主导地位（陈吉祥，2010）。印度的城镇化进程几乎完全由市场调节，政府作用相当有限，城乡人口自由流动（郭斌等，2011），从而造成了大城市膨胀和人口的拥挤。中小城市的发展却很缓慢，也导致了大城市失业率上升、部分市民的生活条件变差、贫民窟增多等一系列"城市病"。

第三节　中国的城镇化经验

我国在现阶段属于中等收入国家，处于快速发展阶段，因此城镇化对促进我国的经济发展和社会文明有极其重要的作用。中国的城镇化模式被列为政府控制型。改革开放以前，由于实行的是计划经济，人口向城市流动的过程始终受到各级政府严格控制，主要体现在户籍制度上，而城市户口与消费品的供应、就业和社会保障密切相关（朱农，2000）。改革开放后，经济改革放松了对非户口的迁移的限制，农民可以自由进入城市并长期居住在城市，从而在城市中形成了大规模的暂时性迁移人口，即居住地和户口所在地分离的流动人口。农民进城根本目的在于就业，这是由我国农业部门的平均收入水平较低，城镇化的扩大致使耕地的减少导致的。农民进城务工的地理分布与地区的经济发展状况有关，就业机会带动了人口的流动，是由市场需求带动的，但是户籍迁移制度和社会保障制度的改革仍不能与之匹配。据有关部门统计，60%流向东部城镇，30%流向中部城镇，10%在西部城镇；40%进入了大城市，40%进入了中小城市，还有20%在小城镇。暂时性迁移人员一般在城市中从事非正规部门的相关体力、服务业的工作，既不受政府控制，也不被纳入政府的就业计划和社会保障计划，所以从某种意义上来说，他们的存在并不增加政府和城市的负担，因此大力推动了城镇化。同其他国家相比，中国的迁移水平是非常低的，他们认为中国人口迁移过程受政策控制的迹象非常明显，他们将迁移分为向上（乡→城，镇→市）、向下（城→乡，市→镇）和水平（城→城，乡→乡）三种。他们认为政府的迁移政策主要是控制向上的迁移，鼓励向下的迁移（朱农，2000）。大城市和经济圈的发展战略一方面使城市基础设施建设变好，有一定的经济聚集效应推动地方经济的发展；但是另一方面，这并不是市场的作用，各地政府把城市的建设当成政绩工程，从而进行人为推动，致使资源不能合理配置，很容易造成我国城镇化道路的偏差。

20世纪90年代末以前，我国执行的是"控制大城市规模，发展小城市、小城镇"的城市发展方针。改革开放后，我国多次提出的城市发展方针，都强调了以小城镇（市）为重点的发展思路，城镇的发展带有很强的自发性，并实现了快速发展，对城镇化进程起到了推动作用。20世纪90年代中后期以后，中国城镇化进程进入了加速发展阶段，其中大城市发展最快，中小城市次之，小城镇最慢。然而，小城镇的盲目发展、城市效应不足等问题说明了以小城镇为重点的发展模式已不能适应城镇化发展形势的变化。就我国目前而言，城镇密集地区主要有六个：长江三角洲、珠江三角洲、京津唐地区、辽中南地区、山东半岛和福建沿海地区。这些大的经济圈的人均收入明显高于中西部地区，而城市人口的人均收入又高于农村人口的人均收入。

中国有一个不同于其他发展中国家的特点，即工业化并没有带来人口向城市的过度集中。这是因为中国的城市工业走的是一条优先发展重工业的道路,对劳动力的吸收能力很有限,大量的农业剩余劳动力被人为地排斥在城市工业以外,所以中国虽然一直存在着刘易斯所预言的城乡二元经济结构,但中国的劳动力转移方式却与刘易斯模型不尽相同(朱农,2000)。改革开放后,大量农村剩余劳动力进入城市,大大发展了劳动密集型的轻工业和第三产业发展。中国也没有出现严重的"过度城镇化"现象,在城市中没有像大多数发展中国家一样的贫民窟以及大量的绝对贫困人群出现。中国的农业生产可以自给自足,不需要依赖国外的粮食进口。因而,中国城镇化面临的挑战是如何加快城市的基础设施建设,增加就业机会。

第三章
江西省新型城镇化融入
长江经济带的基础

江西省近年来提出了"龙头昂起,两翼齐飞,苏区振兴,绿色崛起"的区域发展战略,大概囊括了江西省近年来着力发展的重点区域,在生态与经济协调发展的思想指导下,打造南昌核心增长极、九江沿江开放、昌九一体化和赣南苏区振兴等重点区域来推动江西省的新型城镇化进程。以此为基础,结合长江经济带的现状,江西省蓄力融入长江经济带建设。

第一节 长江经济带现状与若干关键因素分析

一 长江经济带现状

长江是我国第一大河,全长将近 6300 千米,流域面积约为 180 万平方千米,占我国近 1/5 的国土面积,由西向东贯穿我国中部地带,对于我国长久以来的发展起到了至关重要的作用,被誉为中华民族的母亲河。长江经济带是指长江干流途经的九省两市(青海和西藏除外),占地面积约为 40 万平方千米,占沿江九省市的 27%,全国的 4%,其经济地位和作用日益突出。从综合交通运输体系发展情况来看,我国交通运输"五纵五横"综合交通运输大通道中有"两横五纵"经过长江经济带,综合交通网总里程为

201.1万千米，占全国的比重为44%；在人口总数，淡水资源和粮食生产上，长江经济带占全国总量的1/3。在长江综合运输体系中，长江航运占有重要地位，2013年长江干线货运量占全国内河货运量的60%，承担了沿江地区85%的煤炭、铁矿石以及上游90%以上的外贸货运货物量。长江经济带在我国的生产生活和经济中的地位和作用日益突出。

长江经济带发展势头十分强劲，基础深厚。首先，在农业方面，长江经济带降水量丰富，耕地面积为2469万公顷以上，占全国耕地总面积的1/4，且农业生产总值占全国农业生产总值的40%。

其次，在产业发展方面，长江经济带上已经发展布局了一定规模的工业企业，由于临近长江带来的交通和运输的便利，主导产业和优势产业主要是由重工业和高级制造业所构成。其中，原材料工业和运输工具、机电设备、重型精密机械以及国防军工方面的制造也在全国都处于突出地位，并且长江经济带各省市现已经形成了鲜明的产业布局，具体如表3-1所示。

表3-1 长江经济带各省（市）支柱产业

省（市）	支柱产业
上海	现代服务业、金融、航运、国际贸易
江苏	机械制造、电子、石油化工、汽车
浙江	生物、新能源、高端装备制造、节能环保、海洋新兴产业、新能源汽车
安徽	汽车、装备、优质金属材料、水泥及非金属优质材料、信息电子、农副产品加工、能源和煤化、生物技术工业
江西	汽车制造和能源
湖北	汽车、钢铁、石化、食品、电子信息、纺织
湖南	机械装备制造、食品、新材料、电子信息、文化创意
重庆	IT行业、汽车、装备机械、生物化学、有色金属和轻纺业
四川	高附加值IT软件制造、汽车制造
贵州	白酒酿造、电力、药业、建筑
云南	烟草、矿产、电力、生物和旅游

资料来源：王佳宁、王立坦、白静：《长江经济带的战略要素：11省（市）证据》，《重庆社会科学》2014年第8期。

在交通网络构建方面,长江经济带充当着国家领头羊的角色,已经形成了世界上最大的以水运为主的,由铁路、公路等组成的综合性运输通道。2010年长江流域内河港口的货物吞吐量为 20.94×10^8 吨(2010年中国沿海主要规模以上的港口吞吐量完成为 54.85×10^8 吨),占全国包括沿海港口总吞吐量在内的水运货物吞吐量的28%(占到沿海港口总吞吐量的38.2%)。其中,上海(内河)港至南京港(含)吞吐量达到 13.83×10^8 吨,占全部内河港口吞吐量的66%。其中,万吨级以上港口有5个,吞吐量为 7.27×10^8 吨,占整个长江流域的35%。特别需要强调的是2010年长江流域港口完成的 8.92×10^8 吨货运量,占全国铁路(6.6×10^4 千米)完成的运输量的1/4,超过同年全国十大铁路干线(京广、京沪、京九、陇海、兰新、京包、包兰、京哈、沪昆、胶济)货运量之和的30%。近期,湖南、湖北、江西、安徽四省展开合作,计划投资1.78万亿元携手共建赣鄂湘皖城市交通圈。其中在水运方面,四省水路建设预计总投资约为1307亿元,重点推进长江中游航道整治工程,全面改善长江干线通航条件,着力提高岳阳至武汉航道等级,使其通航标准达到5000~10000吨级。长江经济带各省市近期的交通基础设施建设情况如表3-2所示。

表3-2 长江经济带各省市近期交通基础设施建设情况

地区	2014年综合交通建设推动情况
上海	6月27~28日,上海崇明到江苏启东的长江通道工程成功验收; 7月1日,首趟上海至成都动车在上海虹桥站正点始发,标志着沪汉蓉高铁全线贯通
江苏	6月10日江苏省政府明确要集中力量组织实施沿海开发港口功能提升、沿海产业升级、临海城镇培育、滩涂开发利用、沿海环境保护和重大载体建设; 7月9日,长江南京以下12.5米深水航道一期工程交工验收,标志着太仓至南通12.5米深水航道进入试运营阶段,这将为长江经济带建设提供强大动力; 7月12日,南京成为继上海虹桥、浦东、杭州机场之后华东地区第四个拥有双跑道的机场
浙江	6月27日,光汇万吨级油品码头项目初步设计专家评审会议在舟山召开,方案通过;启动"十三五"综合交通、宁波—舟山港等专项规划前期工作
安徽	加快推进港口建设,着力完善综合交通网络,努力打造江海联运枢纽中心

续表

地区	2014年综合交通建设推动情况
江西	3月,出台《关于全面扩大开放加快开放型经济发展升级的意见》,提出依托沪昆、向莆、京九、赣龙铁路干线,加快构建运输网络; 目前正在编制《昌九一体化综合交通规划》力图使昌九成为支撑江西经济崛起的"双核",并在激烈的长江中游城市群竞争中赢得应有的地位、实现更大的作为
湖北	7月1日,沪汉蓉高铁正式开通,武汉处于中间,形成了"十字架"形的高铁网络,使得武汉到国内主要大城市的距离进一步缩短
湖南	大岳高速抓紧建设,预计2016年通车; 岳阳市作为湖南省唯一拥有长江岸线资源的城市,目前正在进一步完善长江经济带和环洞庭湖生态经济区两个规划,认真做好公、铁、水、空的规划协调工作
重庆	正加快完善以都市功能核心区为中心的环状与放射状相交织的"蛛网型"交通网络,增加大都市区与渝东北、渝东南之间的连接通道,同时推进成渝经济区和成渝城市群建设,加强与长江经济带、丝绸之路经济带和21世纪海上丝绸之路三大跨区域经济带的对接,更好地发挥在国家区域发展战略中的重要作用; 7月1日,沪汉蓉高铁全线开通
四川	6月29日,成自泸赤高速公路泸州段建成通车,标志着西南出海的便捷通道形成,使泸州港在铁水联运的基础上实现了公水联运无缝衔接,川滇黔地区的集装箱货物可通过高速公路直达泸州港,同时还串起了"八九金三角"以及沿线众多旅游资源; 近期正在加快开展长江宜宾至重庆段航道等级提升工程和沿江铁路、高速公路、机场等综合交通基础设施重大项目前期工作; 加快推进宜宾、泸州两港整合
贵州	启动乌江经济走廊发展规划编制工作; 加快建成长江上游地区重要的陆路交通枢纽。一是加快贵州连接长江上游中心城市和主要港口的通道建设;二是推进长江经济带经贵州连接南亚、东南亚的通道建设;三是打通长江经济带中上游地区经贵州连接海上丝绸之路的快捷通道;四是推进"一干十三支"机场布局建设,大力发展民航运输;五是积极推动区域内交通网络互联互通
云南	加快推进国际运输通道建设,编制金沙江黄金水道综合交通专项规划,加强与国内综合交通网络衔接,为长江经济带各省(市)走向东南亚、南亚提供有力支撑

资料来源:王佳宁、王立坦、白静:《长江经济带的战略要素:11省(市)证据》,《重庆社会科学》2014年第8期。

从综合经济发展角度来看,长江经济带发展迅速,并具有极大潜力。长江经济带的国内生产总值由2003年的56478.20亿元上升到2012年的235914.95亿元,以名义价格计算,增长了3.18倍。其中,第一产业产值增长了2.01倍，第二产业产值增长了3.27倍，第三产业产值也增长了3.45倍，表明长江经济带经济发展势头良好。第二产业和第三产业增长较快，第三产业增速已经超过第二产业，产业结构变得越来越合理。例如，从2003年第一产业、第二产业、第三产业占国内生产总值的比重分别为13.84%、45.77%、40.39%到2012年比重分别为9.13%、49.06%和41.81%，第二产业和第三产业所占比重增大，而且还有继续增大的趋势，说明长江经济带经济增长主要依靠第二产业和第三产业的拉动。经济的增长又带动了第二产业和第三产业的发展，产业结构中第二产业比重最大，第三产业紧随其后，因此第二产业仍然是主导产业，第三产业也在经济体系中占据重要位置。总体上看，2003~2012年长江经济带产业结构不断优化，第二产业和第三产业产值增速与比重均超过第一产业，产业格局清晰，表明长江经济带正在进入以服务业为主导的"后工业化时期"。人均地区生产总值由2003年的1.29万元上升至4.16万元，说明城市经济财富积累水平大大提高，农村居民消费水平和城镇居民消费水平均上涨1倍以上，尤其是农村居民消费水平提升更大，超过了全国平均水平，说明长江经济带城市群尤其是农村近年来的居民赋予程度得到了很大的提高。只有居民生活富裕了，才能继续推动经济的持续增长，形成良性循环。由于长江经济带的经济建设，获得的投资呈几何态势增长，短短十年时间，全社会平均投资上涨幅度超过3倍，而技术市场成交额也是如此，长江经济带的产业发展态势良好。

二 影响长江经济带发展的若干关键因素

（一）外商直接投资促进长江经济带发展：基于市场一体化视角

1. 问题的提出

长江经济带开发是继沿海经济开发战略后所做出的又一重大战略决策，此经济带拥有我国最广阔的腹地和发展空间，经济增长潜力巨大，为中国经济持续发展提供着重要支撑。如何进一步开发长江经济带并充分发挥其在全国的辐射带动作用是一个重要课题。相关研究表明，FDI对经济增长的影响仍然存在巨大的潜力且影响远远超越其资本存量本身的增长，然而市场规模是影响FDI流入的最重要的因素，市场规模的扩大则有赖于进一步加强区域市场一体化的建设。早在长江经济带概念提出前，市场一体化在长江经济带的发展趋势就备受瞩目，对其成因的讨论也越来越被学界和政府所广泛重视。深入推进长江经济带市场一体化，消除市场的保护和分割对区域资源的优化配置和区域经济的增长的不利影响，能为经济的增长提供良好的宏观环境，使经济体充分利用 FDI 进行地区合作与分工，增强生产效率，最终促进经济的发展。

外商直接投资（FDI）作为国际资本流动的重要方式，一直以来都备受关注。近些年的研究中，学者们针对 FDI 对国家和地区经济发展的影响程度进行了多个角度的论述。Jonathan E. Haskel（2007）通过英国 1973~1992 年的面板数据，证实了存在 FDI 正面溢出效应，认为国内企业的发展，国内企业的全要素生产率的提高有赖于 FDI 的溢出效应的促进；孙刚、赵莹莹（2008）分析了 30 年来外商直接投资在我国经济发展中的作用及其影响，结果显示外商直接投资对我国经济发展具有明显的促进作用；John Whalley 和 Xian Xin（2009）分析研究了中国经济增长和 FDI 之间的关系，发现 FDI 在推动中国经济方面有着明显的作用，其中吸收和利用能力为关键因素。可见，关于 FDI 与经济增长的文献不少，而在 FDI 研究进程中，"门槛模型"的提出为进一步研究 FDI 提出了新的思路。李子豪、刘辉煌（2012）利用门槛面板回归方法，从收入门槛和人力资本门槛两个角度，检验了 FDI 对环境影响的门槛效应；刘敏、曹衷阳（2011）通过建立基于外商直接投资对经济发展影响的居民相对消费水平双门槛模型，证实了当居民相对消费水平位于第一与第二门槛之间时，FDI 对经济的推动作用最明显；冉光和、鲁钊阳（2011）采用 Hansen 提出的门槛回归方法构建面板门槛模型，以金融发展水平为门槛变量，实证外商直接投资（FDI）对城乡收入差距的影响。已有的研究广泛证实了 FDI "门槛效应"的存在性，为进一步的研究提供了基础。

而在现代市场经济条件下，市场对社会经济资源的优化配置发挥着重要的基础性作用。自从 Young（2000）的研究以来，对于市场一体化进程及原因的研究也一直是一个热点。通过前文的分析不难看出，因研究所选取的指标、数据、样本以及实证方法的差异存在，FDI 对经济影响的测度呈现出多方位、多角度的特点,而从市场一体化视角探究FDI对经济增长的门槛效应却并未取得一致意见,相关文献也不多见。基于此,本书创造性地利用我国长江经济带面板数据,在市场一体化视角下探究FDI对经济增长的门槛效应,分别在单门槛、双门槛的假设下构建门槛回归模型,从经济发展角度实证分析我国FDI技术溢出的"门槛效应",并对"门槛效应"及相应门槛值进行实证检验和估计。

2. 模型设定与估计方法

(1) 模型的设定。

为研究市场一体化水平、外商直接投资和经济发展水平的关系,本书以市场一体化水平作为影响外商直接投资对经济发展水平作用的门槛变量,即考察长江经济带各地区市场一体化水平是否达到外商直接投资溢出效应的门槛水平,以助于经济发展水平的显著提高,在此基础上,进一步检验是否存在多个门槛变量。传统的研究门槛效应的方法主要是分组检验法和交叉项模型法,但由于分组检验无法从客观上把握对样本进行分组的标准,因此无法从数理统计角度估计出具体的门槛值;交叉项模型法虽然可以估计出具体的门槛值但由于其仅限于存在的线性关系以及其交叉项形式的稳定性,而无法检验"门槛效应"及所估计的门槛值的正确性。Hansen(1999)的非动态面板门槛模型能够很好地弥补以上两种方法的不足,不仅能够估计出门槛值,而且能够对门槛值的正确性及内生"门槛效应"进行显著性检验。其基本思想是将门槛值作为一个未知变量纳入实证模型中,构建关键变量的分段函数,并对门槛值及"门槛效应"进行一系列的估计和检验,最后得出存在的"门槛效应"。

通过考察各地GDP的增长程度可以确定整个国家的经济发展程度,基于此参考标准,这里我们就以各地GDP来替代长江经济带各地区经济发展水平。考虑到国内生产总值GDP的计算公式:$GDP = C + I + G + NX$,其中I可以进一步分解为国内企业投资(DI)与外商直接投资(FDI),故得到经济发展水平影响因素的基础数学模型:

$$Y_{it} = \beta_0 + \beta_1 C_{it} + \beta_2 G_{it} + \beta_3 NE_{it} + \beta_4 DI_{it} + \beta_5 FDI_{it} + \varepsilon_{it} \qquad (3-1)$$

其中，Y_{it} 为经济发展水平，C_{it} 为消费水平，G_{it} 为政府支出，NE_{it} 为净出口水平，DI_{it} 为国内企业投资，FDI_{it} 为外商直接投资，ε_{ij} 为随机扰动项。

式（3-1）为不考虑市场一体化水平"门槛效应"的数学模型。根据上述 Hansen 的非动态面板门槛回归模型的思想，首先假设存在"单门槛效应"，在式（3-1）的基础上可以构建单门槛模型：

$$Y_{it} = \beta_0 + \beta_1 C_{it} + \beta_2 G_{it} + \beta_3 NE_{it} + \beta_4 DI_{it} + \theta_1 FDI_{it} I(Q \leq \eta) + \theta_2 FDI_{it} I(Q > \eta) + \varepsilon_{it} \quad (3-2)$$

其中，市场一体化指数 Q 为门槛变量，η 为待估算的门槛值，$I(\cdot)$ 为一指标函数。以上参数估计及假设检验是针对存在单门槛的情况，从计量角度来看，可能会存在多个门槛。以下就双门槛模型的参数估计进行简单说明，多门槛模型可以据此进行扩展：

$$Y_{it} = \beta_0 + \beta_1 C_{it} + \beta_2 G_{it} + \beta_3 NE_{it} + \beta_4 DI_{it} + \theta_1 FDI_{it} I(Q \leq \eta_1) + \theta_2 FDI_{it} I(\eta_1 < Q \leq \eta_2) + \theta_3 FDI_{it} I(\eta_2 < Q) + \varepsilon_{it} \quad (3-3)$$

（2）估计方法与检验。

为了叙述的简易性，这里主要针对单门槛模型进行说明，双（多）门槛模型的估计方法以及检验与单门槛模型类似。门槛分析关键是要解决两方面的问题：一是联合估计门槛值 η 和变量系数 θ；二是进行门槛效应的相关检验。下面就这两点进行说明。

对联合门槛值估计的过程中，我们先选定一个门槛初始值 β_0，然后利用一般最小二乘法（OLS）估计得出解释变量的系数，进而求出相应的残差平方和。最小的残差平方和对应的门槛值 η 为所求的门槛值。为了对模型参数进行估计，需要利用格点搜索法（Grid Search），求出残差平方和最小的门槛值 η，之后利用常规的估计方法对各变量的参数进行估计。

门槛效应的相关检验主要包括两个方面：①门槛效应的显著性检验；②门槛估计值真实性的检验。前者原假设为 $H_0: \theta_1 = \theta_2$，检验统计量为：

$$F_i = [S_0 - S_1(\eta^*)] / [\delta_2(\eta^*)] \quad (3-4)$$

其中，S_0 为在原假设下进行参数估计后得到的残差平方和，$\delta_2(\eta^*)$ 为备择假设下进行参数估计后得到的残差方差。在原假设下门槛值 η 是不确定的，因此统计量 F_1 的分布为非标准分布，但可采用"自抽样"模拟其渐进分布，进而构建其对应的 P 值。第二个检验的原假设为 $H_0: \eta^* = \eta_0$，相应的似然比检验统计量为：

$$LR_1(\eta) = [S_1(\eta) - S_1(\eta^*)]/\delta_2(\eta^*) \qquad (3-5)$$

统计量 LR_1 的分布也是非标准的，但 Hansen 提供了一个简单的公式计算出其拒绝域，即当 $LR_1 > -2\ln[1-(1-\alpha)^2]$ 时，拒绝原假设，其中 α 为显著性水平。

基于上述原理，国内有学者开发出了用 Stata 软件对模型门槛值和门槛效应的相关检验的程序，在对数据处理及计算过程中，借用了此工具。

3. 数据样本及变量选取

（1）数据样本与变量说明。

采用 2004～2012 年长江经济带 11 个省市的面板数据样本进行研究分析。首先，为了消除价格影响因素，所有涉及价格因素的变量均通过各年的 CPI 指数进行处理，由于已有的 CPI 指数均为环比 CPI 指数，所以本书采用 1998 年的 CPI 指数为基准换算的方法得到了各地各年的 CPI 值；其次，经济发展水平以地区 GDP 来刻画，对于各个地区的每一年的 GDP 值，我们都按照通货膨胀率进行数据处理。所有面板数据来源于《中国统计年鉴》及 11 个省市 2005～2013 年的各年统计年鉴。

模型所描述的规律应该独立于量纲的影响，因而需要对模型进行无量纲化处理。无量纲化方法的选取应根据客观事物的特征及所选用的统计分析方法来确定，因本书统计检验需要保证数据的正态分布，故选择标准差法对原始数据进行无量纲化处理，得到变化后的单门槛模型如下：

$$Y'_{it} = \beta_0 + \beta_1 C'_{it} + \beta_2 G'_{it} + \beta_3 NE'_{it} + \beta_4 DI'_{it} + \theta_1 FDI'_{it} I(Q \leq \eta) + \theta_2 FDI'_{it} I(Q > \eta) + \varepsilon_{it} \qquad (3-6)$$

Y'_{it} 为经济发展水平，以每年各地区的生产总值来表示；C'_{it} 为消费水平，以各地区最终消费支出来表示；G'_{it} 为政府支出，以每年各地区地方财政支出来表示；NE'_{it} 为净出口水平，以每年各地区货物或服务净出口来表示;DI'_{it}为国内企业投资,以每年各地区内资企业固定资产投资额度来表示;FDI'_{it}为外商直接投资,以每年各地区实际利用外商直接投资量来表示;Q为门槛值;ε_{it}为随机扰动项。样本的描述性统计量如表3-3所示。

表3-3 描述性统计量

(2004~2012年,i=11地区,t=9年,it=99)

变量名称	变量含义	最小值	最大值	平均值	标准差
Y'_{it}	地区生产总值(亿元)	1495.58	37182.58	9842.99	6958.05
NE'_{it}	货物和服务净出口(亿元)	126700.73	38611053.44	7179250.13	10737123.65
C'_{it}	地区最终消费支出(亿元)	1301.57	16417.61	5110.37	3098.38
G'_{it}	财政支出(万元)	3068725.27	73860406.87	18187212.06	12253816.35
DI'_{it}	内资企业固定资产投资额(亿元)	617.51	19623.92	5255.87	3654.88
FDI'_{it}	实际利用外资额(万美元)	13196.99	2642017.82	544226.34	575761.95

(2)门槛变量市场一体化的计算。

①测度方法的选取。由于缺乏现成的反映长江经济带市场整合程度的数据,为了后续的分析有必要运用相关的方法构造出反映长江经济带2004~2012年11个省市长江经济带市场整合程度的数据。由于以往的"贸易流量法"或"生产法"都有其固有的缺陷,如难以控制要素禀赋、规模经济以及商品替代弹性等影响,且多只停留在判断一个市场是否呈现一体化趋势,并不能够提供一个量化的指标来反映市场整合程度。而本书不仅需要得到一个量化的指标来衡量长江经济带市场整合程度,而且需要利用该指标获取系列数据与其他相关解释变量相匹配,为后续的研究奠定基础。因此我们借鉴Parsley和Wei(2001)以及桂琦寒(2006)等衡量商品市场一体化程度的"相对价格法"来测度长江经济带商品市场一体化。"相对价格法"测度市场一体化程度的理论基础是Samuelson(1954)提出的"冰山成本"模型,表明由于运输成本以及交易成本的存在,只要满足相对价格的取值不超过一定范围即可认为区域市场一体化发展良好。拓展模型的运用范围,冰山成本可以泛指任意两个具有空间分异特征的地区在进行商品交易过程中,由距离效应产生的全部运输成本和由市场分割所导致的交易成本之和(陈红霞、李国平,2009)。

②数据的收集与处理。运用"相对价格法"来计算长江经济带商品市场一体化指数的前提是要能获得相对完整的各类商品零售价格指数。为了全面反映居民日常生活，本书共选取了 2003~2012 年 11 个省市 15 类商品零售价格指数：菜、粮食、燃料、服装鞋帽、干鲜瓜果、化妆品、家具、交通通信、金银珠宝、日用品、中西药及医疗保健用品、体育娱乐用品、文化办公用品、饮料烟酒以及电子音像制品，并通过计算获得以 2003 年为基期的历年的 11 个省市居民消费价格指数（CPI），借助所求得的居民消费价格指数剔除 15 类商品零售价格指数中包含的通货膨胀因素。以上数据均来自历年《中国统计年鉴》、《中国价格及城镇居民家庭收支调查统计年鉴》、《中国城市（镇）生活与价格统计年鉴》以及历年 11 个省市的统计年鉴。

在数据可获取且真实准确的基础上，本书利用 Parsley 和 Wei（2001）开拓的以相对价格的方差 $Var(P_i/P_j)$ 变动衡量市场一体化程度的方法来计算长江经济带商品市场一体化指数，相对价格的方差 $Var(P_i/P_j)$ 随着时间的变化而减少，意味着区域市场一体化程度在提高。具体计算长江经济带 11 个省市的市场一体化指数步骤可分为四步。

第一步，对长江经济带 11 个省市进行两两配对的基础上，对给定年份 t，给定的第 k 类商品零售价格指数取相对价格的一阶差分。

$$|\Delta Q_{ijt}^k| = \left| \ln(\frac{P_{it}^k}{P_{jt}^k}) - \ln[\frac{P_{i(t-1)}^k}{P_{j(t-1)}^k}] \right| = \left| \ln[\frac{P_{it}^k}{P_{i(t-1)}^k}] - \ln[\frac{P_{jt}^k}{P_{j(t-1)}^k}] \right| \quad (3-7)$$

由于 ΔQ_{ijt}^k 与 Q_{ijt}^k 具有收敛的一致性，故本书利用替代 Q_{ijt}^k，其中取相对价格的绝对值能够有效地避免同一配对组合中两个城市置放顺序的变化而引起的符号的改变，并且采用相对价格的一阶差分形式，还便于充分利用统计年鉴中以价格的环比指数表示商品零售价格数据。在省市配对中，采用盛斌（2011）的做法，不仅仅考虑相邻省市配对，而是考虑整个长江经济带的情况，这种处理也符合我国地方政府和官员与相邻省份及其他各个省份的政府和官员进行竞争的政治特点，于是得到 15 类商品 55 个（C_{11}^2）省市配对组合 9 个年度共 7452 个相对价格一阶差分数据。

第二步，对 $|\Delta Q_{ijt}^k|$ 去均值化处理，由于 $|\Delta Q_{ijt}^k|$ 可以理解为由 α^k 以 ε_{ijt}^k

及项构成,其中与商品种类 k 相关,与 i、j 两地特殊的市场环境相关,为了获得仅与市场分割因素和一些随机因素相关的商品相对价格数据,需消除的影响。

$$|\Delta Q_{ijt}^k| - |\Delta Q_t^k| = (\alpha^k - \alpha^{\bar{k}}) - (\varepsilon_{ijt}^k - \varepsilon_{ijt}^{\bar{k}}) \quad (3-8)$$

其中为 55 组配对城市基于给定第 k 类商品的的平均值,故:

$$q_{ijt}^k = \varepsilon_{ijt}^k - \varepsilon_{ijt}^{\bar{k}} = |\Delta Q_{ijt}^k| - |\Delta Q_t^k| \quad (3-9)$$

第三步,计算方差 $Var(q_{ijt})$,得到 495 个观察值(55×9)。其中 $Var(q_{ijt})$ 取值与市场一体化程度成反比,$Var(q_{ijt})$ 越大,市场一体化程度越低。

第四步,求取一个城市 i 与其他所有城市方差 $Var(q_{ijt})$ 的平均值,从而得到可以度量该城市 i 市场整合程度的市场一体化指数。

根据以上方法,利用经过剔除通货膨胀因素处理的 15 类商品零售价格指数求得长江经济带 2004～2012 年 11 个省市的市场一体化指数(见表 3-4)。

表 3-4　2004～2012 年长江经济带 11 个省市市场一体化指数

地区	2004 年	2005 年	2006 年	2007 年	2008 年	2009 年	2010 年	2011 年	2012 年
上海市	25.0117	20.5579	9.8181	12.3878	7.0068	14.8265	7.1585	4.0002	3.6047
江苏省	15.3665	17.2868	5.4706	4.6642	4.2330	4.0032	3.9672	6.3847	2.4108
浙江省	14.6457	16.3212	7.4752	4.3263	4.4103	7.0963	5.9480	3.9531	3.1640
安徽省	27.2409	25.3199	9.0242	4.8849	3.9131	5.6764	5.0965	4.9547	3.2906
江西省	14.1899	20.4197	6.7478	5.8101	4.3119	5.8877	5.7076	4.6330	4.5126
湖北省	15.2399	19.0692	8.5808	3.7377	4.6836	6.0764	5.7068	4.3198	3.1650
湖南省	14.7667	25.7578	10.1186	5.0145	10.2101	12.5593	6.4800	8.1442	2.7082
重庆市	23.5560	22.6186	10.4737	5.4542	7.1118	8.5480	8.1507	6.1706	3.9378
四川省	14.9103	15.2603	4.3123	5.6838	4.1414	10.0749	8.5077	5.2340	4.1537
贵州省	15.1042	16.8507	7.4696	6.2405	4.3393	7.9503	5.4655	5.3022	5.9355
云南省	34.2633	45.7397	10.5703	6.8779	7.1844	8.4262	6.8085	4.8109	4.4015

4. 结果与结论

在使用时间序列数据进行最小二乘回归分析时,要求数据平稳以避免伪回归。本书使用的是长江经济带 11 个省市的面板数据,兼有横截面数据和时间序列数据的特点。而由于我们选取的时间段为 2004~2012 年共 9 年,并不长,且门槛回归模型主要对门槛变量的平稳性要求较为严格,因此本书对门槛变量即市场一体化指数进行平稳性检验。面板数据平稳性检验的方法有多种,本文同时选取了 LLC 检验、IPS 检验和 Fisher – ADF 检验以避免单一方法可能存在的缺陷导致的判断失误。通过 Eviews7.0 得出的三个检验的 P 值均为 0.0000,表明在 1% 的显著性水平下均能拒绝存在单位根假设,因此市场一体化水平值是平稳的,可以进行门槛回归分析。

(1) 门槛效应的显著性检验及置信区间估计。

根据前文介绍的模型估计及检验方法,利用 Stata 软件进行实证分析。以市场一体化指数作为门槛变量,为确定门槛的个数,我们分别在单门槛、双门槛和三门槛假设下对外商直接投资的门槛效应进行分析。表 3 – 5 显示了市场一体化门槛的显著性检验、门槛估计值及其置信区间,可见,在 5% 的显著性水平上存在单门槛和双门槛效应,而三门槛检验并不显著。因此,外商直接投资与经济发展之间存在着双门槛效应,两个门槛值分别为 4.067 和 15.5773。同时,门槛 1 估计值在 [3.2906,5.0271] 内且门槛 2 估计值处于 [12.2703,25.0117] 内时,似然比值小于 5% 显著性水平下的临界值,在原假设接受域内,即两个门槛值都与实际门槛值相等($\eta_1 = \eta_2$)。

表 3 – 5　门槛变量的显著性检验和置信区间

门槛数	F 值	P 值	10%	5%	1%	门槛值	95% 置信区间
单一	5.1716**	0.021	2.7098	3.7242	6.5684	4.067	(3.2906,5.0271)
双重	4.4553**	0.0415	2.8365	4.0369	6.5208	15.5773	(12.2703,25.0117)
三重	1.2743	0.2625	2.8412	3.9406	7.1331	—	—

注:***、**、* 分别表示在 1%、5%、10% 的水平下显著;P 值和临界值均为采用"自抽样"反复抽样 300 次得到的结果。

(2) 门槛模型估计结果与分析。

确定了门槛值 $\eta_1 = \eta_2$ 后,对门槛回归模型进行参数估计的结果见表 3 – 6。回归结果表明,各解释变量对经济发展都有明显的促进作用,其中,消费水平对经济增长的促进作用最为显著，这与实际是相符的。因为消费能实现商品的使用价值，推动生产的继续进行，同时创造劳动力需求，加快经济的增长。而进出口总额、政府支出及内资企业固定资产投资三者中，内资企业固定资产投资对经济增长的促进作用更为显著。投资作为影响经济发展最活跃、最重要的因素之一，为经济发展注入了活力，为生产提供着必不可少的保障，同时也形成收益，促进整个经济体系的增长。而投资的另一部分，即外商直接投资对经济增长也发挥了重要作用。通过前文分析已知，外商直接投资对经济发展的影响存在着市场一体化水平门槛效应，具体分析如下。

外商直接投资对长江经济带经济发展的双门槛效应中，门槛值分别为 4.067 和 15.5773。从表 3-4 的参数估计结果来看，当长江经济带的市场一体化水平跨越第一个门槛值 15.5773 时，FDI 对其经济发展有促进作用，其影响系数为 0.0452；当跨越第一个门槛值，即市场一体化水平提高到 15.5773 时，FDI 对长江经济带的经济发展的正向促进作用增加为 0.0908；当跨域第二个门槛值时，即市场一体化水平提高到 4.067 时，这种促进作用进一步显著增强，达到 0.119。门槛估计结果充分说明，长江经济带市场一体化水平对 FDI 促进经济发展有重要的影响，市场一体化程度高的地区吸收 FDI 来助推经济发展的作用更大。这可能是因为市场一体化水平越高，贸易壁垒则越小，各地区经济更有可能实现专业化，获得比较优势和规模经济，从而更有利于企业充分吸收 FDI 进行专业化生产以促进经济增长。

表 3-6 门槛模型参数的估计结果

变量	系数估计值	Robust 标准差	T 值	P 值	显著性
C_{it}	0.724	0.0552	13.1083	0	***
G_{it}	0.0183	0.0081	2.2711	0.0258	**
NE_{it}	0.0117	0.0531	0.2209	0.8258	—
DI_{it}	0.1032	0.0266	3.8847	0.0002	***
$FDI_{it}I(Q \leq \eta_1)$	0.119	0.0258	4.6055	0	***
$FDI_{it}I(\eta_1 < Q \leq \eta_2)$	0.0908	0.0277	3.2811	0.0015	***
$FDI_{it}I(Q > \eta_2)$	0.0452	0.0266	1.703	0.0924	*

注：*** 表示通过了 1% 的显著性检验，** 表示通过了 5% 的显著性检验，* 表示通过了 10% 的显著性检验。

从整体上来分析，长江经济带 FDI 经济发展影响的市场一体化门槛分析表明，市场一体化影响 FDI 对经济发展的作用有低、中、高三种程度，市场一体化水平越高，FDI 对经济增长的促进作用越大。将研究期内各省市的市场一体化指数值与门槛值比较，可以将 11 个省市分为三类，即市场一体化高等水平区域（$Q \leqslant 4.067$）、市场一体化中等水平区域（$15.5773 < Q \leqslant 4.067$）及市场一体化低等水平区域（$Q > 15.5773$）。根据求得的两个门槛值及表 3 – 4 得出的市场一体化指数值，画出 2004～2012 年长江经济带 11 个省市的市场一体化指数走势图（见图 3 – 1），并得到各年份不同区域内省份的数量。可以发现，2004～2012 年各省市的市场一体化指数值呈现出逐年递减的趋势，即市场一体化水平不断提高。市场一体化低等水平区域个数在 2004 年为 4 个，在 2006 年所有省市的市场一体化水平均跨越了第一个门槛值，达到中等水平。自 2007 年，逐渐有省市跨越了第二道门槛，跃入市场一体化高等水平，且随着市场一体化水平的不断提高，到 2012 年，跨越第二道门槛值的省市的个数增加到了 7 个。这是因为我国政府越来越重视经济开放给地区经济增长带来的促进作用，注重"完善内外联动、互利共赢、安全高效的开放型经济体系"，而经济开放的重要内容是市场开放，各地区的贸易壁垒逐渐打破，各地区合作不断增强，必然带来市场一体化水平的不

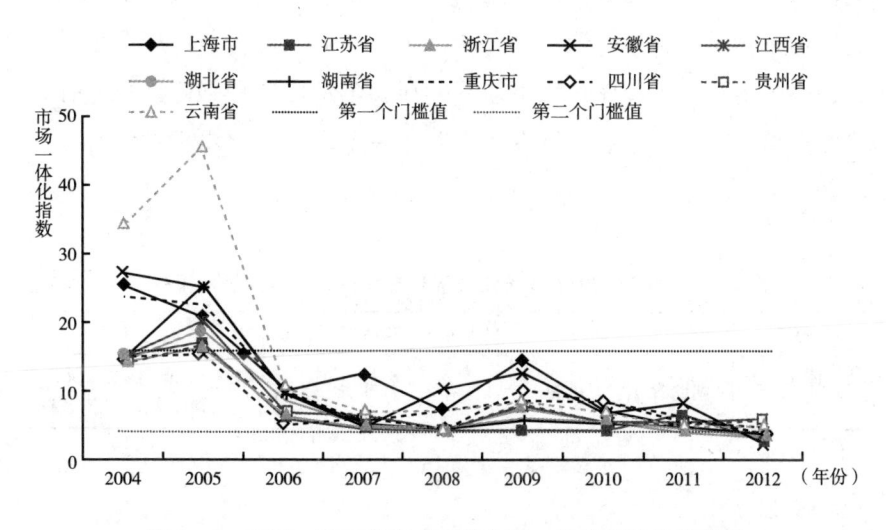

图 3 – 1　2004～2012 年各省市的市场一体化指数及门槛值

断提高。而市场一体化水平的提高又有利于吸收 FDI 以促进经济增长，这与长江经济带的经济发展状况是相符的。

从长江经济带的上、中、下游各省市的角度来分析，长江经济带上游地区包括重庆、四川、贵州和云南四个省市，中游包括湖南、湖北、安徽和江西四个省份，下游地区包括上海、江苏及浙江三大省市。从各个省市看，2006 年以后，所有省市均处于市场一体化中等水平以上。由表 3-7 可以看出，水平高的省市主要集中在长江经济带下游地区，尤其是江苏省，其开放度较高，连续四年处于市场一体化高等水平。在 2011 年，处于市场一体化高等水平的有上海、江苏；2012 年则有 7 个省市，分别为上海、江苏、浙江、安徽、湖北、湖南和重庆。可以发现，这些省市多位于长江经济带下游。为进一步了解长江经济带上、中、下游市场一体化水平的变化特征及规律，笔者对其市场一体化指数进行简单的 σ 收敛检验。检验结果如图 3-2 所示，结果表明，考察期内长江经济带上游的市场一体化指数差异变化明显，以 2006 年为分水岭，2004～2006 年，σ 值变化增减幅度大，而 2007～2012 年则平缓递减，有 σ 收敛趋势；中游地区 σ 值平稳下降，也存在着 σ 收敛；而下游地区振荡明显，区域间差异相对波动大，较为发散。长江经济带内部整体上的市场一体化水平差异是在逐年缩小的，但不管是从整体看还是从上中下游三个地区看，σ 值一开始都比较大，说明各地区市场一体化水平差异明显，各地区应加强跨区域合作，打破区域壁垒，互相促进、共同发展，以提高市场一体化水平并缩小区域间的差异。

表 3-7　2007～2012 年长江经济带市场一体化中高等水平省市

年份	2007 年	2008 年	2009 年	2010 年	2011 年	2012 年
市场一体化高等水平省市	湖北省	安徽省	江苏省	江苏省	上海、江苏	上海、江苏、浙江、安徽、湖北、湖南、重庆

5. 研究结论

基于以"门槛回归"技术为代表的非线性计量经济学理论，采用长江

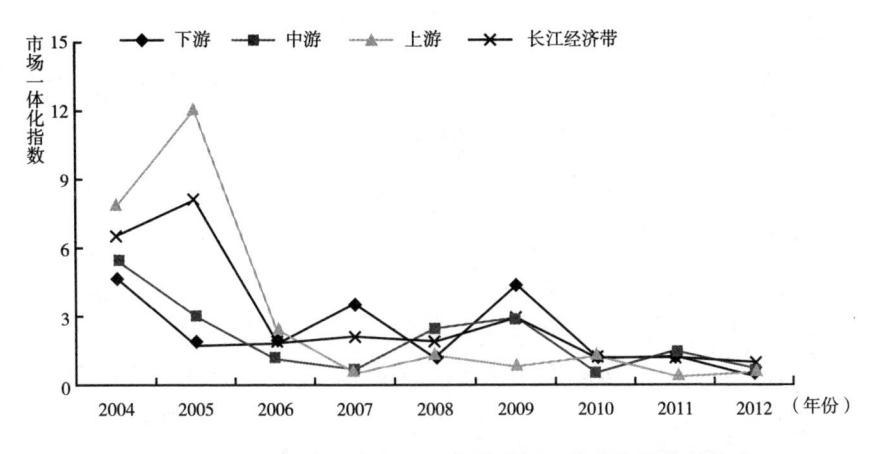

图 3-2　2004~2012 年长江经济带市场一体化指数收敛检验

经济带 2004~2012 年的省级面板数据构建门槛回归模型，并以市场一体化指数为门槛变量，实证研究了 FDI 与经济增长之间的关系。对 FDI 门槛效应的检验表明，FDI 对长江经济带的经济增长起到了明显的促进作用，且这种促进作用因市场一体化水平的不同具有地区差异。门槛模型检验结果表明 FDI 对经济增长具有双门槛效应，当市场一体化水平跨越第一道门槛时，FDI 对经济增长的促进作用显著，而跨越第二道门槛后，促进作用达到最大。市场一体化水平提高到一定水平时，有利于 FDI 的充分吸收利用。目前，长江经济带的各个省市已跨越了第一道门槛，均处于市场一体化中等水平以上，下游地区市场一体化水平较高，2012 年下游三个省市均处于市场一体化高等水平，但波动相对较大。区域间差异在过去较为突出，近几年差异则较小，需继续加强地区间合作，保持内外开放。上游地区的市场一体化水平不够高，多数省市未能跨越第二道门槛，因而对 FDI 的利用有待加强。中游地区表现较为良好，内部之间市场一体化指数差异逐年减小，部分省份在 2012 年跨越了第二道门槛值。上游地区的云南、贵州、四川及中游地区的江西等省市对 FDI 的吸收能力不足，地区间贸易壁垒仍然存在，区域合作不够，应重视其市场一体化水平的提高，以增强 FDI 对经济增长的促进作用。

6. 政策启示

基于以上结论，提出以下几点政策启示。

（1）进一步促进上、中、下游合作与互动，充分发挥各地区在推进长江经济带市场一体化建设方面的作用，上游地区要努力提高自身竞争力，利用资源优势为长江经济带的建设提供后备力量，下游地区要充分发挥龙头作用，为中下游地区的发展提供智力、技术、资金等支持，从而形成上中下游地区优势互补的良好格局。另外，注重发挥水运运量大、成本低的优势，利用交通走廊促进上、中、下游合作互动。

（2）在推进长江经济带通关一体化的基础上，进一步加强中国（上海）自由贸易区的建设，完善对外开放水平，发挥其长江经济带龙头带动作用，积极引进外资，促进境外资源在流域中合理有效配置，从而确保外商直接投资对流域经济发展的效益最大化。

（3）加强各省市政府之间合作，建立囊括长江经济带11个省市的政府经济合作组织，推进制度的改革和创新，打破行政壁垒，消除行政区域之间的市场保护和市场分割，为长江经济带市场一体化的建设提供政策支持与制度保障。

（4）完善要素市场的流动机制，推进要素市场的一体化，人才、知识、信息、资金等要素在当今经济增长中扮演着举足轻重的作用，促进长江经济带一体化的建设，发挥外商直接投资对经济增长的作用，需要进一步建立健全要素流动平台与网络，推动人才、知识、资金等在流域内的合理流动与配置，缩小各省市发展差距。

（二）耕地和劳动力变化对粮食生产的影响：基于粮食安全的视角

1. 问题提出

在耕地方面，我国早在多年前就提出了"18亿亩耕地红线"的概念，当时著名经济学家茅于轼（2004）基于微观市场角度认为我国不必坚持"18亿亩耕地红线"。这一观点的提出遭到了广大学者的质疑，唐健等（2009）通过同茅于轼先生商榷，表明茅于轼先生仅从经济分析角度评价中国的耕地保护政策是不科学的，存在着缺陷。这说明耕地对于解决粮食安全问题具有重要的作用，但是在我国城市化进程中，土地利用模式变化快（张凤荣，2006）。受制于经济发展、人口与农业和制度与政策因素，不同工业化阶段的城市在耕地利用上存在着转变（郁红艳，2013），农户的土地利用也存在着追求粮食产量最大化到产量与利润最优再到耕地效益最大化的阶段性特征（李翠珍，2008），这对于一个地区的粮食生产会产生重大的影响。许多学者也因此对我国解决粮食安全问题提出了自己的建议，认为需要坚守"18亿亩耕地红线"，坚持实行耕地保护政策；也有学者认为，解决粮食安全问题更重要的方面是提高粮食收益和耕地质量，因为农民种粮积极性、土地退化和污染会对国家粮食安全产生重要影响（王静，2011）。可见，在是否需要保持一定数量的耕地，以维护我国粮食安全这一问题上仍存在争议。

同耕地一样，劳动力与粮食安全生产之间的关系也存在着较大的争议，主要表现在劳动力流转是否会影响地区的粮食生产。有学者认为，目前中国人口城市化和土地城市化导致农业劳动力数量减少、素质弱化，耕地面积减少、质量不断降低（王桂新，2008），对粮食安全产生了重大影响；也有学者认为，中国农村劳动力转移和粮食稳定增产存在一致性趋势，农村劳动力转移并没有对中国粮食主产区的粮食生产产生显著影响（程名望，2013）。与这两种观点不同的是，王跃梅等人从粮食主产区和主销区两个视角认为劳动力流转对主产区有着显著影响，对粮食主销区没有显著影响（2013）。从地区劳动力数量上来讲，一个地区的农村劳动力人口流出会减小该地区农业劳动人口比重，也会减小流入区的农业人口比重；农村劳动力转移会导致农村劳动力变化，进而对区域粮食生产产生影响，其主要原因在于农村劳动力转移提高了农户退出农业的概率（盖庆恩，2014），但并不能确定是否会降低农业产出增长率。因此，对于地区农业劳动力比重是否会影响一个地区的粮食生产也不能一概而论。

2014年9月，国务院发布《国务院关于依托黄金水道推动长江经济带发展的指导意见》（下称《意见》），指出长江经济带涵盖上海、江苏、浙江、安徽、江西、湖北、湖南、重庆、四川、云南、贵州11省市，面积约205万平方千米，人口和生产总值均超过全国的40%。长江经济带已发展成为我国综合实力最强、战略支撑作用最大的区域之一。推进长江经济带建设有利于促进经济增长空间从沿海向沿江内陆拓展，形成上中下游优势互补、协作互动的发展格局，并逐步缩小地区发展差距。近年来，长江流域粮食生产在全国的主体地位逐渐下降，而且自2000年以来，人均粮食产量也不断下降（鲍超，2007），长江中下游以南地区是我国温饱水平缺粮总数最多的地区（殷培红，2006）。可以预测，在推进长江经济带建设过程中，农村劳动力和耕地必然发生较大幅度变化，那么这一变化将对长江经济带的粮食生产产生怎样的影响？为此，有必要深入分析长江经济带粮食生产、耕地和农村劳动力三者之间到底存在怎样的关系。目前，关于粮食与劳动力（白雪红，2014）、粮食与耕地（花晓波，2013）等方面的研究较多。但研究区域粮食安全、耕地与劳动力三者之间内在关系的文章相对较少，本书从区域粮食安全角度分析长江经济带粮食、耕地与劳动力三者之间的关系，以期为更好地促进长江经济带建设提供一定参考。

2. 研究方法与数据来源

在对粮食、耕地和劳动力的分析过程中，国内学者大多运用因子分析、聚类方法（郇红艳、谭清美、朱平，2013）、比较分析和数据统计（王静、黄晓宇、郑振源，2011）以及计量模型（王跃梅、姚先国、周明海，2013）等方法对其进行计量探究。本书则通过建立面板回归模型，运用面板单位根检验、协整检验、回归分析对长江经济带粮食、耕地和劳动力三系统进行面板计量分析，依此探究人均耕地面积（gd）和农业劳动人口比重（ldl）对地区人均粮食产量（ls）的影响及地区差异。同时，为有效探究彼此之间的弹性影响，我们利用柯布-道格拉斯生产函数模型分析耕地和农业劳动力对粮食生产的影响，其方程为：

$$ls = A \cdot gd^{\alpha_i} \cdot ldl^{\beta_i} \qquad (3-10)$$

对上述方程取自然对数得到：

$$\ln(ls) = \alpha_i \ln(gd) + \beta_i \ln(ldl) + b_i + \mu_i \qquad (3-11)$$

其中 α 和 β 分别表示耕地和劳动力的弹性系数，b、μ 和 i 分别表示截距项、误差项以及不同的地区。

数据来源于长江经济带11个省级行政单位的统计年鉴以及《中国人口劳动统计年鉴》。由于重庆市于1997年才建市，因此在搜集数据时将四川省1997年以前输入重庆的行政区域单列出来作为重庆市的数据。在搜集数据过程中，存在着个别数据缺失的情况，本书运用几何平均法计算出年增长，近似地估计出缺失数据，保证数据完整性。

3. 长江经济带粮食生产状况

长江经济带横跨我国东、中、西三大区域，区域之间经济社会发展水平差异显著。为更好地揭示粮食、耕地和人口系统的发展及其区域差异状况，本书中将长江经济带分别与东、中、西三部分重合的区域记为长江经济带东部地区（包括上海、江苏和浙江三省市，简称"东部地区"）、中部地区（包括安徽、江西、湖北和湖南四省，简称"中部地区"）和西部地区（包括重庆、四川、云南和贵州四省市，简称"西部地区"）。

1990年，长江经济带总体的人均粮食产量为397千克，略高于同期我国人均粮食产量390千克的平均水平；2012年，长江经济带总体人均粮食产量为284千克，低于同期我国人均粮食产量为435千克的水平。1990～2012年长江经济带人均粮食产量的年增长率为 -0.15%，而我国人均粮食产量的增长率为0.5%。长江经济带内人均粮食产量差异显著。1990年长江经济带东、中、西部人均粮食产量分别为412千克、439千克和340千克，其中东部和中部人均粮食产量均高于全国和长江经济带总体水平；2012年长江经济带东、中、西地区人均粮食产量分别为370千克、472千克和384千克，可以看出长江经济带东部地区人均粮食产量呈现出快速下降趋势，已明显低于全国平均水平，而中部和西部地区则呈现出增长趋势，其年均增长速度分别为0.34%和0.56%，其中中部地区人均粮食产量显著高于全国平均水平，而西部地区则低于全国平均水平。

4. 长江经济带耕地和农业劳动力对粮食生产影响

（1）面板单位根检验。

传统计量经济学在建立模型的时候要求随机过程必须是平稳的序列，单位根检验是检验面板数据中是否存在单位根，如果存在单位根，进行的回归模型就可能存在伪回归，不能真实反映数据之间的信息。面板单位根检验主要有LLC检验、Breitung检验、IPS检验以及ADF-Fisher检验和PP-Fisher检验，其中前两者是第一代面板单位根检验，后三者是第二代面板单位根检验。目前广泛使用的两种检验方法是LLC检验方法和IPS检验方法：LLC检验方法假设不存在截面相关以及同质问题，具有明显的局限性；对此，IPS

检验在 LLC 检验基础上进行了改进，放宽了同质的要求，更加具有实用性，但对于非平稳面板数据具有局限性。

本书对长江经济带及其东中西三部分分别进行了五种检验，检验结果表明所有的变量都是在原序列的情况下不是平稳序列，但在一阶差分的条件下是平稳序列。由于文章篇幅的局限，在此展现 ADF – Fisher 检验的结果（见表 3 – 8）。

表 3 – 8　面板单位根检验

研究区域	特征	原序列 lnls	一阶差分 dlnls	原序列 lngd	一阶差分 dlngd	原序列 lnldl	一阶差分 dlnldl
长江经济带	截距项	25.055	91.177 ***	22.498	82.637 ***	6.027	64.039 ***
	截距与趋势项	18.357	64.944 ***	13.612	71.689 ***	11.162	51.409 ***
	无	18.115	138.039 ***	13.013	131.788 ***	15.483	68.719 ***
东部地区	截距项	2.357	11.018 **	3.581	15.131 **	0.936	13.170 **
	截距与趋势项	1.354	5.797	2.243	9.584	2.717	7.036
	无	0.931	19.791 ***	0.651	24.590 ***	0.258	11.508 *
中部地区	截距项	5.33	40.389 ***	7.244	28.873 ***	1.669	25.704 ***
	截距与趋势项	4.115	30.626 ***	3.528	25.438 ***	5.257	16.738 **
	无	9.491	59.135 ***	4.982	50.085 ***	6.898	32.988 ***
西部地区	截距项	17.378	39.771 ***	11.673	38.633 ***	3.422	25.166 ***
	截距与趋势项	12.889	29.521 ***	7.841	36.667 ***	3.189	27.635 ***
	无	7.694	59.113 ***	7.379	57.114 ***	8.327	24.223 ***

注：*** 、** 和 * 分别表示在 1%、5% 和 10% 的显著性水平下是显著的。

ADF – Fisher 检验结果表明，除了东部地区的三个变量一阶差分在进行有趋势项的 ADF – Fisher 检验时是不显著的，另外两种检验均在 10% 的显著性水平下拒绝原假设，说明东部地区的这些变量均是一阶差分平稳的；其余地区的变量均在 1% 的显著性水平下是显著的。因此，可以认为，所有地区的所有变量均在一阶差分条件下是平稳序列，不存在单位根。

（2）协整检验。

协整检验是对变量之间的长期协整关系进行检验的方法，是建立在单位根检验的同阶单整基础上的。不同于时间序列的协整检验，面板数据协整检验有着更多的方法，常用的有 Pedroni 检验（包含七种具体的检验方法）、Kao 检验和 Fisher 检验方法。在这些协整检验方法中，原假设都是不存在协整关系。在此，笔者运用 Eviews 软件对长江经济带及其东部、中部和西部地区的面板数据分别进行协整检验，结果如表 3-9 所示。

协整检验结果表明，东部不存在协整关系，即在东部地区，农业劳动人口比重、人均耕地面积和人均粮食产量对彼此没有长期的影响，而长江经济带总体及其中部和西部地区，则存在协整关系，即三者之间存在长期影响效应。

（3）Huasman 检验与回归模型参数估计。

在面板数据中，有固定效应和随机效应两种。在此本书运用 Huasman 检验选取适当的模型，检验结果表明，个体对变量估计有着显著差异影响，因此应该建立个体固定效应模型。接着，本书分别对长江经济带、长江经济带的东部省份、长江经济带的中部省份以及长江经济带的西部省份的面板数据进行个体固定效应模型回归分析，具体回归结果如表 3-10 所示。

（4）模型结果分析。

根据表 3-10 可以看出，长江经济带的人均耕地面积对人均粮食产量的弹性系数为 0.122，在 1% 的显著性水平下显著，这说明从长江经济带总体来看，耕地对粮食生产具有较为重要的促进作用。通过研究，本书认为我国实现地区粮食安全需要保护耕地，坚持"18 亿亩耕地红线"。从地区差异来看，长江经济带内人均耕地面积对人均粮食产量的贡献存在着明显的阶梯差异，东部地区的人均耕地面积对人均粮食产量的弹性系数为 0.694，为最高水平，且在 1% 的显著性水平下是显著的；中部地区的弹性系数为 0.465，也在 1% 的显著性水平下是显著的，仅次于东部地区；西部地区为 0.029，为最低水平，在 10% 的显著性水平下不显著。可以看出，就人均耕地面积对人均粮食产量的弹性系数而言，长江经济带整体要低于长江经济带的东部和中部地区，但高于长江经济带西部地区。这说明人均耕地越低，其对粮食生产的约束就越强，也就是说，增加耕地对粮食生产的促进作用就越大。根据农业生态学原理可知，当耕地作用粮食生产的限制因子之后，尽管生产技术提高能够在一定程度上增加粮食产量，但无法从根本上解决区域的粮食安

表 3-9 面板协整检验

研究区域	Panel V	Panel rho	Panel PP	Panel ADF	Group rho	Group PP	Group ADF	Kao	Fisher	是否存在协整关系
长江经济带	-0.719	-2.836***	-6.394***	-2.463***	-0.254	-3.942***	-0.847***	-0.001	51.32***	是
东部	0.189	0.499	0.409	1.053	1.368	1.126	1.795	-0.536	8.358	否
中部	-0.078	-2.842***	-4.547***	-1.953**	-1.028	-3.075***	-1.516*	-0.718	26.43**	是
西部	-0.389	-1.561*	-4.030***	-1.649*	-0.577	-4.437***	-1.444*	-0.467	16.53**	否

注：***、**和*分别表示在1%、5%和10%的显著性水平下是显著的。

表 3-10 面板回归模型参数估计

模型	常数	Lngd	lnldl	东部 上海	东部 江苏	东部 浙江	中部 安徽	中部 江西	中部 湖北	中部 湖南	西部 重庆	西部 四川	西部 贵州	西部 云南	R^2	F
模型一	-0.057	0.122***	0.625***	0.179	0.479	-0.023	0.300	-0.156	0.490	-0.220	-0.388	0.204	-0.676	-0.189	0.915	216.468***
模型二	1.796***	0.694***	0.475***	0.246	-0.034	-0.211									0.931	214.971***
模型三	-0.165	0.465***	-0.049				0.470	-0.504	0.503	-0.469					0.391	11.055**
模型四	-0.949***	0.029	0.085								0.056	0.193	-0.228	-0.021	0.726	45.517***

注：***、**和*分别表示在1%、5%和10%的显著性水平下拒绝原假设；模型一、二、三、四分别代表长江经济带及其东部、中部和西部地区。

全问题。因此，从长江经济带耕地和粮食安全关系的分析来看，立足于我国人多地少的实情，坚守"18亿亩耕地红线"，应该具有重要的理论和实践意义。这一结果也说明东部地区保护耕地资源最为迫切，中部地区人多地少的特征仍较为明显，虽然近年来中部地区的劳动力人口外流以及农业技术水平有所提高，但耕地不足仍然是建设粮食安全保障基地的重要限制因素（张忠明，2010）；相比之下，西部地区人均耕地面积较大，耕地面积对粮食生产的限制作用较低，影响粮食生产的更多应该是耕地的质量问题。

从农业劳动力占总人口比重来看，长江经济带的农业劳动力占总人口比重对人均粮食产量的弹性系数为 0.625，在 1% 的显著性水平下显著，且高于东、中、西部地区；长江经济带东部地区农业劳动力占总人口比重对人均粮食产量的弹性系数为 0.475，在 1% 的显著性水平下显著；长江经济带中部地区的农业劳动力占总人口比重对人均粮食产量的弹性系数为 -0.049，在 10% 的显著性水平下是不显著的，表明农业劳动力的增加并不能带来良好的粮食增收；长江经济带西部地区农业劳动力占总人口比重对人均粮食产量的弹性系数为 0.085，在 10% 的显著性水平下是不显著的。从地区差异来看，长江经济带总体农业劳动力比重对人均粮食产量的弹性系数为 0.625，说明了就整个长江经济带整体而言，单位劳动力的增加会带来较大的粮食增产；分地区来看，长江经济带东、中、西部地区均低于整体平均水平，这实质上是长江经济带内部劳动力人口流动的结果。东部地区在经济发展水平上要高于中西部地区，吸引着巨大的劳动人口流入，流入人口不仅拉低了东部地区的农业人口比重，还拉低了人均粮食产量，两者存在着一定的相关性；中西部地区是人口流出省份，这不仅带动农业劳动人口比重的下降，而且推动耕地集中和规模经营，促进了人均粮食产量的增加，两者的相关性较差。长期以来，长江经济带整体的农业劳动力比重是逐步下降的，人均粮食产量在 2001 年以前总体上也是下降的趋势，之后缓慢上升，两者的相关性要大于东部地区两者的相关性，因此在弹性系数上最大。在前文中，程名望与王跃梅针对农业劳动力流转对粮食主产区和主销区的影响存在争议，本书认为，农业劳动力流转引致的农业人口占总人口比重对粮食主销区（长江经济带东部地区）的影响要大于粮食主产区（长江经济带中部地区）。

不仅如此，长江经济带不同省市对粮食产量的影响也有所不同。从长江经济带的整体来看，上海市、江苏省、安徽省、湖北省和四川省对人均粮食产量的贡献为正。在这五个省市中，上海市作为我国粮食主销区，由于经济科技发达，单位粮食产量要高于其他地区；江苏省的太湖流域（潘佩佩，2013）、湖北省的江汉平原（彭恩，2007）、安徽省以及四川省的成都平原历来都是我国重要的商品粮生产基地，借助资源禀赋的优势在我国粮食安全体系中占据着重要地位。在人均粮食产量贡献为负的有浙江省、江西省、湖南省、重庆市、贵州省和云南省中，浙江省的贡献最大，这与浙江省发达的经济和科技水平有关；江西省、湖南省和重庆市都具备较好的粮食生产条件，其中江西省和湖南省是我国粮食主产区，江西省由于粮食单产低，粮食安全压力大；湖南省虽然粮食单产高，但人口众多，耕地压力大，从而给湖南省造成较大的粮食安全压力；贵州省和云南省位于我国云贵高原地区，属于典型的石灰岩地貌，土壤地力低，单位耕地面积粮食产量低。

5. 研究结论

运用面板计量方法对长江经济带内部的粮食、耕地与劳动力进行实证分析，揭示了长江经济带及其内部东、中、西部的粮食安全现状及区域差异。结果表明，长江经济带整体耕地对粮食产量的贡献较大，东、中、西部呈现着明显的阶梯分布；长江经济带整体农业劳动力对人均粮食产量的贡献要高于东中西部地区，其次是东部地区，中西部地区的农业劳动力对人均粮食产量不明显。不同区域粮食安全的现状也呈现着显著差异，东部省份由于技术和经济优势在粮食产出上具有显著优势，湖北省、安徽省及四川省则由于长久以来是粮食主产区而在粮食生产上具有比较优势，江西省、湖南省和重庆市则由于人口、劳动和技术局限在粮食生产上不容乐观，云南和贵州因自然条件差异及劳动力要素局限，在粮食生产上处于短板地位。

6. 政策启示

在对长江经济带及其东、中、西部地区进行实证分析的基础上，依据长江经济带的现实情况，从粮食安全角度提出相关的政策启示。

（1）加强对长江经济带耕地进行保护，针对不同区域制定不同保护机制。研究表明，人均耕地面积对人均粮食产量的贡献较大，说明长江经济带保护耕地具有现实意义，因此要加强对长江经济带耕地进行保护，这样对于保障地区粮食安全大有裨益。长江经济带东部和中部地区的耕地保护政策是不一样的，东部地区的人均耕地面积对人均粮食产量的贡献最大，表明东部地区保护耕地更加迫切，要切实保护好东部地区的耕地资源，以缓解中部地区的粮食压力；中部地区的耕地保护政策要逐步保障耕地资源流转，促进耕地资源集中，实现规模经营；西部地区的耕地资源丰富，耕地保护政策的实施也不是很紧迫，但是受制于自然的局限，需要着力提高耕地的单位产出。

（2）正确引导农业劳动力流动和保护地区农业劳动人口。研究表明，长江经济带的农业劳动人口比重对人均粮食产量的拉动作用是最大的，这说明目前粮食增长需要依靠增加劳动力来拉动，长江经济带要对农业劳动力进行保护；东部地区农业劳动人口所占比重非常低，单位农业劳动人口的增加对粮食产量增加的作用很大，因此东部地区也要着力保护现有的农业人口，提高自身的粮食安全水平；中西部地区由于农业劳动人口比重较大，农业劳动人口比重对人均粮食产量的贡献不明显，农业劳动力流出对地区的粮食产量增产具有促进作用，因此对于中西部地区的农业劳动力要进行合理引导。

（3）加强区域内粮食与技术流动性，实现区域粮食均衡。研究结果表明，长江经济带总体上粮食安全情况不是特别乐观，且存在着明显的内部差异。东部作为我国粮食主销区存在巨大的粮食缺口，中部作为我国粮食主产区粮食安全形势较为乐观，西部地区勉强能够实现粮食自给。因此，协调处理区域粮食安全问题需要实现区域的粮食互补，中部地区在满足自身的粮食需求前提下，将剩余粮食转移到东部地区；东部地区要将先进的技术水平转移到中西部地区，同时要立足自身优势，缓解粮食主产区的压力；西部地区受制于环境压力，不能盲目通过扩大耕地面积来解决粮食安全问题，需要提高土地产出。就中部地区的粮食主产区而言，需要立足自身的自然条件优势，提高粮食单产，在我国粮食生产中占据更大的优势。

（三）交通对长江经济带发展的影响：基于交通效率的视角

1. 问题提出

到了20世纪70年代中后期，西方社会开始兴起有关运输效率方面的研究。所谓的运输效率是可用于衡量运输系统的运行状况及发展潜力的一个综合性的指标。运输效率是指运输资源投入与实际有效产出的对比关系。新中国成立以来随着经济的迅速发展,交通运输行业的主要矛盾已经从初级阶段的单纯供需短缺转向综合效率不足,这一矛盾也引起了国内很多学者的关注,关于这一矛盾的讨论也逐渐增多。长江流域和长江经济带内的各省市交通运输系统是否也存在这样的矛盾?各省市的交通运输效率是否存在差异?对诸如此类的问题的研究在国家"一带一路"大战略下具有极大的现实意义。

2. 模型与数据

在对国内外相关领域的研究成果进行收集和研究之后,笔者采用数据包络分析方法(DEA)来进行研究。数据包络分析是基于非参数分析的评价多输入、多输出同类决策单元相对有效性的一种重要方法。经过长期发展,DEA 已扩展衍生出多个模型,但使用较多、效果较好的是 CCR 模型和 BCC 模型。CCR 模型是第一个 DEA 模型,最初由 Charnes、Cooper 和 Rhodes(1978)提出;后来 Banker、Charnes 和 Cooper(1984)改变 CCR 模型中规模收益不变的假定,而变为规模收益变动的假定,是为 BCC 模型。两个模型的基本构建如下。

$$D_{CCR}\begin{cases} \min[\theta - \varepsilon(e_1^T s^- + e_2^T s^+)] \\ s.t. \sum_{j=1}^{k} x_{jl}\lambda_j + s^- = \theta x_l^n \\ \sum_{j=1}^{k} y_{jm}\lambda_j - s^+ = \theta x_l^n \\ s^- \geq 0, s^+ \geq 0, \lambda_j \geq 0, j = 1,2,\cdots,k \end{cases} \quad (3-12)$$

$$D_{BCC}\begin{cases} \min[\theta - \varepsilon(e_1^T s^- + e_2^T s^+)] \\ s.t. \sum_{j=1}^{k} x_{jl}\lambda_j + s^- = \theta x_l^n \\ \sum_{j=1}^{k} y_{jm}\lambda_j - s^+ = \theta x_l^n \\ \sum_{j=1}^{k} \lambda_j = 1 \\ s^- \geq 0, s^+ \geq 0, \lambda_j \geq 0, j = 1,2,\cdots,k \end{cases} \quad (3-13)$$

其中,$e_1^T = (1,1,\cdots,1) \in E^m$,$e_2^T = (1,1,\cdots,1) \in E^k$;$x_{jl}$ 表示第 j 个 DMU

的第 l 个资源的投入量；y_{jm} 表示第 j 个 DMU 的第 m 种产出量；s^- 为松弛变量，s^+ 为剩余变量；$\theta(0 < \theta \leq 1)$ 为综合效率（TE），并且 θ 值越大，效率就越高。BCC 模型在 CCR 模型的基础上添加一个凸性假设，在可变规模报酬假定下，将综合效率分解为纯技术效率（PE）与规模效率（SE）的乘积。二者的值越大，对综合效率的贡献度就越高。

根据综合性、动态与静态结合性、可操作性、独立性和主成分性等原则，对指标进行筛选。考虑到 DMU（决策单元）的数量 n 和评价指标数量 m 之间一般应保持 $2m \leq n \leq 3m$ 的关系，最终的指标选取是以劳动投入和资本投入作为投入指标，具体指标选取方面，劳动投入选择运输业从业人员数；资本投入用运输业城镇固定资产投资额指标代替。产出指标方面，考虑到数据可获得性的问题和决策单元个数的限制，选取国内生产总值、货运量和货运周转量（因货物运输量绝对地大于客运量）为产出指标。数据来源于《中国统计年鉴》和《中国交通运输统计年鉴》。

3. 结果与讨论

在数据支持的基础上，计算了 2003～2012 年的长江经济带内各省市的交通运输效率，其中截取了 2004 年、2008 年和 2012 年的计算结果（见表 3-11）。

表 3-11 长江经济带交通运输效率

地区	综合效率			纯技术效率			规模效率			规模报酬		
	2004 年	2008 年	2012 年	2004 年	2008 年	2012 年	2004 年	2008 年	2012 年	2004 年	2008 年	2012 年
上海	1	1	1	1	1	1	1	1	1	—	—	—
江苏	1	1	1	1	1	1	1	1	1	—	—	—
浙江	1	1	0.793	1	1	0.803	1	1	0.988	—	—	drs
湖北	0.97	1	1	1	1	1	0.97	1	1	irs	—	—
湖南	0.5	0.8	0.792	0.705	1	1	0.71	0.802	0.792	irs	irs	irs
安徽	0.64	0.55	0.56	0.696	0.653	0.68	0.92	0.851	0.824	irs	irs	irs
江西	1	0.64	0.647	1	0.747	0.723	1	0.861	0.895	—	irs	irs
四川	0.68	0.48	0.477	0.903	0.768	0.744	0.76	0.629	0.642	irs	irs	irs
重庆	0.86	0.64	0.661	0.933	0.72	0.743	0.93	0.894	0.89	irs	irs	irs
贵州	0.55	0.44	0.5	1	1	1	0.56	0.445	0.5	irs	irs	irs
云南	1	0.47	0.482	1	0.804	0.819	1	0.59	0.589	—	irs	irs

注：表中 irs 表示规模报酬递增，drs 表示规模报酬递减，-表示规模报酬不变。

从表 3-11 中可知，上海和江苏的交通运输效率在 10 年中综合效率始终为 1，湖北的综合效率也基本都保持在 1 的水平，说明这三个地区在交通运输发展的过程中规模和投入、产出是相匹配的。相比之下，其余各省的交通运输效率表现出不同程度的低效率。浙江省和湖南省的情况稍好，其中浙江省在 2009 年之前也一直保持综合效率值为 1，2010 年后纯技术效率开始由 1 降到 0.985，此后一直呈递减态势，对交通运输的投入冗余，产出中货运周转量不足；湖南省的综合效率在 2008 年以前是保持了提升的趋势的，之后有所衰减却也能维持在 0.7 的水平上。长江流域上的其他各省的交通运输效率就比较低下，长期处于 0.6 或以下的水平。

江西省便是在交通运输效率低下的省份队列之内。观察江西省的数据发现，10 年中综合效率有一个明显的衰减趋势。2004 年，江西省的交通运输纯技术效率和规模效率都为 1，规模报酬不变。2008 年，江西省的交通运输纯技术效率是 0.747，规模效率为 0.861，表现为规模报酬递增。货运周转量出现了产出不足的情况（经计算短缺 1251 亿吨公里）；而投入则是表现出冗余，从业人员规模应减少 5 万左右，对运输业的固定资产投资额也相应减少了 129 亿元。到了 2012 年，江西省的交通运输的纯技术效率为 0.723，规模效率为 0.895，表现为规模报酬递增。在当前规模下，GDP 和货运量产出都没有冗余，但货运周转量的缺口达到了 2045 亿吨公里；投入方面，运输业从业人员数和运输业城镇规定资产投资均表现出规模更大的冗余。江西省在规模报酬递增的情况下维持着一个运行的低效率，表现出产出不足与投入冗余，需要引起关注。

4. 政策启示

综合联系上文中对江西省和长江经济带其他地区交通运输基本情况的分析，得知江西省公路、铁路和水运航道的建设都表现出不同程度的滞后，而其中以公路运输为主，铁路和水运建设不足。在长江经济带的国家战略下，如若继续维持这一低效率的运转和弱势的发展，江西省因此面临一个逐渐被边缘化、被排斥的尴尬境地，所以在未来的建设中，应针对铁路（尤其是高铁）和水运提供更多的投入与政策倾斜。

第二节 江西省城镇化发展的过程

推动和提升城镇化发展水平,可以充分发挥其对经济社会发展全局持久性的拉动作用,是我国实现现代化的必由之路。新中国成立以来,江西省城市化在曲折中前进,近两年来也采取了一系列措施大力推动新型城镇化和城市建设,取得了很大的成效。表3-12展示了1949~2013年的江西省城镇化历史进程,与同时期全国城镇化水平的情况相对比,在发展趋势上,江西省和全国城市化发展的步调是基本一致的。

表3-12 1949~2013年江西省人口和城市化水平

年份	总人口（万人）	市镇人口（万人）	城市化率（%）	年份	总人口（万人）	市镇人口（万人）	城市化率（%）
1949	1314.04	124.83	9.53	1994	4015.44	935.04	23.29
1957	1851.45	225.19	12.20	1995	4062.54	968.92	23.85
1960	2009.85	460.34	22.89	1996	4105.46	1009.29	24.58
1965	2209.54	372.55	16.87	1997	4150.33	1050.78	25.32
1978	3182.82	533.12	16.75	1998	4191.21	1091.89	26.05
1979	3228.98	533.12	17.44	1999	4231.17	1133.36	26.79
1980	3270.20	563.03	18.79	2000	4148.54	1148.73	27.69
1981	3303.93	614.59	19.06	2001	4185.77	1272.89	30.41
1982	3348.35	629.85	19.45	2002	4222.43	1359.62	32.20
1983	3394.50	651.25	19.56	2003	4254.23	1447.29	34.02
1984	3457.89	663.96	19.67	2004	4283.57	1524.09	35.58
1985	3509.80	680.17	19.78	2005	4311.24	1599.47	37.10
1986	3575.76	694.24	19.89	2006	4339.13	1678.38	38.68
1987	3632.31	711.22	20.00	2007	4368.41	1738.63	39.80
1988	3683.88	726.46	20.11	2008	4400.10	1819.88	41.36
1989	3746.22	740.83	20.22	2009	4432.16	1913.81	43.18
1990	3810.64	775.47	20.35	2010	4462.25	1966.07	44.06
1991	3864.63	814.82	21.08	2011	4488.44	2051.22	45.70
1992	3913.09	853.76	21.82	2012	4503.93	2139.82	47.51
1993	3966.04	894.42	22.55	2013	4522.15	2209.97	48.87

资料来源:2006~2014年《江西统计年鉴》。

在这 65 年的发展历程中，江西省城镇化水平虽紧随国家城镇化发展步伐一路提升，但其间也存在一定的差距。图 3-3 清晰地描述出了这一差异的变化情况。图中显示，1949~1978 年，江西省城镇化水平处于震荡期，在工业化推动的大背景下，自然、历史、政治等原因导致这一时期的城镇化率有一个发展后停滞的过程，十分不稳定；1978~1994 年，随着改革开放东南沿海城镇化的率先发展，处于内陆的江西省与全国城镇化水平拉开了差距，大幅落后于全国水平；1995~2000 年，随着市场经济体制改革的推动和经济全球化发展格局下外向型城镇体系空间格局的形成，江西省的城镇化发展未能及时紧跟上时代潮流，与全国的差距由 5.19% 增加至 8.53%；2001 年至今，随着城镇化上升为国家战略，江西省的城镇化水平与全国的差距开始逐渐缩减。简要来说，江西省在新中国成立以来的城镇化发展呈现明显的阶段性，并历经了震荡推进、落后于全国水平、与全国水平差距加大和逐渐缩小差距的过程。

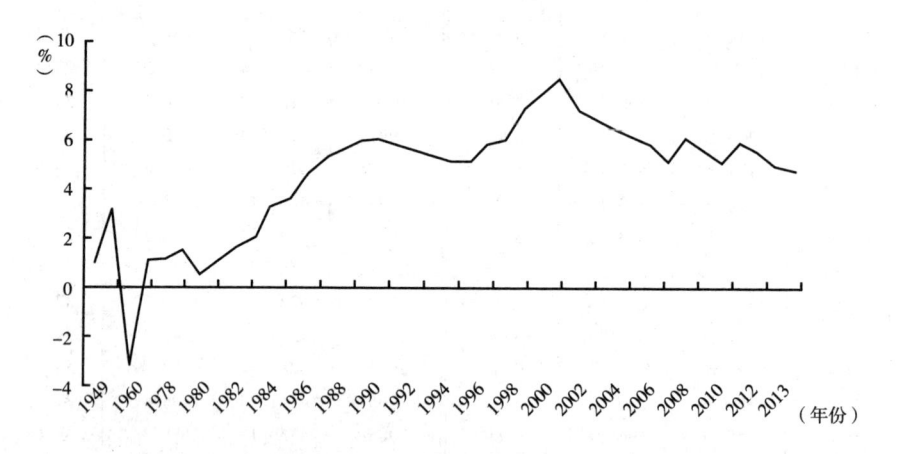

图 3-3　1949~2013 年江西省与全国城市化水平差距

观察江西省城镇化率的绝对变化和与全国水平的差异变化，可以对江西省的城镇化发展有一个大致的把握，但仍无法了解更多具体的信息，尤其是近年来提出新型城镇化后所发生的一系列新变化并不能具体表现出来。因而，对江西省内的重点打造区域、代表性区域和战略性发展区域的研究就显得十分必要。对这些区域城镇化发展的分析，不仅有助于从多个侧面了解江西省的城镇化发展进程，也是对江西省城镇化建设的有力佐证。

第三节　江西新型城镇化建设的主要载体

一　江西省全国生态文明示范区建设：新型城镇化的特色方向

长江流域地处我国南方地区，大部分地区属于亚热带季风性湿润气候，四季有明显差别，历史上曾属于生态环境非常好的地区之一（童光荣、郭笑撰，2000）。然而人类对自然生态系统的影响是十分强烈的，尤其是近几十年来，随着人口的增加，城市建设以及工矿企业的大量涌现，在促进流域经济发展的同时，也对很多地区的环境承受力施加了巨大的压力。上游表现为水土流失问题，长江上游的森林资源十分丰富，是长江水土资源保护的重要屏障，但由于不合理的开发，重伐轻造，森林植被锐减，生态系统自我调节能力下降，土地退化面积则不断增加。中、下游则是平原区洪涝灾害问题，长江中下游是我国重要的商品粮、棉、油基地，也是我国经济较发达地区，由于平原地区地势普遍较低，容易遭受洪涝灾害，这对人口稠密、经济发达的平原湖区经济社会和生态环境会造成很大的影响。在长江下游和河口区，工农业发达，是沿海最重要的经济中心，这一地区的生态环境问题较为严峻。首先是水质污染严重，长江干流水质总体良好，但岸边水域不同程度地受到污染，有些甚至相当严重，沿江城市几乎都面临水体污染的严峻挑战；其次是河口及三角洲侵蚀与淤积，通海航道每年要耗费巨额资金疏浚；再次是盐水入侵与土壤盐渍化导致引水灌溉困难；最后是由于过度捕捞和近海区污染，鱼类资源逐年减少。

江西省位于长江中游，资源丰富，是我国南方丘陵山地生态屏障、长江中下游和珠江流域水生态安全重要保障区，拥有我国面积最大的淡水湖——鄱阳湖，全省的森林覆盖率高达 63.1%；主要河流及湖库 I－Ⅲ类水质断面（点位）比例达 80.7%，高出全国 30 多个百分点；城市空气质量指数

（AQI）达到优良天数占比为 70% 左右，生态环境相对良好。生态格局的重要地位和良好的生态环境是江西最大的优势、最亮的品牌和最好的财富。长期以来，江西省在生态文明建设中接力探索实践，取得了较好成效。然而，随着工业化城镇化的不断推进，省内的资源、能源和环境压力也在不断增大。为了在生态环境基础较好、生态区位重要、经济欠发达地区探索生态文明建设有效模式，2014 年 11 月，国家发改委、财政部等六部委正式批复《江西省生态文明先行示范区建设实施方案》（以下简称《实施方案》），为江西省推进生态和经济协调发展指明了方向和路径，为江西省实现"发展升级、小康提速、绿色崛起、实干兴赣"提供了前所未有的战略机遇。这也是江西省首个全境列入的国家战略，为全国生态文明建设提供了一个观察的新窗口。

（一）战略定位

一是建设中部地区绿色崛起先行区，依托长江黄金水道和沪昆、京九等交通大动脉，深化与长三角、珠三角、海西经济区等沿海发达地区的分工协作，建设全国重要的节能环保、新材料、新能源、装备制造等产业基地，建设全国知名的绿色食品原料基地和生态旅游休闲度假区，成为中部地区绿色崛起的排头兵和示范区。

二是建设大湖流域生态保护与科学开发典范区，加强河湖管理与保护，严格保护滨湖和江河源头地区生态环境，合理开发环湖平原地区，保护和修复江河湖泊生态系统，加快推进鄱阳湖生态经济区建设，积极探索大湖流域生态、经济、社会协调发展新模式，走出一条生态良好、生产发展、生活富裕的文明发展之路。

三是建设生态文明体制机制创新区，深入推进自然资源资产产权管理和用途管制、资源有偿使用、资源环境承载力监测预警、跨区域生态补偿、生态文明考核评价等体制机制创新，形成有利于生态文明建设的制度保障和长效机制。

在这三个战略定位的指导之下，江西省生态文明先行示范区建设将分步骤、分阶段扎实推进。2015 年中，《实施方案》确定的各项任务分解落实到位，建立健全生态文明先行示范区的组织协调机构，制定出台专项规划和配套政策，全面启动先行工程。2015~2017年的三年中，生态文明建设力争取得积极成效，生态建设和环境保护工程全面实施，保持生态环境质量位居全国前列，确保生态产业体系初步形成，生态文明制度体系基本形成。到2020年，生态文明现象示范区建设将取得重大进展，在这一阶段，生态文明制度体系基本建成，符合主体功能区定位的开发格局全面形成，产业结构明显优化，绿色生产、生活方式普遍推行，在若干生态文明重大制度建设上形成可复制、可推广的典型模式。

（二）主要内容

结合江西实际和战略定位，推进生态文明先行示范区建设主要从五方面内容进行。

第一，在生态环境保护建设方面，按照《全国主体功能区规划》要求，江西省将加快推进国家生态红线划定的试点工作，预计在2015年完成，并研究出台生态红线内的管制措施。统筹推进鄱阳湖及流域上下游、干支流的水生态建设和保护，大力推进鄱阳湖流域水环境综合治理、源头水资源保护等工程。大力实施植树造林、封山育林，加强生态公益林保护，全面提升森林质量和生态效能。加大湿地资源保护力度，加强各类自然保护区建设，切实保护生物多样性。推进环境治理和"净空"、"净水"、"净土"行动，加强农村环境综合整治，大力推广"户分类、村收集、镇搬运、县处理"的农村垃圾处理模式，狠抓农业面源污染防治，切实改善农村环境。

第二，在绿色低碳产业发展方面，江西主要依托资源优势和产业基础，构建以生态农业、绿色工业和现代服务业为主的绿色产业体系。将通过实施现代农业示范园区建设工程，积极推进农产品规模化、标准化、生态化生产，培育农产品加工龙头企业，提升品牌和市场竞争力来大力发展特色生态农业。在工业强省战略下加速推进新型工业化，培育壮大节能环保、新材料、新能源、新装备制造等战略性新兴产业，加快推进传统产业转型升级，实施一批技术改造重大项目，促进传统产业的转型。大力发展产业集群，重点培育60个工业产业集群和20个省级工业示范产业集群，力争到2017年全省产业集群主营业务收入占工业的比重达50%以上。加快推进现代服务业集聚区的建设，重点发展现代物流、电子商务、金融保险、信息技术、节能环保等生产性服务业，促进服务业与制造业融合发展；积极发展社区服务等生活性服务业，满足居民多层次多样化的需求。此外，还将充分发挥旅游资源优势，完善旅游产业体系，使江西成为全国知名的生态旅游休闲度假区。

第三，在资源节约和集约利用方面，江西全面实行自愿利用总量控制、供需双向调节、差别化管理来提升资源综合利用水平，加快构建高效节约的资源能源利用体系。这主要是通过在工业领域推进钢铁、有色、水泥、造纸等企业节能降耗技术改造，在建筑领域推广绿色可再生建筑材料，在交通运输领域推广低碳交通运输，在公共机构领域制定城市综合体、公共机构办公场所等能源使用定额标准和效能标准来实现。在资源集约利用方面，则实行最严格耕地保护制度，强化规划控制作用，完善考核评价机制；全面推进节水型社会建设，控制总量、效率，落实管理责任和考核制度，完善水价格形成机制，制定完善重点行业节水标准，推进节水技术改造项目。主要从集约用地和节约用水两个方面来促进资源的集约使用，提高资源能源利用水平。

第四，在生态文化建设方面，加强生态文明宣传教育，倡导生态文明行为，在全社会树立生态文明理念，通过加强生态文化建设，增强全民节约意识、环保意识、生态意识来营造全社会共建共享生态文明的浓厚氛围。

第五，在生态文明的制度创新方面，江西省坚持把建立健全符合江西实际的生态文明制度体系作为先行示范区的重中之重，大力推进生态文明体制机制创新。具体有以下两个方面：一是建立科学完善的生态文明建设考核评价体系，将生态文件建设工作纳入领导干部年度述职、地方和部门绩效考核内容；实行领导干部自然资源资产离任审计，建立生态环境损害责任终身追究制度；建立自然资源资产产权管理制度。二是建立生态补偿机制，制定出台建立健全生态补偿机制的实施意见，建立财政转移支付与地方配套相结合的补偿方式，探索建立多元化的生态补偿机制。

二　鄱阳湖生态经济区建设：新型城镇化的主体

中央做出促进中部崛起重大战略决策之后，中部各省纷纷制定了经济圈规划，这些规划对加速中部各省的经济发展、促进中部地区的崛起将起到巨大的推动作用。在中部崛起的战略实施中，江西省提出了"鄱阳湖生态经济区"的战略，2009年12月获国务院正式批复，建设鄱阳湖生态经济区上升为国家战略。鄱阳湖生态经济区位于赣北，与长江直接相连，这一区域代表江西省最发达、最具潜力的地区，对江西省的发展具有龙头引领的作用。与中部其他省份不同，鄱阳湖生态经济区以县域经济为主，而县域经济是江西崛起的筋骨，壮大县域经济是加快江西崛起的重要突破口，县域城镇化是发展县域经济的重要载体，因而加快鄱阳湖生态经济区城镇化建设显得尤为重要。

随着江西省工业化、城市化进程的推进，城市群发展也成为城市化进程中的一个必然。鄱阳湖生态经济区基础设施较完善，具有江西省最完备的铁路、公路、水运和航空综合交通体系，经济发展水平在全省也处于领先地位，拥有全省最好的工业基础和科技实力，城市间的经济联系较为密切，这些因素决定了鄱阳湖生态经济区内具备成长优势城市群的基本条件，是江西新型城镇化的主体，因而关注环鄱阳湖城市群的发展也十分重要。

（一）新型城镇化发展水平

1. 指标体系与数据来源

城镇化过程是一个社会、经济、环境等多圈层多要素相互作用的复杂过程，指标体系的设置应从多层次、多侧面、多角度对城市化状况做出真实的反映，使评测目标和评测指标有机地联系起来，组成一个功能完善的整体。新型的城镇化还要在城镇化的基础上加入对核心要素——人的城镇化的考虑。

采用复合指标来衡量城市化水平，通过对新型城镇化内涵和环鄱阳湖区城市化实际情况的分析，建立的城镇化水平综合测度指标体系应该体现出以下几个方面。①人口城镇化。农村人口逐渐转变为城市人口的现象和过程，人口和经济布局在空间格局上的重构，并呈现出日益集中化的过程，特别是第一产业的人口不断减少，第二、第三产业人口不断增加的过程。②经济城镇化。产业结构转换是城市化的动力机制，经济要素流动与集聚是城市化的实现机制，经济城市化的实质是工业化不断升级的过程，也是各种非农产业发展的经济要素向城市集聚的过程。③生活与教育的城镇化。新型城镇化是以人为本的城镇化，不再过多注重城市的空间扩张，指从农村生活方式向城市生活方式发展、质变的全部过程，即农村和农民的生产方式和生活方式文明程度不断提高、不断现代化的过程，居民在城镇中的生活质量和教育水平应得到更多的关注和提高。④公共服务与基础设施城镇化。农民迁移到城镇，需要与原有市民共同分享政府提供的公共服务资源，此外，随着城市景观不断扩展、建成区面积不断扩大，城市基础设施也在不断完善，城市生活环境的优化也是衡量新型城镇化的一个方面。

根据以上分析，在前人研究的基础上，笔者从人口城市化、经济城市化、生活城市化、景观城市化四个方面构建了环鄱阳湖区城市化水平综合测度指标体系，共包括4大类15项具体指标（见表3-13）。

表3-13 鄱阳湖生态经济区新型城市化水平测度指标体系

系统	类型	指标内容
鄱阳湖生态经济区新型城镇化评价	人口	非农业人口比重
	经济	人均GDP,第三产业占比,人均实际利用外资,人均社会消费品零售总额,经济外向度
	生活和教育	人均城市生活用水,人均城市生活垃圾清运量,人均公园绿地,普通中小学在校学生数
	公共服务与基础设施	人均固定资产,每万人拥有公路里程,医院、卫生院床位数,参加农村合作医疗人数,城乡社会保障机构数

文中所用的各年经济指标和数据来自2009~2013年的《江西统计年鉴》、《中国城市统计年鉴》和《鄱阳湖生态经济区统计年鉴》。

2. 鄱阳湖生态经济区新型城镇化评价

为克服多指标变量间信息重叠及人为确定指标权重的主观性，笔者采用因子分析法对鄱阳湖生态经济区的城镇化综合测度指标体系进行概括性统计处理，即把原来多个变量划分为少数几个综合指标，并尽可能多地保留原来较多变量所包含的信息量。由于鄱阳湖生态经济区2009年上升为国家战略，因而对其新型城镇化水平的评价从2010年起。模型的具体计算方法是，将收集到的数据按年分为3个样本，针对每个样本内的县市分别用主因子分析法计算其当年的综合城市化水平：

$$C_{ti} = \sum_{i=1}^{n} w_i z_{ti} \quad (3-14)$$

式（3-14）中，C_{ti} 为第 t 时期环鄱阳湖区内某城市的城市化综合指数，w_i 为提取出来的第 i 个主成分的方差贡献率，Z_{ti} 为第 i 个因子得分。

3. 结果分析

根据式（3-14）计算出鄱阳湖生态经济区内的 33 个县市在 2010～2012 年的综合城市化水平，在计算之前先对标准化后的数据进行 KMO 检验，2012 年数据标准化后 KMO 检验值为 0.685，其他各年情况相似，判断可以进行因子分析。

表 3-14　2010～2012 年鄱阳湖生态经济区综合城市化水平

地区	2010 年		2011 年		2012 年	
	排序	综合得分	排序	综合得分	排序	综合得分
南昌市辖区	1	1.6214	1	1.746	1	1.99
南昌县	21	-0.1758	8	0.1269	11	0.23
新建县	14	-0.0448	14	-0.0356	12	0.1181
进贤县	18	-0.0971	22	-0.2352	13	0.04
安义县	28	-0.3968	31	-0.4996	19	-0.1844
浮梁县	30	-0.408	33	-0.5787	33	-0.7305
珠山区	7	0.4388	16	-0.0856	5	0.5042
昌江区	20	-0.1212	21	-0.1859	4	0.603
乐平市	11	0.1141	10	0.1074	18	-0.0979
余江县	26	-0.3662	32	-0.5177	22	-0.2557
月湖区	8	0.3344	15	-0.0534	8	0.3978
贵溪市	9	0.1931	9	0.115	3	0.61
九江市辖区	2	1.017	2	0.747	2	0.6383
九江县	24	-0.3481	23	-0.24	32	-0.7281
彭泽县	27	-0.383	29	-0.4104	28	-0.5082
德安县	32	-0.6698	27	-0.3437	31	-0.6968
星子县	19	-0.1164	24	-0.2662	25	-0.3418
永修县	22	-0.316	17	-0.1342	30	-0.5957
湖口县	31	-0.6435	26	-0.317	26	-0.3865
都昌县	13	0.0895	12	-0.0081	15	0.0092
武宁县	29	-0.3996	30	-0.4408	29	-0.567
瑞昌市	25	-0.359	25	-0.2706	20	-0.1924
共青城市	33	-0.9479	4	0.5498	27	-0.4342
渝水区	5	0.552	6	0.5028	9	0.3095

续表

地区	2010年		2011年		2012年	
	排序	综合得分	排序	综合得分	排序	综合得分
东乡县	17	-0.0882	19	-0.1481	23	-0.2648
临川区	3	0.6065	7	0.4769	10	0.2587
丰城市	4	0.59	3	0.5766	6	0.4759
樟树市	15	-0.0568	20	-0.158	17	-0.0893
高安市	12	0.0915	13	-0.021	16	-0.06
余干县	10	0.1387	11	-0.0068	7	0.4365
鄱阳县	6	0.5325	5	0.5157	14	0.0348
万年县	16	-0.0651	18	-0.1421	21	-0.2532
新干县	23	-0.3161	28	-0.37	24	-0.2713

通过表3-14的计算结果发现，区内仅有近一半的县城综合得分为正值，并且得分的数值不高，总体而言鄱阳湖生态经济区的新型城镇化现状处于一个较低的水平。观察具体的各县发现，南昌市辖区和九江市辖区的新型城镇化水平一直处于区内综合得分的第一位和第二位，但南昌市辖区的城镇化水平在3年中是不断提升的，而九江市辖区则表现出相反的趋势。

与南昌市辖区排名第一的城镇化水平相比，其周边四县（南昌、新建、进贤和安义）城镇化水平较为落后，在2010年以前除新建县以外排序都十分靠后，与省会南昌的落差非常大。九江市情况也相类似，市辖区的城镇化水平远高于管辖区下的其他县城，而且这一差距并没有随着时间的推移逐渐缩减。再观察鹰潭市，市辖区月湖区的城镇化水平波动较大，在2011年骤降，之后的一年中又立刻回到了原水平。新余市市辖区的城市化水平在鄱阳湖生态经济区中虽然处在中高水平，但表现出持续倒退的态势。其余地区的城市化水平也不同程度地有所波动，似乎并不存在特定的规律。但是，将鄱阳湖生态经济区内的县级城市按照所属行政单位划分来看，不难发现市辖区的城镇化水平变化方向在很大程度上影响了它所管辖的区域。例如，南昌市辖区的城镇化水平保持区内第一，辖区内的四县城镇化水平排序也是总体向上的；九江市辖区的城镇化水平下降，辖区内的其他县域相应的位序也逐渐降低；类似的，鹰潭市、景德镇市和抚州市都体现了总体上一致变化的规律。

再对提取的主成分进行分析，在计算过程中发现所提取的第一主因子中，各项城镇化水平的评价指标主要在人口、公共服务与基础设施类型的指标上载荷较大；第二主因子中，主要在经济类型的指标上载荷较大；第三主因子则主要代表了教育水平类型指标；剩余的因子则表现为经济、生活类型指标的载荷较大。这一结果也颇具意义，它明确地表达了衡量和评价新型城镇化水平的重要方面是人口的城镇化和公共服务与基础设施的普及。

自 2006 年提出环鄱阳湖城市群构建战略以来，环鄱阳湖区的经济建设就加大了力度，继而使 2009 年鄱阳湖生态经济区建设上升到国家战略，对鄱阳湖周围区域的开发获得了更多支撑和政策倾斜，然而在各方努力下，各项城镇化水平评价指标反而总体偏小并呈下降趋势，导致这一情况发生的原因值得深究。在新型城镇化的评价体系之下，经济规模和建设力度不再是首要的观察指标，相比过去的城市化，新型城镇化的概念贯彻了以人为本的核心思想，因而农村人口的城镇化、进城农民对公共服务和基础设施的均等化分享成为衡量新型城镇化的非常重要的指标。另外，鄱阳湖生态经济区还是长江三角洲、珠江三角洲、海峡西岸经济区等重要经济板块的直接腹地，是中部地区正在加速形成的重要增长极，是中部制造业重要基地和中国三大创新地区之一，具有发展生态经济、促进生态与经济协调发展的良好条件。在过去偏经济成果导向的城市化下，地方政府有追求城市扩张和拉高政绩的冲动，多地打造工业园区，这难免使某些地方不顾资源环境承载力而引入诸多短期效益好、利润高但长期污染大的企业入园。环境的污染与生态的退化，直接影响了人们的生活质量，并且随着城镇人口的增长，人均的各项资源也趋于减小，这些原因综合起来便导致鄱阳湖生态经济区整体在新型城镇化评价指标体系下的低水平城镇化。

（二）城市群的金融集聚状态

环鄱阳湖城市群是依托我国最大的淡水湖鄱阳湖为中心，以环绕其周围的南昌、九江、景德镇、鹰潭和上饶五个城市共同组成的。它是政府主导型的金融集聚区，自 2004 年江西省提出建设环鄱阳湖城市群以打造江西崛起的规划后，在 2009 年 9 月，国务院通过《促进中部地区崛起规划》，明确将环鄱阳湖城市群列为重点培养的城市群之一。

截至 2012 年底，整个环鄱阳湖城市群的生产总值为 6796.43 亿元，占全省的52.49%，人口为19295447人，占全省的42.84%，可以说目前已基本形成城市群格局。在环鄱阳湖城市群内，上市公司有25家，占全省上市公司总量的3/4。同时，整个环鄱阳湖城市群内基本实现了金融机构多元化，拥有众多的股份制银行、城际银行、证券公司、保险公司。从资金运行情况来看，金融机构各项存款（含外资）达9722.54亿元，比2011年增长1312.19亿元，增幅15.6%，占全省金融机构各项存款的57.74%；金融机构各项贷款（含外资）7177.18亿元，较2011年增长1042.3亿元，增长约17%，占全省金融机构各项贷款的64.78%。总体来看，整个环鄱阳湖城市群的金融集聚现状表现较好，但还需进一步确定其发展状态。

1. 环鄱阳湖城市群存在金融集聚

金融集聚程度综合体现了一个地区金融业的规模、地区经济状况和基础设施状况，本节通过设立相关指标对环鄱阳湖城市群的金融产业的集聚程度做一个定性的分析。遵循独立性、可量化和可操作原则，在参考马丹（2007）对金融产业集聚程度的研究后，笔者设立了金融规模指标、经济总量指标、金融基础和金融发展深度四个方面指标（见表3-15）。一个地区金融产业的集聚程度越高，金融规模指标、经济总量指标、金融基础环境指标和金融发展深度就应该越明显，相对的各项指标的数值也就应该越大。

首先，金融集聚必须有金融资源的大量集聚，即应表现为资金的大量集聚，在充分考虑金融资源的来源和表现后，金融规模现状指标以居民储蓄余额、金融机构存款余额和金融机构贷款余额、金融业增加值、金融机构从业人员为代表性指标。其次，金融集聚必须建立在一定的经济规模上，只有经济发达才能产生对金融的强大需求。选择GDP、地方财政收入水平、社会消费品零售总额、城镇居民人均可支配收入来反映地区的经济能力。再次，完善的基础设施是影响金融集聚的重要因素。随着科学技术的发展，现代金融已经完全信息化，业务流程、风险控制、结算体系等都已经信息化。同时，金融机构的集聚是一种规模效应，这种规模效应的发挥有一系列的基础条件和载体。我们在金融基础环境指标下设货运量、邮政业务量、固定电话用户数、移动电话用户数、互联网用户数等指标来研究基础设施状况。最后，对金融发展深度的衡量采用金融机构存款占GDP比重、金融机构贷款占 GDP 比重、居民储蓄余额占 GDP 比重、金融业增加值占 GDP 比重来衡量。指标体系的构建如表 3-15 所示，据此收集 2004~2011 年数据对环鄱阳湖城市群金融集聚的现状进行描述性分析。

表 3-15　环鄱阳湖城市群金融集聚指标体系

地区	类型	指标内容
环鄱阳湖城市群	金融规模	居民储蓄余额、金融机构存款余额和金融机构贷款余额、金融业增加值、金融机构从业人员
	经济总量	GDP、地方财政收入水平、社会消费品零售总额、城镇居民人均可支配收入
	金融基础	货运量、邮政业务量、固定电话用户数、移动电话用户数、互联网用户数
	金融发展深度	金融机构存款占 GDP 比重、金融机构贷款占 GDP 比重、居民储蓄余额占 GDP 比重、金融业增加值占 GDP 比重

资料来源：相关年份《江西统计年鉴》《中国城市统计年鉴》。

通过对数据的分析可知，近年来居民储蓄存款涨势明显，2011 年比 2004 年上涨了两倍多，储蓄的增长说明居民的生活水平显著提高，同时储蓄增长也有利于银行放贷，从而增加货币供应。金融机构的存贷款变化更甚，2011 年水平比七年前翻了近四番，规模急剧增大，资金的流动也更加频繁，可以看出整个城市群的金融规模不断扩大。观察 GDP 中金融业增加值可以发现 2010 年已经超过 2004 年一倍多，总体来看增长也是较快的。对于金融业从业人员的变化，可以看到 2011 年比 2004 年增长 1 万多人，增幅近 50%。总之，整个环鄱阳湖城市群的金融规模一直在不断扩大，已经具备了金融集聚的初步规模。

环鄱阳湖城市群的经济总量是逐年攀升的，生产总值在 2011 年已经超过 2004 年近三倍，增长迅速，表明整个城市群的经济发展十分迅速。社会消费品零售总额增长更是明显，2011 年数据比七年前增长 3 倍多，表明环鄱阳湖城市群内消费品行业发展良好，居民消费意愿与消费水平有很大提高。城镇居民可支配收入在 2011 年达到 18566 元，是 2004 年的 2 倍多。尽管和一些发达地区相比还有很大差距，但由于经济基础本身就比较薄弱，现在能发展到一年近 2 万元的人均可支配收入已经是很好的开始了。地方财政收入预算增速最大，2011年是2004年的4倍多，意味着地方经济的发展非常快。企业的发展十分迅速，纳税增加，企业创造的财富增加，同时政府的收入水平有保证也会加大对基础设施等与人们生活息息相关的方面的投入。

整个环鄱阳湖城市群的一系列基础设施变化明显，尤其是货运量和移动电话用户数。2011年，货运量达到42590万吨，比2004年增长了3倍多，表明货运业急剧增长，与国内和国外的贸易频繁。移动电话用户数从开始的100多万人，七年后飙升到600多万人，说明人们开始大量使用手机，手机已经走进日常生活，成为必需品。邮政业务量增长近2倍，表明人们通过邮局邮寄物品较多。互联网也得到迅速发展，很多机构都有在网上的官方渠道，及时更新提供最新动态。固定电话数近三年连续下降，初步估计是因大力投资基础设施建设，而这些建设周期长，投资大，回收期长，同时固定电话用户的大量减少是因电脑网络的普及，很多家庭会选择取消有固定座机费的固定电话。

金融发展深度的指标总体变化趋势是增长的，金融机构存款占GDP比重波动较大，但是2009年以来都处于较高水平，说明金融机构的存款在快速增长，且涨幅高于GDP的增长。金融机构贷款余额占GDP的比重表现较好，增长趋势明显且近年来稳定在1.5倍左右。居民储蓄占GDP的比重总体变化并不大，处于小范围波动状态，说明人们的储蓄意愿与经济增长还是比较同步的。GDP中金融业增加值占比的变化也是逐年递增，显示了一定的金融集聚。总体来看，各项指标说明环鄱阳湖城市群有一定的金融集聚存在。

2. 环鄱阳湖城市群金融集聚效应

根据表3-16的指标数据分析可知，环鄱阳湖城市群的金融已存在集聚，现运用定量分析方法来对环鄱阳湖城市群金融产业集聚效应做进一步分析。研究产业集聚的定量分析方法有很多，笔者参考谭华（2013）的分析方法，选取产业集中度、区位熵、区位基尼系数、赫芬达尔指数及产业地理集中指数来分析环鄱阳湖城市群的金融集聚效应。

（1）环鄱阳湖城市群金融产业不存在垄断。

根据产业集中度的定义，这里n取2，即计算CR_2的大小。考虑到描述金融业的指标有金融业增加值和金融业从业人员数，本章将分别利用这两个指标来计算环鄱阳湖城市群的产业集中度。表 3-16 中 x_i 为金融业从业人员数，表 3-17 中 x_i 为年末金融业单位从业人员数。查找各年《江西统计年鉴》中各设市区社会经济主要指标，计算整理后得到结果如下。

表 3-16　2004~2011 年环鄱阳湖城市群产业集中度（金融业增加值）

年份	$\sum_{i=1}^{2} x_i$	$\sum_{i=1}^{5} x_i$	CR_2	城市
2004	458988	550638	0.83	南昌、上饶
2005	550234	652956	0.84	南昌、上饶
2006	642830	759776	0.85	南昌、上饶
2007	862425	1003361	0.86	南昌、上饶
2008	902492	1030504	0.88	南昌、上饶
2009	1113814	1271697	0.88	南昌、上饶
2010	1309795	1518210	0.86	南昌、上饶
2011	1554100	1796600	0.87	南昌、上饶

表 3-17　2004~2011 年环鄱阳湖城市群产业集中度（金融业从业人员数）

年份	$\sum_{i=1}^{2} x_i$	$\sum_{i=1}^{5} x_i$	CR_2	城市
2004	2.07	2.55	0.76	南昌、九江
2005	2.10	2.73	0.77	南昌、九江
2006	2.22	2.81	0.79	南昌、九江
2007	1.98	2.56	0.77	南昌、九江
2008	1.93	2.66	0.73	南昌、九江
2009	2.59	3.28	0.79	南昌、九江
2010	2.93	3.69	0.74	南昌、九江
2011	2.78	3.65	0.76	南昌、九江

从表 3-16 和表 3-17 可以看出，无论是从金融业增加值还是从金融业从业人员来看，整个环鄱阳湖城市群的金融集聚都并不明显。金融业增加值的 CR_2 稳定在 0.85 左右，小于 1，说明金融产业是处于竞争状态的；金融业从业人员的 CR_2 稳定在 0.77 左右，也是小于 1 的，说明产业竞争较为激

烈，总体来看，整个城市群的金融产业区域竞争不存在垄断。

（2）环鄱阳湖城市群区金融集聚优势不突出。

根据区位熵的具体定义，先计算环鄱阳湖城市群内部的金融集聚区位熵指数，取 E_{ij} 表示环鄱阳湖城市群的 j 城市金融业从业人员数，E_j 为环鄱阳湖城市群的 j 城市年末单位从业总人数，E_k 为整个环鄱阳湖城市群金融业从业人员数，E 为整个环鄱阳湖城市群年末单位从业人员总数。再计算整个城市群与江西省的区位熵，此时取 E_{ij} 表示环鄱阳湖城市群的金融业从业人员数，E_j 为环鄱阳湖城市群的年末单位从业人员总数，E_k 为江西省金融业从业人员数，E 为江西省年末单位从业人员总数。区位熵计算公式如下：

$$LQ_{ij} = \frac{(E_{ij}/E_j)}{E_k/E}$$

环鄱阳湖城市群金融集聚区位熵的原始数据分别来自各年《江西统计年鉴》，计算后得出如下结果。

表 3-18　2004~2011 年环鄱阳湖城市群区位熵

年份 地区	2004	2005	2006	2007	2008	2009	2010	2011
南 昌	1.00	0.98	1.01	0.98	0.87	1.01	0.97	0.88
九 江	1.10	0.97	0.94	1.00	1.23	0.99	0.90	1.10
景德镇	0.80	0.77	0.66	0.73	1.10	0.89	0.82	1.04
鹰 潭	1.81	2.08	2.13	2.04	2.03	1.60	1.38	1.80
上 饶	0.70	1.26	1.19	1.28	1.03	0.85	1.64	1.90
城市群	1.17	1.08	1.10	1.10	1.07	1.07	0.95	0.96

由表 3-18 可以看出，2004~2011 年环鄱阳湖城市群的区位熵值基本上都大于 1，表明环鄱阳湖城市群存在金融集聚现象，即相比于其他城市，环鄱阳湖的五个城市金融发展更好、更集中。考查城市群内部，可以看到南昌、九江、景德镇的区位熵徘徊在 1 左右，说明这三个城市的金融专业化并不高；而鹰潭和上饶的区位熵几乎都是大于 1 的，说明这两个城市金融集聚更明显。总体来看，环鄱阳湖城市群金融发展态势趋于缓慢，整体集聚优势不够突出。

（3）环鄱阳湖城市群金融产业金融集聚不明显。

根据区位基尼系数的定义，取 S_i 为环鄱阳湖城市群的各个城市金融业从业人员占整个城市群金融从业人员数的比重，x_i 为该城市群各个城市总从业人员数占整个城市群就业人员总数的比重。原始数据分别来自各年《江西统计年鉴》，计算后得出如下结果。

表 3–19 2004~2011 年环鄱阳湖城市群区位基尼系数

基尼系数\年份	2004	2005	2006	2007	2008	2009	2010	2011
G	0.0017	0.0023	0.0030	0.0023	0.0100	0.003	0.0006	0.0093

从表 3–19 计算结果可知，环鄱阳湖城市群金融集聚度很低，区位基尼系数几乎为 0，说明在整个环鄱阳湖城市群空间上金融产业分布是均匀的，该城市群的金融集聚并不明显。

（4）环鄱阳湖城市群金融产业分布较均衡。

根据上一节的定义，令 n 为 5，S_i 为环鄱阳湖城市群的各个城市金融从业人员占整个城市群金融从业人员的比重。从各年的《江西统计年鉴》中查找相关数据，计算后得出如下结果。

表 3–20 2004~2011 年环鄱阳湖城市群赫芬达尔指数

H\年份	2004	2005	2006	2007	2008	2009	2010	2011
H	0.43	0.39	0.41	0.41	0.36	0.46	0.41	0.42

从表 3–20 可以看出，环鄱阳湖城市群的赫芬达尔指数稳定在 0.4 左右，而按照定义其取值为 0.2~1，越接近 0.2 则说明分布越均衡，越接近 1 则说明分布越集中，所以环鄱阳湖城市群的赫芬达尔指数显示其金融产业分布是比较均衡的。

（5）环鄱阳湖城市群的金融集聚在增强。

根据上一节的定义，本节取 S_i 为环鄱阳湖城市群的各个城市金融从业人员占整个城市群金融从业人员的比例，x_i 为该城市群各个城市从业人员数占整个城市群就业人员总数的比例。从各年的《江西统计年鉴》中查找相关数据，计算后得出如下结果。

表 3-21　2004~2011 年环鄱阳湖城市 EG 指数

年份	2004	2005	2006	2007	2008	2009	2010	2011
EG	-0.762	-0.631	-0.692	-0.696	-0.538	-0.835	-0.684	-0.681

由表 3-21 数据可知，环鄱阳湖城市群的历年 EG 指数均为负，说明在城市群内金融产业分布分散，集聚程度很低。在这八年的数据中，可以看到虽然 EG 指数始终为负，但指数越来越大，整体上表现出一个向上增长的趋势，反映出环鄱阳湖城市群的金融集聚在增强。

3. 结论

通过以上实证分析，可以看到环鄱阳湖城市群的金融产业分布并不是十分集中，金融集聚程度较低，整个城市群的金融发展还处于初级阶段。这可以归结为环鄱阳湖城市群是政府主导型的城市群，它自身的条件还不是很好，与周边地区存在差距，因此它的发展还较低。

从定性分析结果来看，环鄱阳湖城市群的金融规模指标、经济总量指标、金融基础和金融发展深度指标表现得较好。尤其是金融规模指标，我们发现从 2008 年开始各项指标的增长明显加快，居民储蓄余额出现约 25% 的增长率，年末金融机构存款余额增长率为 18%，在 2010 年更是达到 28%；年末金融机构贷款余额增长 15.5%，金融从业人员出现 3.9% 的增长，并在 2010 年出现 12.5% 的增长。可以看出，2008 年起金融集聚效应开始显现，各指标均维持高增长，平均增长率为 15% 左右。比较能说明情况的金融发展深度指标也表明整个城市群的金融基本面较好。

从定量分析的结果来看，环鄱阳湖城市群的金融集聚就比较低了。选用的五种方法中，只有产业集中度指标表现出了城市群中金融集聚的存在，金融资源集中在南昌、九江和上饶地区，其中上饶是属于金融发展较快的城市，南昌则属于各方面都比较繁荣的城市。其余各项指标都显示环鄱阳湖城市群的金融集聚十分薄弱，金融分布较为均衡。区位熵和 H 指数显示了一定的集聚程度，但区位基尼系数和 EG 指数都表明城市群的金融产业几乎不存在集聚。

总体来看，环鄱阳湖城市群初步形成了集聚的趋势，但是集聚的程度仍然不高。现阶段要正视环鄱阳湖城市群的不足，扬长避短，打造核心竞争力。

三　昌九一体化建设：新型城镇化的重点区域

南昌市和九江市是江西省最发达的两个城市，也是鄱阳湖生态经济区最核心的两个城市。南昌市是江西省的省会城市，同时还是全省的行政中心。九江市是江西重要的门户城市，因为临近长江，拥有 152 公里长江岸线的天然优势，也是全省唯一的拥有通江达海的对外开放国家一类口岸的城市，对江西省的进出口商务，与长江经济带城市之间直接的货运交通甚至国际货物运输起着重要的作用。由于这两个城市在江西省的重要地位，其发展程度、发展速度和发展计划与江西省的发展息息相关。

（一）形成过程

如表 3-22 所示，早在 1992 年，江西省委、省政府就做出了建设"昌九工业走廊"的战略决策；省十三次党代会后，又相继做出打造南昌核心增长极、加快九江沿江开放开发的决策；2013 年 7 月，省委十三届七次全会提出推进"昌九一体化"区域发展战略。这些战略决策的着眼点就是抓住各个时期的历史机遇，充分发挥南昌、九江区位条件和产业基础优势，把昌九地区建设成江西省经济实力最强、发展活力最足、辐射带动能力最大的区域经济板块。从昌九工业走廊、昌九城镇群、昌九一体化到昌九新区建设，反映了江西省工业化水平不断提高，城镇化道路从单一城市到城市群发展的历史轨迹，也反映出江西省区域发展战略路径不断深入、不断升华的过程。在国家提出长江经济带建设、中部四省共建长江中游城市群，国家区域发展战略、开放战略不断出现新局面的情况下，昌九一体化迎来了绝好的发展机遇，并对推进新一轮大开放和新型城镇化具有重大现实意义。

表 3-22 "昌九一体化"形成过程

时间	内容
1992 年	首次提出要建设"昌九工业走廊"
2012 年 6 月	提出"昌九一体化",签订了《昌九战略合作协议》
2013 年 7 月	省委十三届七次全会提出推进"昌九一体化"区域发展战略
2013 年 10 月	两市 24 个政府部门商讨"昌九一体化"的具体执行方案,并且就规划、基础设施、产业发展、生产要素、生态建设和公共服务六大领域合作事项达成 25 项共识
2013 年 11 月	共青先导区的建设方案获批

(二) 发展现状

南昌和九江作为重点发展的区域取得了一系列进展。就南昌而言,作为江西省的省会城市,南昌一直是江西的"核心增长极",2012 年,南昌市经济总量突破 3000 亿元大关;2013 年经济总量更是达到 3336 亿元,达到全省经济总量的 23%,接近 1/4 的比重。所谓"龙头昂起"即指赣北一带,而赣北一带则是以九江市为代表,其最大的优势是拥有全省唯一的临江港口。2012 年和 2013 年两年间,两市共同实现的生产总值、固定资产投资、对外经济贸易等指标占全省的比重超过了 1/3,充分说明了这两座城市对江西省的重要程度。

"昌九一体化"主要从规划、基础设施和公共服务着手,并在产业方面也要求对接互补。2013 年 9 月 30 日,南昌市至九江永修县的 139 路公交开始通车,开创了江西省设区市间通公交的先河,从此以后南昌到永修的公交车单程约 1 小时,乘坐公交车来往两地只需要 10 元。同年 10 月 10 日,两市 24 个政府部门商讨"昌九一体化"的具体执行方案,并且就规划、基础设施、产业发展、生产要素、生态建设和公共服务六大领域合作事项达成25 项共识(江丛干,2014)。

此外,在开放开发方面,南昌的综合保税区已报至国务院,接下来在江西省将探索建立昌九扩大开放试验区,并启动申报设立昌九自贸区。为了发挥九江水运口岸与南昌航空口岸这两个国家一类口岸的优势,江西省在2014 年建设并运行昌九一体化电子口岸平台,实现昌九区域各口岸(作业区)、出口加工区、保税物流园区之间卡口物流和监管数据交换和共享,简化企业报关报检手续,提高运转效率。表3-23是"昌九一体化"实施至今社会经济生活各部门的变化。

表3-23 "昌九一体化"实施至今社会经济生活各部门的变化

交通	2013年9月30日,南昌市至九江永修县的139路公交开始通车,开创了江西省设区市间通公交的先河,从此以后南昌到永修的公交车单程约1小时,乘坐公交车来往两地只需要10元。2013年12月,《昌九大道建设规划方案》出台,里面规划了要把昌九大道建设成为双向六车道设计时速80公里/小时的一级公路,昌九大道将新建怡园立交、会展立交和黄家湖立交
经贸	南昌已经编制完成《南昌临空经济区发展规划》(2013~2025年)和《南昌临空经济区三年行动计划(2014~2016年)》,南昌与九江将营造"南昌大昌北+九江共青城先导区+'飞地经济'"的发展局面,形成人口破百万,生产总值破千亿元的经济区
税务	2013年9月,省税务局出台的《关于支持和服务加快推进昌九一体化发展的若干意见》,推出了42条新规定。2013年10月,省国税局出台了《关于推进昌九一体化发展的若干税收意见》,推出了50条新规定
服务业	2014年4月1日起取消南昌和九江之间通话的漫游和长途费用,将其调整为本地通话的标准执行,实现移动电话通信同城化的目标。2014年7月1日实现固定电话通信同城化目标
金融服务业	2014年6月30日达到全省股份制商业银行率先实现银行卡、存折业务同城化。到2014年年底,国有大型商业银行争取行内银行卡、存折业务同城化
旅游业	建设统一的旅游市场,对接联合昌九的旅游产业,共享旅游信息实现共赢,将来计划发行"昌九旅游一卡通",覆盖两市所有景点
就医保障	2013年5月1日起,南昌和九江实现基本医疗保险省内异地就医双向互通即时结算
教育	2013年12月24日,省教育厅印发了《江西省教育厅关于支持共青城市教育发展的意见》,支持江西省内的各所高校的独立学院整合办学资源,周边已有数所高校初步确定将入驻共青城大学城

(三) 最新进展:共青先导区和南昌临空经济区

区域经济优先发展是改革开放以来一项十分重要的战略方针,地方"先行先试"即各地区结合本区域的实际情况和利益进行制度创新,为中央的全国性立法提供了试验和基础。

1. 共青城先导区

共青城市距南昌、九江两地均为60多公里,省委、省政府的一系列战略决策从来都没有绕开过共青城市，从昌九工业走廊，到鄱阳湖生态经济区建设，再到现在的"双核"发展战略，共青城市都是中心城市和重要亮点。共青先导区的建设方案于 2013 年 11 月底获批，主要包括共青城市全境及德安县宝塔工业园、永修县恒丰企业集团、永修县星火工业园，总面积为 240 平方千米。共青先导区的战略定位是"一点三区"："一点"，即"昌九一体化"的战略支点；"三区"，即绿色发展的示范区、新型城镇化的先行区、体制机制创新的试验区。共青先导区是当前优先发展的经济区域，是重要抓手。

共青先导区按照集约高效、绿色低碳的要求，改善人居环境，实现自然、城市与人的有机融合；加快"三网"融合，建设"无线城市"和"光网城市"，建设国家智慧城市。

在加强基础设施建设计划方面，支持共青城昌九高速出口北移重建，建设城南高速互通口及连接线。支持建设连接东西城区的跨（穿）铁路、高速公路工程。研究规划南昌城市轨道交通延伸至共青城，支持规划建设通用机场和货运码头。

在民生计划方面，加大教育投入，支持中小学标准化建设，实施学前教育三年行动计划，适时普及学前和高中免费教育，推动高校和中职学校到共青城设立实训基地或办学。在全省率先取消农民和外来务工人员进城落户限制，实现社会保障"一卡通"，探索实现外来务工人员自由选择参保险种。

行使与设区市相同的管理权限，共青城全面行使与设区市相同的经济、社会、文化、环保生态等方面的管理权限。凡是九江市审批的只需报备，凡是向省里申报的可以直报，不转报。在获得权限的同时，共青城将承担相应的政治、经济、法律方面的责任。

在节约集约土地方面，试行工业用地租让结合的多元化供地方式。建立进城落户农民宅基地和农村土地承包经营权资源有偿转退出机制，支持共青城向国家申报农村集体建设用地流转试点。对批而未用土地依法依规实施建设用地区位调整，并适当调整用地规模。优先保证共青城开发建设用地，其用地计划指标由省单列并予以倾斜。

此外，共青先导区还将加快转型升级，构建绿色产业。壮大新兴产业，培育和引进国际和国内一线品牌手机企业及其配套企业，打造中部地区重要的手机产业基地。支持星火工业园建设全球最大的有机硅单体生产基地。提升传统产业，力争2015年形成30万锭的生产能力，打造全省重要的现代轻纺基地。大力发展电子商务，建设全省电子商务总部基地。加快建设国家羽绒制品质检中心，创建国家羽绒博物馆，提升"中国羽绒服务名城"的影响力。培育现代服务业，建设中航文化产业园，打造全省文化创意产业基地，建设共青城文化展演中心，策划"印象鄱阳湖"实景演出，引进游艇俱乐部等大型游乐项目。

2. 南昌临空经济区

南昌临空经济区是"昌九一体化"区域的核心组成部分，是临空型高端产业集聚区，鄱阳湖生态经济区、先导区、核心区和全省体制机制改革创新区，包括昌北国际机场及其周边服务区、桑海经济技术开发区、小微工业园，涉及新建县部分区域，面积223平方千米。到2025年，实现生产总值1000亿元，集聚人口100万人；建成融入长珠闽、连接全世界的国内大型客运航空枢纽和中部国际货运航空枢纽；基本形成以电子信息、生物医药为主导，先进制造业、现代服务业共同发展的具有国际竞争力的临空产业体系；建成一批低碳智慧城市社区，基本形成国际化、生态化、现代化空港区。

在功能分区上，临空经济区将构建"一心、一廊、两轴、两区"，形成向鄱阳湖扇形敞开式的功能布局。"一心"是指以昌北国际机场为核心，重点建设航空客货枢纽、多式联运设施和客运换乘中心，形成多功能立体交通枢纽。"一廊"是指沿梅岭－溪霞水库－白马庙休闲旅游中心－象山森林公园－南矶山湿地候鸟观景区－环鄱阳湖西侧生态旅游带，形成一条西南至东北的弧形生态屏障，打造集生态保护和休闲旅游于一体的生态廊道。

另外，"两轴"是沿昌九高速公路、昌九城际铁路以及昌九大道形成的昌九城市发展轴；沿赣江依托港口形成赣江黄金水道发展轴。"两区"则是指先进制造业集聚区，包括生物医药产业园、电子信息产业园、装备制造产业园、综合保税区等，重点发展临空型先进制造业；产城融合区，包括机场周边和桑海经济技术开发区等城镇化区域，重点发展物流基地、总部基地、商务基地、休闲基地和配套基地等（见图3－4）。

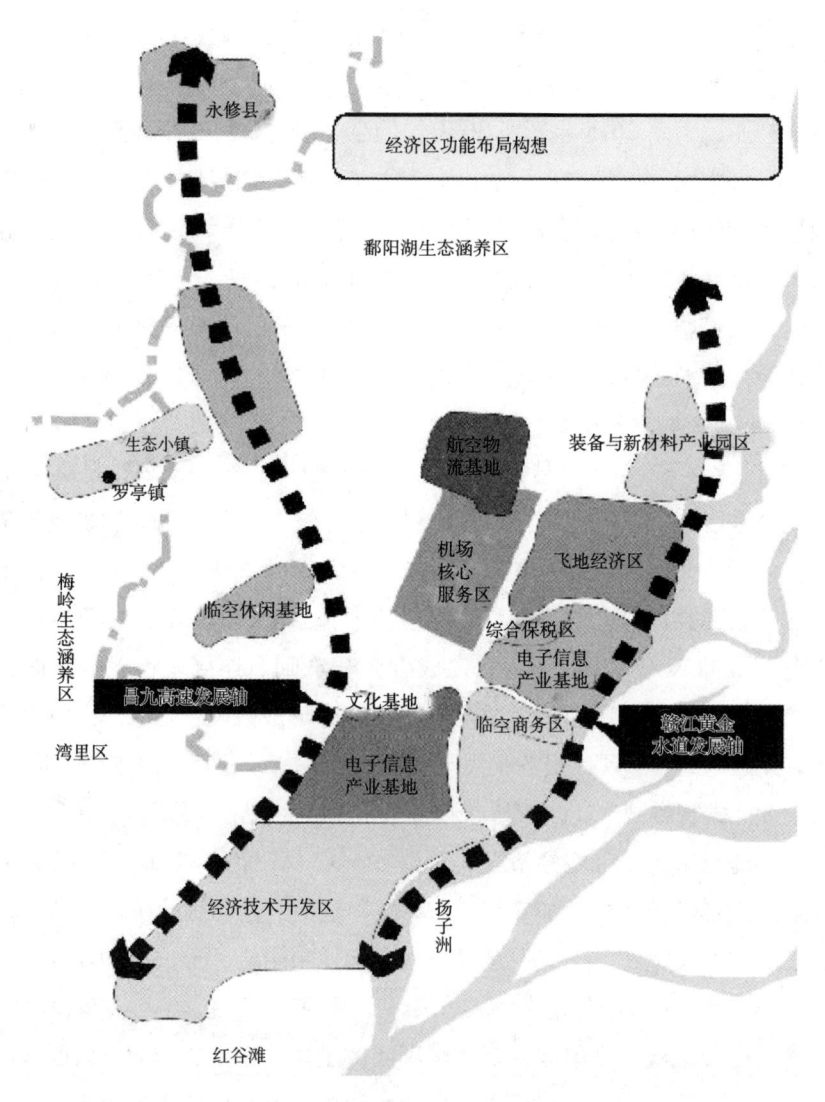

图 3-4 南昌临空经济区功能布局

(四)"昌九一体双核"金融集聚效应测度

作为新型城镇化的重点区域,"昌九一体化"需要金融集聚的支撑。现在一体化已经启动,但是若没有金融集聚的支撑,与昌九一体化进程不同步,处于一种滞后的状态,就会极大影响昌九一体化进程。因而,需要对昌九一体化下的金融集聚效应做出测定与分析。

1. 昌九两地自身发展水平突出

地缘相接的南昌和九江分别是江西省最大的和第二大的城市，经济社会发展势头强劲，经济发展水平居省内突出地位。南昌是全省行政中心城市，集政治、经济、文化功能于一体；九江是赣北门户城市，拥有152千米长江岸线的天然优势。两者很好地符合了"中心城市+港口城市"的基本构架。两地在体量上比例相当，规模合适，产业基础良好，具有较好的匹配基础，属于典型的沿江型双核结构。在推进昌九一体双核发展的进程中必然伴随资金流的大规模流转，同时，需要注意的是，九江作为重要的港口城市，近几年经济总量不断扩大，在江西的"门户地位"越来越凸显，这意味着昌九一体双核不仅仅是"核心+外围"的结构，更属于强强联合，具有较好的合作基础和更大规模的资金交流，为该区域金融集聚提供了良好的现实基础。

2012年，南昌和九江两市总人口占全省的21.99%，市区面积占全省的4.30%，城市化进入加速发展时期，2012年城市化水平超过全省平均水平达到57.93%，与1997年相比增加29.43个百分点，平均每年提高1.84个百分点（见表3'-24）。昌九地区综合经济实力突出。地区生产总值占全省的34.14%，规模以上工业增加值占全省的32.5%，财政总收入占全省的30.8%。产业结构不断调整，产业协调性不断优化。昌九地区三次产业结构由2011年的6.2∶58.66∶35.13调整为2012年的6.0∶57.9∶36.4，呈现出明显的"二、三、一"结构。第二、第三产业实现增加值占GDP比重达93.99%，比上年提高了0.2个百分点。其中，第三产业对经济增长的贡献明显提高，2012年第三产业占GDP的比重比上年提升了1.27个百分点。经济运行质量不断提升，经济发展环境持续改善。城乡居民收入稳步增长，2012年昌九地区城镇居民人均可支配收入超过全省平均水平，达到22551元，增长12.0%。2012年，昌九地区金融业增加值达172.94亿元，金融相关率为2.9116。南昌市已经基本形成门类齐全、功能齐备的现代金融体系，金融总量占据全省较大比重。金融业增加值占全省比重为38%以上，存贷款余额占全省比重均在35%以上，上市公司占全省总数的45%以上。相对于南昌，九江市金融业无论是从总量还是从完整性上而言都存在一定差距。

昌九区域金融资源分布的差异性表明,南昌具有较强的金融业集聚和辐射带动能力,昌九区域金融业的发展空间十分广阔。

表3-24 2012年昌九地区经济社会发展水平

指标	总人口（万人）	市区面积（R_{ij}）	城镇化率（%）	GDP（亿元）	金融业增加值(亿元)	金融相关率（%）	城镇居民人均可支配收入(元)
南昌	513.16	687.20	68.77	3000.52	157.76	3.4831	23602
九江	477.31	699.00	46.27	1420.10	15.18	1.7040	20330
昌九地区	990.47	1386.20	57.93	4420.62	172.94	2.9116	22551
双核占全省比重(%)	21.99	4.30	121.96	34.14	41.87	145.58	113.55

资料来源：2013年《江西统计年鉴》。城镇化率（城市化率）＝城镇人口/总人口。

2. 昌九一体双核金融集聚效应测度及对比分析

根据研究的目的和数据资料,以2011年数据为基础探究昌九一体双核金融集聚程度,从金融规模、金融效率和金融环境三个层面建立金融集聚评价指标体系,其中目标层为金融集聚程度,一级指标为金融规模指标、金融效率指标、金融环境指标3个层次,每个一级指标下包括若干个二级指标,共有13个二级指标,具体见表3-25。

（1）金融规模指标分析。

金融规模指标是对该区域金融业总体发展状况的描述,共选取了7个二级指标,其中年末金融机构存贷款余额、城乡居民储蓄余额反映的是银行业状况,年保费收入反映的是保险业状况,而金融产业总值占GDP比重、金融业从业人员数量在一定程度上反映金融业的总体规模。为更好地分析昌九一体双核金融集聚程度,笔者将昌九经济体与中部四省的省会城市武汉、长沙、合肥、南昌组成的"中四角"经济体以及以广州-深圳双核结构为代表的沿海发达地区进行比较,以分析得出昌九经济体在中部省份及沿海发达地区的金融集聚程度。

从表3-26可知,昌九经济体金融规模的各项指标均占中部省份水平的20%以上,尤其金融业增加值与GDP比重为中部省份的79.47%,说明昌九经济体产业结构不断优化,金融业对GDP的贡献率较大,金融发展在中部地区初具规模,但与广州－深圳为代表的沿海地区双核结构相比,仍存在较大差异。

表3-25 昌九一体双核金融集聚程度评价指标体系

	一级指标	二级指标	单位
金融集聚程度	金融规模指标	年末金融机构存款余额	亿元
		年末金融机构贷款余额	亿元
		城乡居民储蓄余额	亿元
		年保费收入	亿元
		金融产业总值占GDP比重	%
		金融业从业人员数量	万人
	金融效率指标	金融相关率	%
		金融机构存贷比	%
		保险密度	元/人
		保险深度	%
	金融环境指标	固定资产投资额	亿元
		城乡居民人均可支配收入	元
		居民消费价格总指数	%

注:金融相关率=金融机构存贷款总和/GDP;保险密度=年保费收入/国民年平均人口;保险深度=年保费收入/年国内生产总值;居民消费价格总指数=$\sum_{i}^{2} CPI_i \times W_i$。

表3-26 2012年昌九一体双核金融规模指标对比分析

	年末金融机构存款余额(亿元)	年末金融机构贷款余额(亿元)	城乡居民储蓄存款余额(亿元)	年保费收入(亿元)	金融产业总值占GDP比重(%)	金融业从业人员数(万人)
昌九经济体	7217.83	5653.17	3506.73	90.62	3.91	3.65
"中四角"经济体	29723.35	26963.59	9856.67	428.72	4.92	16.32
沿海发达地区	49872.81	32693.16	17284.00	798.57	21.03	26.49

资料来源:2013年各省市统计年鉴。

(2)金融效率指标分析。

金融效率指标是衡量金融部门的投入与产出,反映金融部门对经济增长贡献的重要指标。在考察金融规模的基础上,金融效率指标更能反映出某一区域金融发展的真实水平。

如表3-27所示，从总体来看，昌九经济体金融效率的各项指标与"中四角"经济体均比较接近，金融相关率接近3.0，金融深化程度较强；金融机构存贷比超过"中四角"地区0.2个百分点，说明该区域的资金自给程度较高，且存在一定的资金富裕。同样我们可以看到，昌九经济体的金融效率与沿海发达地区相比处于相对弱势。

表3-27　2012年昌九一体双核金融效率指标对比分析

	金融相关率(%)	金融机构存贷比(%)	保险密度(元/人)	保险深度(%)
昌九经济体	2.8328	1.307	869.02	2.1613
"中四角"经济体	3.0303	1.102	1590.87	2.2918
沿海发达地区	3.4505	1.525	7377.22	3.3373

资料来源：2013年各省市统计年鉴。

(3) 金融环境指标分析。

金融环境是指一个国家或地区在一定的金融体制和制度下，影响经济主体活动的各种要素的集合。良好的金融环境有利于促进区域经济和金融的可持续发展，因而不可忽视。

如表3-28所示，2012年昌九经济体的固定资产投资额分别约占"中四角"和沿海发达地区的20%和50%，投资内需成为该区域经济发展的重要支撑，经济发展活力增强；城乡居民人均可支配收入超过"中四角"约2020元，人民生活水平得到显著提高；物价指数超过"中四角"接近沿海发达地区水平。

表3-28　2012年昌九一体双核金融环境指标对比分析

	固定资产投资额(亿元)	城乡居民人均可支配收入(元)	物价指数(%)
昌九经济体	3034.02	22551.03	105.03
"中四角"经济体	15447.55	20531.81	104.34
沿海发达地区	6072.82	35409.93	105.39

资料来源：2013年各省市统计年鉴。

综合以上三个表格可以得出，昌九一体双核区的金融规模有所扩大，金融效率得到提高，金融环境良好，说明该区域存在一定程度的金融集聚，但金融聚集效应是否明显还有待进一步探究。

3. 昌九一体双核金融聚集指数分析

在国内外的金融集聚文献中，金融集聚效应测度的实证分析绝大多数均是采用单一的方法进行测算，并据此给出相应的结论分析和政策建议，多具有一定的片面性。因此，在综合研究各种测算方法的基础上，笔者采用产业集中度、空间基尼系数、区位熵指数三种方法来对昌九一体双核金融集聚程度进行综合测算，以期给出更为全面和科学的金融聚集测度结果，为昌九经济体金融集聚的内在动因以及提升政策研究提供依据。

如表3-29所示，在集中度测度方法下，近年来武汉的产业集中度最高，且一直处于领先地位，这与武汉作为长江中游城市群的中心城市这一优势相比密不可分；长沙一直处于第二位，2009年以后产业集中度紧跟武汉，达到0.01以上水平。南昌与合肥的产业集中度相近，一直在第三、第四位徘徊，2005年之前南昌位于第三位，但2005年以后，合肥赶超南昌排在第三位。从横向来看，南昌的金融产业集中度出现较大上下波动，而昌九地区也有相类似的特征，这说明昌九地区存在金融集聚效应，但金融集聚程度还不明显，金融产业发展还不稳定。

表3-29 基于产业集中度的各地区金融集聚指数及排名

年份	指标	武汉	长沙	合肥	南昌	昌九经济体
2003	产业集中度	0.01101	0.00606	0.00459	0.0049	0.00818
	排名	1	2	4	3	
2004	产业集中度	0.00972	0.00761	0.00376	0.00472	0.00826
	排名	1	2	4	3	
2005	产业集中度	0.0103	0.00651	0.00348	0.0044	0.00754
	排名	1	2	4	3	
2006	产业集中度	0.00988	0.00697	0.00482	0.0046	0.00773
	排名	1	2	3	4	

续表

年份	指标	武汉	长沙	合肥	南昌	昌九经济体
2007	产业集中度	0.01483	0.00739	0.00413	0.00398	0.00667
	排名	1	2	3	4	
2008	产业集中度	0.01087	0.00682	0.00469	0.0035	0.00608
	排名	1	2	3	4	
2009	产业集中度	0.01238	0.01015	0.00535	0.00472	0.00713
	排名	1	2	3	4	
2010	产业集中度	0.0117	0.0113	0.00511	0.00474	0.00713
	排名	1	2	3	4	
2011	产业集中度	0.01118	0.01025	0.00633	0.00453	0.00679
	排名	1	2	3	4	

表3-30 基于空间基尼系数的各地区金融集聚指数及排名

年份	指标	武汉	长沙	合肥	南昌	昌九经济体
2003	空间基尼系数	0.0000294	0.0000015	0.0000014	0.000003	0.0000032
	排名	1	3	4	2	
2004	空间基尼系数	0.0000168	0.000008	0	0.0000022	0.0000023
	排名	1	2	4	3	
2005	空间基尼系数	0.0000216	0.0000029	0	0.0000013	0.0000018
	排名	1	2	4	3	
2006	空间基尼系数	0.0000172	0.0000044	0.0000015	0.0000011	0.0000018
	排名	1	2	3	4	
2007	空间基尼系数	0.0000803	0.0000052	0.0000001	0.0000001	0.0000019
	排名	1	2	3	3	
2008	空间基尼系数	0.0000234	0.0000025	0.0000005	0	0.0000022
	排名	1	2	3	4	
2009	空间基尼系数	0.0000384	0.0000227	0.0000015	0.000001	0.0000037
	排名	1	2	3	4	
2010	空间基尼系数	0.000028	0.0000328	0.0000003	0.0000008	0.0000036
	排名	1	2	4	3	
2011	空间基尼系数	0.0000217	0.0000203	0	0.0000003	0.0000035
	排名	1	2	4	3	

基尼系数的值为 0~1，当区位基尼系数等于 0 时，表明该产业在全国的区域分布是比较均匀的，其值越大，表明该产业在空间上的区域集聚程度越大。由表 3-30 可知，在空间基尼系数测度方法下，武汉的金融集聚程度明显高于表中其他省会城市；长沙位居其次，具有相对较高的金融集聚程度；但南昌、合肥两地的空间基尼系数接近于 0，说明其金融业的空间分布呈现出均匀分布的态势，即金融集聚较不明显。南昌、九江两地金融业在空间上的均匀分布，导致昌九地区的空间基尼系数也不理想，说明与中部省会城市相比昌九地区的金融集聚程度较低，金融集聚效应还不明显。

表 3-31 基于区位熵的各地区金融集聚指数及排名

年份	指标	武汉	长沙	合肥	南昌	昌九经济体
2003	区位熵	1.9702	1.25224	1.35034	1.53817	1.19172
	排名	1	4	3	2	
2004	区位熵	1.72935	1.58755	1.066	1.46234	1.18072
	排名	1	2	4	3	
2005	区位熵	1.82215	1.35466	1.01392	1.34428	1.0534
	排名	1	2	4	3	
2006	区位熵	1.72449	1.43061	1.33469	1.28776	1.02653
	排名	1	2	3	4	
2007	区位熵	2.52805	1.45068	1.08704	1.10251	0.87427
	排名	1	2	4	3	
2008	区位熵	1.80108	1.30018	1.17541	0.95118	0.78481
	排名	1	2	3	4	
2009	区位熵	2.00507	1.88682	1.32095	1.26689	0.91554
	排名	1	2	3	4	
2010	区位熵	1.82362	2.02589	1.12783	1.23301	0.90129
	排名	2	1	4	3	
2011	区位熵	1.7171	1.78517	1.01664	1.1407	0.8472
	排名	2	1	4	3	

区位熵指数越高，表明该地区该特定产业从业人数占比越高，进而该地区该产业的集聚程度较高。从数值来看，数值 1 是当前最广泛的界限值，另外还有研究人员认为 1.25 和 3 也可以作为描述区位熵的界限值，应用时

可视具体情况具体分析。由于测算结果基本均大于 1，因此笔者选取 1.25 作为描述区位熵的界限值。该数值为 1.25，表明该地区该产业的集聚程度与全国均值一致，小于 1.25，表明该地区该产业的集聚程度与全国平均水平相比处于相对弱势。如表 3-31 所示，在区位熵测度方法下，武汉和长沙两地的区位熵均大于 1.25，在区位熵排名中武汉基本处于第一位，长沙基本处于第二位，说明武汉、长沙金融业集聚程度较高。合肥的区位熵除 2003 年、2006 年、2009 年三年的数值大于 1.25 外，其余年份都小于 1.25；南昌 2007 年、2008 年、2010 年、2011 年四年的区位熵都小于 1.25，说明南昌、合肥两地的金融业集聚程度与全国平均水平相比存在一定差距，金融集聚程度较低，金融集聚效应还不明显。这与上文应用的两种测度方法得出的结论是一致的。

综上，昌九一体双核区初步形成了金融集聚的趋势，金融集聚程度相对较低，金融集聚效应尚不明显。但良好的区位优势、自身经济发展需求以及国家和地方政府的政策支持是促进其金融集聚的主要动因。随着我国发展战略的相应调整和经济增长梯度的转移以及昌九一体化进程的加快，昌九一体双核区金融集聚存在很大的发展空间。因此需要抓住机遇，为金融集聚创造良好的条件，使金融集聚效应得到有效发挥，从而有效提升昌九一体双核区金融竞争力。

四　赣南原中央苏区振兴：新型城镇化的小康提速区

赣南等原中央苏区地跨赣闽粤，土地面积为 3.94 万平方千米，是土地革命战争时期最大、最重要的革命根据地，为中国革命做出了巨大贡献和牺牲。由于战争创伤、历史、自然等原因，赣南苏区发展起步晚，欠发达的状况尚未得到根本改变，至今仍是全国较大的集中连片特殊困难地区。2010 年赣南人均 GDP 仅是全国平均数的 44.67%，是江西全省平均值的 63.04%，排在 11 个设区市的末位；城镇居民可支配收入 14203 元，与全国水平相差 4906 元；农村居民与全国农村居民人均纯收入的差距则从 1990 年相差 84 元扩大到 2010 年相差 1737 元。全国 592 个国家级贫困县中，江西有 21 个，赣南就占了其中的 8 个，是最多的一个地区；江西 13

个省级贫困县，赣南则占了2个。在国家扶贫办划定的13个贫困县集中连片的片区中，赣南地区列入其中。赣南苏区的经济社会已远远落后，亟须发展振兴。

然而赣南等原中央苏区是珠三角、厦漳泉地区的直接腹地和内地通向东南沿海的重要通道，区位条件相对优越；钨和稀土等特色资源丰富；处于产业转移加快推进和工业化、城镇化加速发展的阶段，市场开发潜力大，因而具有加快发展的有利条件和重大机遇。推动赣南苏区振兴发展，对全国革命老区加快发展具有标志性意义和示范作用。

（一）赣南苏区振兴发展战略出台过程

赣南苏区振兴设想从最初酝酿到最终形成可分为以下三个阶段。

1. 酝酿阶段：2010年11月至2011年11月。在这一阶段，赣州市委向江西省委、省政府提出希望尽快启动赣闽粤原中央苏区县发展振兴规划工作。2011年11月，纪念中央革命根据地创建暨中华苏维埃共和国成立80周年座谈会在北京举行。

2. 启动阶段：2011年11月至2012年2月。在这一阶段，赣州市委正式启动了对赣州市情的全面调查，形成了《赣南苏区经济社会发展情况调查报告》。2012年2月召开了四届市委第十四次常委会，组建驻京工作组等机构，全面推进赣南苏区振兴工作。

3. 出台阶段：2012年2月至2012年6月。国务院于2012年6月28日发布了《关于支持赣南等原中央苏区振兴发展的若干意见》（以下简称《若干意见》），赣南苏区振兴上升为国家发展战略。

（二）赣南苏区建设措施和成效

自《若干意见》出台以来，两年时间里，赣南苏区采取了一系列措施，取得了一系列成效。

1. 加快解决突出民生问题

解决好民生问题是振兴发展的首要任务。《若干意见》出台之后，赣南苏区在加大农村危旧房改造力度、解决农村饮水安全问题、加强农村电网改造和农村道路建设、提高特殊困难群体生活水平等方面均有所突破。

在加大农村危旧房改造力度方面，2012年，赣南原中央苏区财政投入力度加大，实施农村危旧土坯房改造12.5万户；2013年全年完成30万户农村危旧土坯房改造、改建和维修加固，新建城市保障性住房2.22万套，完成城市棚户区改造1.23万户。

在解决农村饮水安全问题上，2014年，赣州市通过全面树立目标任务，建立县级领导挂点工程建设，加大考核惩罚力度等措施，切实推动了农村饮水安全工程建设。"十二五"期间，全市累计完成投资13.99亿元，占计划的105.32%，建设农村饮水安全工程366处，可解决规划内278.38万农村人口的饮水安全问题，工程受益人口可达301.03万人，如期完成农村饮水安全工程投资计划，解决了规划内的农村饮水安全问题，提前一年全面完成"十二五"赣南原中央苏区农村饮水安全任务。

民生的其他方面也取得一些成效，如2013年赣南苏区完成30.3万平方米农村中小学危房改造，基本完成D级危房改造；建设农村公路2500千米，改造危桥160座，行政村通客车率达94.5%；全面启动新一轮农村电网改造，实现34.5万户低电压用户正常用电；完成农村"户户通"电视10.9万户；着力提高特殊困难群体生活水平，给3.59万名烈士子女发放定期生活补助。

2. 夯实农业基础，促进城乡统筹发展

赣南苏区的"三农"问题突出，《若干意见》指出需巩固提升农业基础地位，大力发展现代农业，促进农业稳定发展、农民持续增收，加快城乡一体化进程，打牢振兴发展的坚实基础。

相应的，赣南苏区在粮食生产方面的主要措施如下。①以吉泰盆地、赣抚平原商品粮基地为重点，加强粮食生产重大工程建设，积极推行"单改双"，稳定粮食播种面积。②加快高标准基本农田建设，大力推广高产创建、测土配方施肥、植保统防统治等重大技术，全面提高粮食单产水平。③大力发展现代种业，加快良种良法的推广，加大农业科技服务力度，提升种粮效益。④积极争取中央财政加大对江西原中央苏区惠农政策扶持力度，全面落实惠农、强农、富农政策，充分调动农民种粮积极性。

在农业发展上，省农业厅精心谋划，将在赣南等原中央苏区实施一批农业重大工程,提高农业综合生产能力。大力支持高标准农田建设,生猪、奶牛等标准化养殖小区,水产标准化健康养殖场及农业标准化生产基地建设;加强农业科技创新能力建设。大力支持种养业良种工程、农业科技创新能力条件建设、农产品加工技术集成基地建设,推进新型农村人才培养工程;加强农业公共服务能力建设。大力支持基层农技推广服务体系、动植物疫病防控、农产品质量安全检验检测体系、农业综合执法能力建设;加强农业资源保护能力建设。大力支持草地保护与建设、农业生物资源保护与利用,支持赣州实施低碳农业示范工程;加强农村民生服务能力建设。大力支持农村沼气建设、农垦危房改造、农村土地承包纠纷仲裁基础设施建设。

城乡统筹发展上,2013年,赣南苏区大力实施居民收入倍增计划,城乡就业稳步扩大,城乡居民收入增速加快。加快推进每个县建设一所综合性社会福利中心,每个乡镇建设一所敬老院、一所规范化公办幼儿园等民生工程。目前,已新建18个综合性社会福利中心、37个乡镇敬老院、144个乡镇公办幼儿园。农村义务教育办学条件得到较大改善,学前教育和义务教育基本实现就近入学,赣州职教园区建设稳步推进。率先在全省建立城乡低保补助标准自然增长机制,高龄老人长寿补贴提标扩面,基本医疗保险、基本养老保险等覆盖城乡的社会保障体系建设取得突破性进展。城市医疗服务能力明显提升,农村卫生网底不断夯实,县级公立医院改革、第十四届省运会筹备、市博物馆搬迁和布展等工作扎实推进。

3. 基础设施建设加快,振兴发展支撑能力增强

坚持基础设施先行,按照合理布局、适度超前的原则,加快实施一批重大交通、能源、水利等基础设施项目,构建功能完善、安全高效的现代化基础设施体系。

赣南等原中央苏区重大基础设施建设顺利推进。铁路方面,向莆铁路、赣龙铁路扩能等项目建设进展顺利;昌吉赣客运专线已于2014年12月20日正式动工,鹰瑞梅铁路、赣井铁路、衡茶吉东延铁路前期工作正抓紧推进。公路方面,开工建设寻乌—全南高速,建成抚吉高速、赣崇高速和大广高速龙杨段。航空方面,推进赣州黄金机场扩建为4D级、井冈山机场扩建

和抚州机场与瑞金通勤机场新建工程前期工作。能源方面,西气东输三线工程赣州段、樟树—吉安—赣州成品油管道、江西省天然气二期管网工程开工,建成赣州南500千伏等8个输变电工程。水利方面,重点推进12个"五河"治理防洪工程等项目建设。

4. 培育壮大特色优势产业

赣南等原中央苏区特色产业基地建设也全面启动。围绕打造全国特色农产品加工基地,开工建设赣南脐橙、南丰蜜橘、广昌白莲、吉安楠木等一批特色农业项目,启动了两个国家级、25个省级现代农业示范区建设,在赣州和吉安开展了农产品现代流通综合试点。围绕打造全国稀有金属产业基地和先进制造业基地,开建孚能锰酸锂汽车电池等重大产业项目,赣州卷烟厂技改项目建成投产。"三南"、吉泰走廊承接产业转移基地加快推进,深商(龙南)产业园完成1300亩土地平整,已与6家深圳企业签订入园投资协议。科技创新驱动力度加大,实施了98个科技专利计划项目,南方离子型稀土资源高效开发利用和脐橙国家级工程技术中心完成现场评审。

第四节 江西省新型城镇化融入长江经济带的SWOT分析

20世纪70年代,美国哈佛大学教授安德鲁斯提出了SWOT战略分析框架,也被称为态势分析法或道斯矩阵,是指一个组织所占有的优势(Strength)、所具有的劣势(Weakness)、拥有的机遇(Opportunity)和在机遇面前面临的威胁与挑战(Threat)。PEST指的是一个组织所共同面对的政治(Political)、经济(Economics)、社会(Social)、科技(Technology)等外部宏观环境,是战略管理理论中用于分析组织外部宏观环境的一个重要分析工具。要将两者结合起来便是SWOT-PEST模式,这是将一个组织所面对的内部微观环境和外部宏观环境整合起来进行系统分析和研究的方法。区域的城镇化的发展受到多方面因素的影响,运用这一战略分析方法能够很好地归纳江西省所具备的条件、具有的潜力、面临的机会与挑战,从而为江西省新型城镇化融入长江经济带的形式与过程选择起到辅助参考作用。

一 融入的优势分析

江西区位条件优越,资源环境承载能力较强,经过多年的快速发展,已经形成良好的产业基础,具有承接全球和东部沿海地区产业转移的空间。国家提出建设长江经济带,是江西参与国家战略的第三次战略机遇期。江西在长江经济带建设中承担了地理上的"关口"、经济上的"箭头"、生态上的"绿心",总体上形成了长江经济带建设的多维度的"楔形综合体"。江西是长江经济带横贯东西、打通南北的"连接带",是长江黄金水道的咽喉地带,是重要的"关口"地理"缓冲区"。长江经济带是一个整体战略,横贯东西、连接南北、通江达海,具有一肩挑两头的区域特征,是推动我国区域协调发展的重要支撑,将使我国区域经济整体格局更加完善。长江中游城市群在我国未来空间开发格局中,具有举足轻重的战略地位和意义。江西正处于长江经济带横贯东西、打通南北的"缓冲区"和"连接带",具有地理支点的战略地位。

江西省内拥有鄱阳湖生态经济区、全国生态文明先行示范区的国家战略,又有昌九一体化、赣南苏区振兴等省内重点打造的区域,政策环境较好,对新型城镇化融入长江经济带具有推动和保障作用。

二 融入的劣势分析

江西的发展水平不仅在全国范围内处于落后水平,在长江中游的四省当中也处于最不发达的地位,且省内产业相似度较高,产业同构问题表现明显,如此一来,偏小的经济体量再加上不尽合理的产业结构,给江西融入长江经济带、承接东部产业转移和扩散造成了不利影响。城市规模和城市体系方面,江西省表现出一城独大、中间缺位、小城市众多的状况,缺少中间城市的连接,使得江西省内的城市体系发展并不合理。在基础设施的建设方面,江西省具有一定的基础,却存在公路建设较好但实际使用效率不高、高速铁路发展滞后等问题,交通运输的落后是江西省融入长江经济带的一大障碍。在沿江开放开发方面，江西省的长江岸线仅为152千米，为长江经济带上省市最短的地区，开放开发在空间上受到了很大约束。

三 江西省需把握的机遇

长江经济带作为我国区域经济发展的第四极，未来具有巨大的发展空间和机遇。长江经济带的建设是综合了产业、城镇化、基础设施和生态文明等各方面的一体化建设过程，顺应新时期区域发展的方向，以昌九一体化建设为主体的江西区域发展升级是参与长江经济带发展战略的嵌入体，对欠发达地区的江西提供了良好的发展平台，有利于推动区域经济的发展升级，使江西成为中部崛起的重要力量。

长江经济带是对长江中游城市群的补充和升级。与珠三角城市群、长三角城市群、环渤海城市群相比，以南昌、武汉、合肥、长沙"中四角"为主的长江中游城市群目前仍是短板。在行政区域内先结成足够强大的联合体，再融入跨行政区划的大经济圈，这是长江中游城市群弥补短板的快速通道。昌九一体化可以弥补江西是长江中游城市群内"短板中的短板"的缺陷，为江西争取在这个区域内应有的地位，实现更大作为。

四 江西省所面临的挑战

水作为维系地球生态环境可持续发展的首要条件，被誉为生命之源、生产之要、生态之基。水环境安全保障程度直接关系到区域经济、社会的可持续发展，水安全已成为国家安全的重要组成部分。随着经济社会发展对水环境保护的压力持续增加，流域水污染空间格局将面临新的变化；重金属、持久性有机污染物等长期积累的问题开始暴露，流域面源污染防治、水生态保护和修复任务艰巨，流域水环境风险防范面临严峻挑战。鄱阳湖流域占长江流域8.9%的面积，却贡献了长江流域年总径流量的15.7%的水资源，且水质优良，全年Ⅰ类水占5.3%，Ⅱ类水占61.0%，Ⅲ类水占21.2%，劣于Ⅲ类水占12.5%。作为重要的水源涵养区，鄱阳湖每年在枯水季节平均可为长江下游补充约60亿立方米的清洁淡水，对下游长江航运、城市供水、南水北调（东线）、抵抗咸潮入侵等都具有不可替代的作用。因此，江西的鄱阳湖流域对长江下游经济发达省市日益严重的水资源短缺问题至关重要，对实施国家战略长江经济带建设具有重要的支撑作用。

长江经济带建设要求加强沿江区域的合作分工，消除行政壁垒和地方保护主义，这可能会对江西本地产业产生一定的冲击；要求进一步加强各省级政府之间的沟通与协作，在与沿江经济区域的建设中，一方面要维持沟通与协作，另一方面要维护江西的利益。

第四章
江西省新型城镇化融入长江
经济带建设的障碍

第一节 社会综合发展的不平衡

在经济社会的发展中,由于资源禀赋的异质性、原有发展基础的不一致、地方政策定位与导向的正确性等因素存在,各地的社会综合发展水平会一般性地表现出不平衡的状态。这一不平衡性是客观必然存在的,无法消除,但可以调控缩减不平衡缺口,从而使不平衡的表现得到改善。本节试图从鄱阳湖生态经济区与长江流域城市群和江西省与长江经济带这两个区域发展不平衡的对比角度,来分析江西省在长江流域城市群和长江经济带内所处的位置,发现鄱阳湖生态经济区融入长江流域城市群需要努力提升的方面,以及江西省融入长江经济带过程中所面临的障碍。

一 鄱阳湖生态经济区体量小、发展不平衡

长江流域城市群是带动所在省份经济发展的重要载体,对它们的社会综合发展的评价十分必要,通过对比能够及时发现优势与短板,使所在省市能发挥优势和有效规避劣势,由此促成长江经济带的发展与繁荣。鄱阳湖生态经济区虽然是南方发展较为活跃的地区,但因江西省为中部欠发达地区,历史发展水平不高,即便有国家政策倾斜,其发展水平与长江经济带上游的长

三角城市群经济相比仍有巨大落差,在同处于中游的长江中游城市集群中经济总量排名最末,比上游的成渝经济区也远远落后,仅仅超过黔中城市群,与滇中城市群相当。由此可见,鄱阳湖生态经济区与长江经济带内城市群的经济发展间存在非常显著的不平衡性,已经成为长江流域城市群发展中的一块短板,亟待提升自身综合实力夯实中国经济新支撑带的建设。对鄱阳湖生态经济区表现出来的发展不平衡性可以从综合经济发展水平、产业结构、居民收入水平、交通基础设施入手进行描述。

(一) 鄱阳湖生态经济区体量小

经济发展水平是衡量经济发展状态、潜力的一个重要方面。图4-1直观地反映了长江流域城市群内各成员的经济实力差异。2012年长江经济带内城市群共创造GDP 143679.83亿元,占全国总量的27.69%。其中长三角城市群的GDP贡献为59819.93亿元,占长江流域城市群经济总量的42%,居于首位,长江中游城市群和成渝经济区分别占30%和22%。成渝经济区由重庆和四川两个行政区的部分区域组成;长江中游城市群则由武汉城市圈、皖江城市带、长株潭城市群和鄱阳湖生态经济区四个部分组成,中游城市群的经济发展水平显然更低。再将目光投向中游城市群内部经济贡献,鄱阳湖生态经济区仅占中游城市群的16.3%,为中游城市群内经济最不发达的地区。在整个长江流域城市群中,鄱阳湖生态经济区经济总量仅超过滇中城市群和黔中城市群,并与其他城市群有较大的差距,成为经济发展落后的短板区域。再从人均的指标来看,鄱阳湖生态经济区内以常住人口计算的人均GDP在2012年为3.24万元,低于中游城市群的4.39万元,只超过黔中城市群的2.64万元。可见在人均量上,鄱阳湖生态经济区也处在落后的位置。

从财政收入上看,2012年鄱阳湖生态经济区的地方财政一般预算收入仅为419.45亿元,人均财政收入为0.199万元,不仅是中部最少的地区,而且是整个长江流域城市群中排名最末的地区。因而,就综合经济实力而言,鄱阳湖生态经济区是全面落后于长江流域中游城市群的其他成员,在整个长江流域城市群中处于较为落后的地位。

[图表：2012年长江流域城市群GDP饼图]

- 滇中城市群 5981.53亿元，4%
- 黔中城市群 3657.51亿元，2%
- 成渝经济区 32233.56亿元，22%
- 长江中游城市群 42010.20亿元，30%
  - 武汉城市圈 13871.37亿元，10%
  - 皖江城市带 11856.24亿元，8%
  - 长株潭城市群 9443.62亿元，7%
  - 鄱阳湖生态经济区 6838.97亿元，5%
- 长三角城市群 59819.93亿元，42%

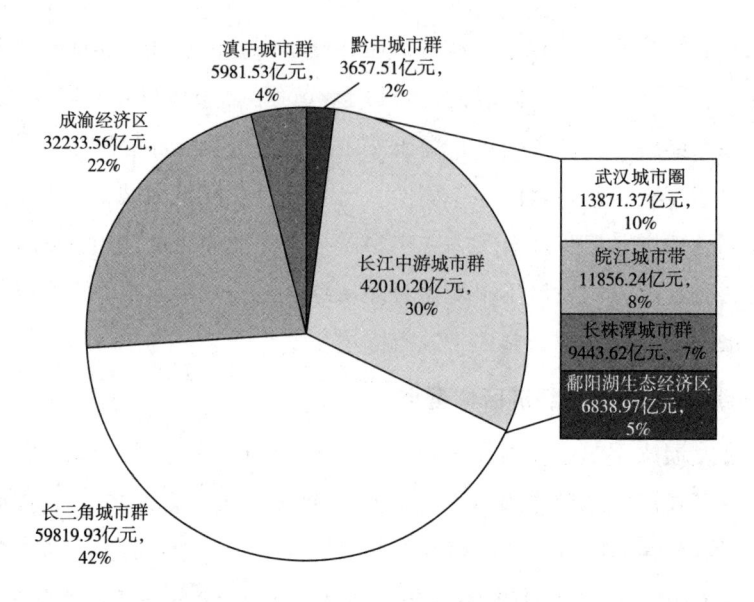

图 4-1 2012 年长江流域城市群 GDP

资料来源：2013 年各地统计年鉴。

（二）鄱阳湖生态经济区在长江流域中发展不平衡

1. 产业结构不平衡

观察产业结构，可以把握资源在产业间的分配情况，促进产业部门协调发展与合理布局。将长江中游城市群及其所属省或直辖市的产业结构在表 4-1 中逐一列出。其中，鄱阳湖生态经济区虽属于中游城市群，但为了将其与其他城市群进行比较，因而单列出来分析。通过比较发现鄱阳湖生态经济区与其他地区的三大产业结构差异明显。整个长江流域城市群都表现为第二产业和第三产业居主导地位，第一产业比重较小，其中长三角城市群的产业结构构成比是最优的。鄱阳湖生态经济区中第二产业占比最大，与长三角城市群比重相当；第三产业比重稍小，与长三角城市群相比有较大差距；第一产业比重在所有城市群中排名第三，相对较大。值得注意的是，经济总量落后于鄱阳湖生态经济区的黔中和滇中城市群的第三产业产值比重皆高于鄱阳湖生态经济区，尤其是黔中城市群第三产业比重甚至超越了经济发达的长三角城市群，这说明同为落后地区，鄱阳湖生态经济区可参照这二者的产业构成进行适当调整,在促进工业化的同时提升第三产业的发展速度。

表4-1 产业结构比较(2012年)

城市群	三大产业产值构成比	所属地区	三大产业产值构成比
长三角城市群	3.94∶52.43∶43.63	江浙沪	4.79∶48.02∶47.20
中游城市群	8.42∶54.52∶37.06	鄂湘皖赣	12.81∶51.02∶36.17
成渝经济区	10.86∶52.45∶36.07	川渝	12.01∶51.89∶36.01
黔中城市群	8.72∶42.82∶48.46	黔	13.02∶39.08∶47.91
滇中城市群	10.91∶49.90∶39.19	滇	16.05∶42.87∶41.09
鄱阳湖生态经济区	8.94∶53.66∶37.40	赣	11.74∶53.62∶34.64

各城市群虽同属于长江流域,但在行政上仍归属于不同的省域。城市群作为省内重要经济体,一方面得到所属行政区内优势资源和政策扶持,产业结构相比其他地区而言更具合理性,另一方面也肩负带动周边地区发展的使命,因此将城市群的产业结构与它所在地区的总体产业结构进行对比将有助于发现二者之间的差距,对整个行政区域的产业结构优化有积极意义。从表4-1中可以看到,鄱阳湖生态经济区的第一产业比重是低于整个江西省的,第二产业比重相当,第三产业比重略高于全省水平,在江西省内也处于不平衡发展的状态。

江西省的农业比重小于除长三角外的其他地域,第三产业比重是长江经济带中最低的。观察产业结构是否优化,不能单看第二产业比重是否够大,更应该着眼于第一产业占比有多小、第三产业占比有多大。从这一角度来看,江西省的第三产业发展应得到更多重视。涵盖江西省会的鄱阳湖生态经济区拥有更为优化的产业结构,要更多地发挥对省内其他地域的经济带动作用。

2. 居民收入水平不平衡

从图4-2中可以看出,2012年鄱阳湖生态经济区的城乡居民收入在长江经济带城市群中属于中等位置。2004~2012年的数据表现出一个逐年上升的趋势,但农民纯收入始终处于长江中游城市群的平均水平之下,城镇居民可支配收入与中游城市群持平增长,与长三角城市群和成渝经济区逐年拉开了距离，差距越来越大，鄱阳湖生态经济区的居民收入水平与长江上游和下游的城市群相比，表现出不平衡的增长。

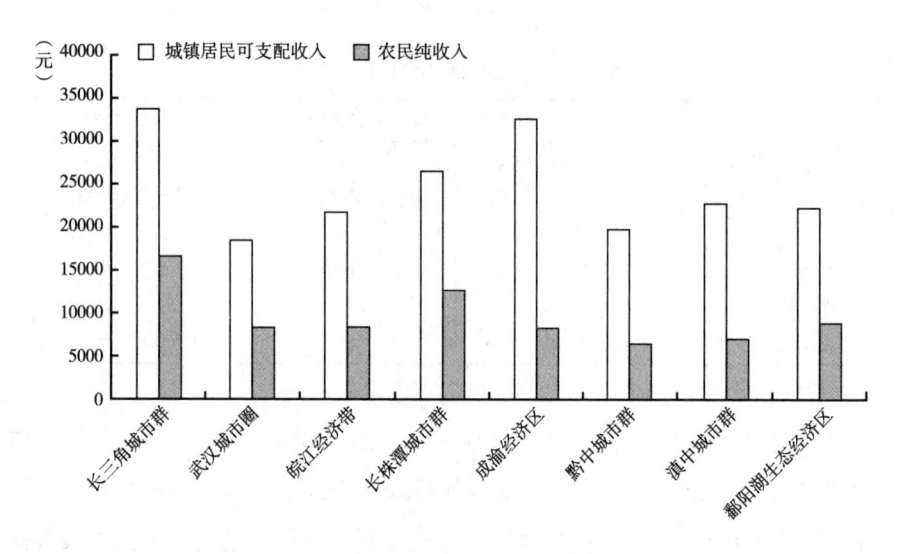

图 4-2 2012 年居民收入比较

二 江西省社会经济发展规模小、水平低

在对比了鄱阳湖生态经济区与长江流域城市群的社会综合发展水平之后，将视野拓宽，就江西省与整个长江经济带的其他省市进行综合对比。

（一）指标体系与测度

在已有资料基础上，对江西省和长江经济带内其他省市的发展水平做出评价，这一评价不仅包含城镇化带来的经济增长与社会发展，还应能够刻画出城镇化过程所带来的社会影响，此外关于推进城镇化进程所消耗的生态能源资源也要作为发展的成本考虑进去。鉴于此，通过构建指标体系，从经济社会的发展水平（见表 4-2）和城市化发展的成本（见表 4-3）两个角度去综合考量城市化发展状况（于露、段学军，2011）。发展水平内各指标变化方向与发展水平的评价方向一致，均为正指标；同样的，发展成本中能源资源消耗系统内均为正指标，环境污染系统内污染物排放量为正指标，而其余指标与发展成本评价方向相反，均为逆指标。

表4-2 经济社会发展水平评价体系

系统		指标	因子
发展水平	经济发展	经济水平	人均GDP
		经济结构	第二和第三产业比值、第三产业占比
		财政力量	一般财政预算收入
		开放水平	经济外向度
	社会发展	城镇化水平	城镇人口比重
		劳动力素质	全员劳动生产率
		生活水平	城乡居民人民币储蓄存款(年底余额)、城镇居民可支配收入、农民纯收入
		教育水平	普通学校在校学生数(高等教育、高中、初中)、教育经费
		公共服务与基础设施	人均固定资产投资、公共交通客运总量、公共图书馆数、人均拥有医院床位数、年末参加失业保险人数

注：经济外向度=进出口贸易总额/地区生产总值；全员劳动生产率=工业增加值/全部从业人员数。

表4-3 城镇化发展成本评价体系

系统		指标	因子
发展成本	能源资源消耗	能源消耗	单位GDP能耗、单位GDP电耗
		水资源消耗	生活用水量、规模以上工业企业用水量
		土地资源消耗	城市建设用地面积、征用土地面积
	环境污染	污染物排放	废水排放量、SO_2排放量、一般工业固体废物产生量(万吨)
		环境修复	工业固体废物综合利用率、城市污水日处理能力、生活垃圾清运量
		生态建设	城市绿地面积、人均公园绿地面积

不同指标之间存在量纲、量级的差别，为使各个指标间具有可比性，先运用模糊隶属度函数对各指标进行标准化处理。考虑到数据的可得性和完整性，选取2012年的数据进行分析，其中指标体系中的数据都来源于2013年的各省统计年鉴、各省统计公报和政府工作报告。

对正指标，采用半升梯形模糊隶属度函数：

$$x'_{ij} = \frac{x_{ij} - m_{ij}}{M_{ij} - m_{ij}} \quad (4-1)$$

对逆指标,采用半降梯形模糊隶属度函数:

$$x'_{ij} = \frac{M_{ij} - x_{ij}}{M_{ij} - m_{ij}} \qquad (4-2)$$

逐级分层归并,将平行独立的各项指标加权求和,计算各评价单元的发展水平指数和发展成本指数。

$$I_i = \sum_{j=1}^{n} X_{ij} P_j \qquad (4-3)$$

式(4-3)中 I_i 指第 i 单元的发展水平指数或发展成本指数;X_{ij} 指第 i 单元的第 j 要素值;P_j 指第 j 要素的权重。本书对各系统下的指标采用相等权重。

(二) 发展类型划分

按照各评价单元的发展水平指数和发展成本指数,将长江经济带划分为四种类型。第一类为高发展水平、低发展成本型,即发展水平高于平均值,发展成本低于平均水平的类型,这种类型的城镇拥有较为理想的集约型发展模式,为高发展低成本区;第二类为发展水平和发展成本都高于平均水平的类型,处于这种发展模式下的城镇,其经济发展对当地资源环境压力较大,为高发展高成本区;第三类为发展水平低于平均水平、发展成本高于平均水平的类型,这种类型的城镇,其发展模式是欠合理的,为低发展高成本区,亟待改进发展模式;第四类则是发展水平较低、发展成本也较低的类型,这种类型的城镇经济发展较落后,但资源环境承载能力较好,为低发展低成本区,具备较大发展潜力。

(三) 结果分析

1. 长江经济带发展水平

对长江经济带发展水平的衡量主要是从经济和社会两个角度展开的。图4-3在 ArcGIS 平台上采用自然断裂点法描述了各省市的经济发展水平,具有鲜明的特征。长三角地区是经济实力最强的地区,其中上海市经济发展得分0.713分,位列第一,其次是江苏和浙江;长江以北的省市位于经济发展水平的第二梯队,包括上游的四川、重庆和中游的湖北、安徽;长江以南的省市的经济发展水平则又分为两个层次,湖南和江西是经济实力更弱的第三梯队,云南和贵州则是长江经济带中经济实力最弱的区域。总体来看,长江经济带的经济发展水平表现为:长三角最发达,长江以北地区次之,长江以南地区欠发达,呈现阶梯状分布。

  观察各省的实际经济指标,2012年,长三角地区的人均GDP远高于其他省市,位于第四位的重庆市人均GDP与长三角中该值最低的浙江省相比仍有2.46万元的差距,云贵地区的人均GDP为2万元左右,与发达地区相比非常落后。第二和第三产业产值比和第三产业占比的情况可以反映出地方的经济结构。江西省的第三产业占比为34.6%,排名第九,而第二和第三产业产值比为1.55,处于第二位,表明江西省的第二产业相对于第三产业过于发达,产业结构还须进一步调整。对地方财政力量用一般预算收入来描述,发展经济是增加税收的根本途径,一般预算收入的提高有赖于经济社会的健康协调发展,因而较高的一般预算收入从财政的角度衡量了经济发展水平。2012年江西省的一般预算收入为1371.99亿元,处于财政力量

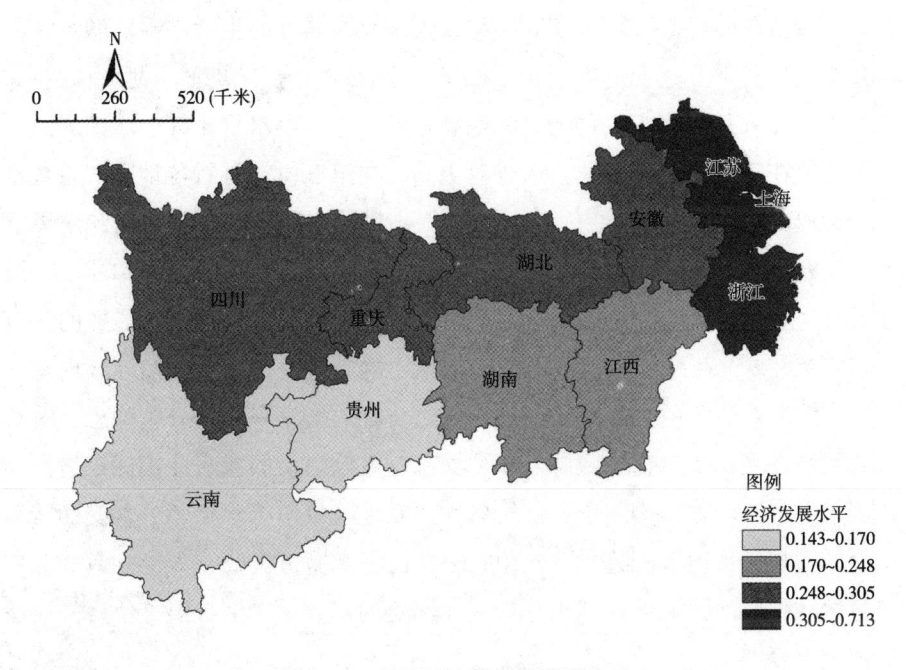

图4-3 长江经济带经济发展水平

中下游的第九位。另外，地方经济实力的增强与其开放开发程度也密切相关，经济外向度是外贸进出口总额在 GDP 中的占比，这一指标越高表明对外开放的经济规模越大，江西省的经济外向度处于长江经济带的中游位置。

社会发展是除经济发展以外的另一个考察地区发展水平的重要方面。图 4-4 对长江经济带内成员 2012 年的社会发展水平进行了描述，图中清晰地描述出江西省社会发展水平落后的这一现状。除发达的长三角地区，江西的社会发展水平低于同处中部的湖北、湖南和安徽，与西部的云贵地区接近。再观察社会发展系统下的各单项指标。沿江城镇化水平较高的上海、江苏、浙江等地，城镇人口比重超过 50%，江西省这一指标为 47.5%，以城镇户籍人口为统计口径的城市化率不高。社会的进步使人力资源得到更多的投入，提高的人力资源又会促进社会的发展，因而人力资源是评价社会发展的重要指标之一，研究中选择全员劳动生产率来反映劳动力的素质和其所具备的人力资源。经计算，上海、浙江和湖北的劳动力素质较高，江西超过安徽与湖南水平相当，在中部地区江西的人力资源较好。以城乡居民人民币储蓄存款、城镇居民可支配收入和农民纯收入来反映居民的生活水平。城乡居民储蓄存款超过 1 万亿元的有上海、江苏、浙江、安徽、湖北、湖南和四川，江西不在此列；在收入水平上，江西省也处于中下游水平，其中城镇居民可支配收入在第八位，农民纯收入相对更高，在第五位。再看各地区的教育水平，2012 年对包括高等院校、普通中学（初中和高中）在内的统计结果显示，江西有约 363.3 万名在校学生，人数超过了经济发达的上海和浙江；而在教育经费的投入上江西处于落后地位，仅有 630 亿元，与投入最多的江苏省相比存在 957.4 亿元的巨大缺口，低水平的教育经费投入必然导致现有在校学生对教育资源的分享不足，这对人力资源的培育来说是一个隐患，对长远的经济发展则是潜在的威胁。从公共基础设施建设的代表性指标来看社会发展水平，江西省人均固定资产投资在中部地区属中等水平；公共交通客运量很低，与云贵地区一起排在末位；公共图书馆服务良好；人均拥有的医院床位数在中部地区最低；年末参加失业保险的人数排在倒数第二位，失业保险覆盖率很低。

通过经济发展和社会发展两个维度的对比研究之后，可以对长江经济带

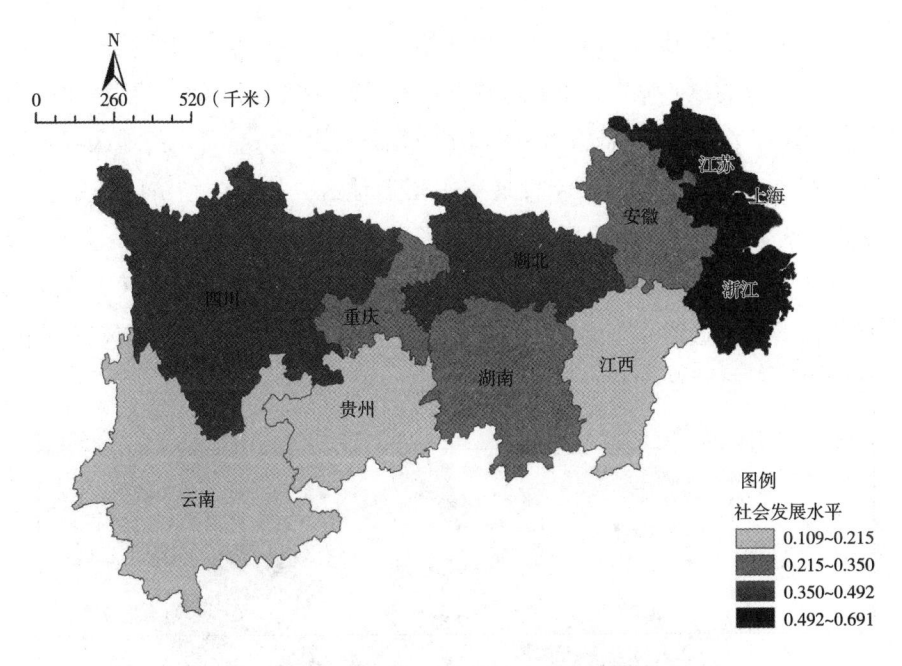

第四章 江西省新型城镇化融入长江经济带建设的障碍

图 4-4 长江经济带社会发展水平

图例
社会发展水平
- 0.109~0.215
- 0.215~0.350
- 0.350~0.492
- 0.492~0.691

的综合发展水平有一个大致的了解（见图4-5）。发展水平较高的地区集聚在长江下游，这一区域内城镇密集，工业发达，经济基础雄厚，社会现代化程度很高，是长江经济带和"一带一路"国家战略均覆盖的地区，在长江流域中最具竞争力。湖北和四川的发展水平是相对更低的第二个层次，前者是长江中游省市，后者是长江上游地区，二者的经济实力在中部和西部最强。湖北省有武汉城市圈的国家战略规划，圈内设立了资源节约型和环境友好型社会建设综合配套改革试验区，而武汉港是长江中游航运中心，在这些发展战略和策略主导下，湖北迅速占领中部发展的高地。四川省地处四川盆地，自古以来拥有丰富的自然资源，也是全国重要的重大装备制造业基地、电子信息产业基地，服务业方面还以成都、重庆为核心打造区域性旅游集散中心，在成渝经济区建设的推进之下，四川省经济实力显著增强，城乡居民收入差距不断缩小，综合发展水平提升。湖北和四川对周边地区的发展具有影响和带动作用。发展水平处于第三个层次的是安徽、江西、湖南和重庆，这四个省市在空间上环绕湖北省，其中安徽东部连接长三角地区，重庆西部连接四川省，安徽倾向于融入经济发达的长三角，重庆则是成渝经济区内除省会成都以外的核心城市，行政地缘和已有规划下安徽和重庆受到湖北省的牵引力不足，湖北省对周边的湖南和江西省影响力更大，是中部地区崛起的重要战略支点。云贵地区属于发展水平落后地区，但黔中经济区处于全国"两横三纵"城市化战略格局中沿长江通道横轴和包昆通道纵轴交会地带，国家规划的多条高速铁路穿区而过，加之高速公路的建设，整个区域将逐步形成较完善的交通路网。另外，云南省是中国陆路面向南亚、东南亚开放的必经通道，云贵地区拥有良好的发展契机。

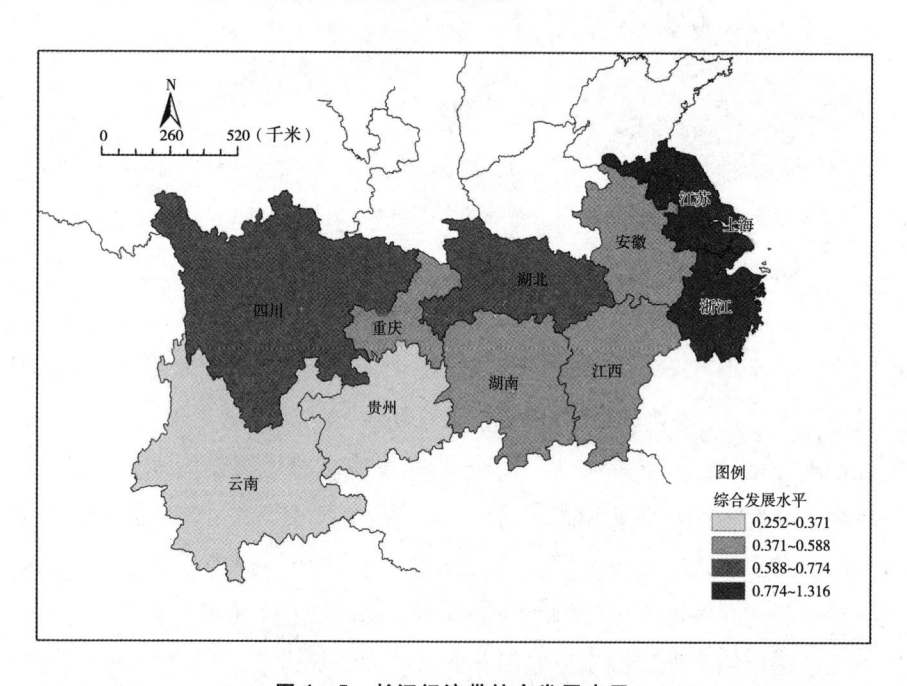

图 4-5 长江经济带综合发展水平

2. 长江经济带发展成本

从能源资源消耗和环境污染情况两个角度来考察长江经济带的发展成本。图 4-6 显示，江西、湖南和重庆对能源和资源的消耗较少；安徽其次；浙江、上海、湖北、四川和云贵地区对能源资源的消耗较多；江苏则是能源、水资源和土地资源综合消耗的大省。从具体指标来看，长三角地区能耗较低，单位 GDP 能耗皆为 0.5 的水平。江西省的单位 GDP 能耗值为 0.613

吨标准煤/万元，就中部地区而言是较高的；单位 GDP 电耗则为持平水平。从能源消耗的角度来说，江西省是中国重要的铀资源基地，有色金属、贵金属、稀有金属、稀土金属和放射性矿产具有突出优势，但煤炭资源总量少，没有石油和天然气，能源矿产资源短缺，较高的单位 GDP 能耗和电耗给能源本就不丰富的江西带来更高的发展成本。煤炭在我国总体上呈西多东少、北多南少的分布格局，长江经济带中四川、云南等地的煤炭能源储量丰富，这些地区的单位 GDP 能耗也很高，应节约使用能源、优化产业结构，这样才能促进高水平的经济增长与发展。

长江经济带位于长江流域，拥有丰富的水资源，2012 年上游水资源总量为 1363 亿立方米，中游水资源总量为 402.4 亿立方米，下游则为 85.8 亿立方米。2003～2012 年，水资源大致保持了这一稳定分布的状态。四川、江西和浙江分别是长江上、中、下游省市水资源最丰富的地区。在对水资源的利用上，江苏省的生活生产用水量为所有省市之最，其次是浙江、上海和湖北，安徽、湖南和四川的用水量则高于重庆、江西、云南和贵州。江西省在水资源禀赋的前提下保持较低用水量，对长江流域水资源的保护和水安全的保障起到了重要作用。

土地资源也是区域发展的重要资源之一，从对土地资源的消耗情况来看，江苏省在 2012 年的城市建设用地面积和征用土地面积都是长江经济带中最大的，分别为 3701.9 平方千米和 245.9 平方千米，类似的还有浙江省。长江下游附近的省市普遍对土地资源消耗较多。中部地区中，江西的城市建设用地面积最小，征用土地面积为 65.9 平方千米，在中部四省中排倒数第二位，对土地资源的消耗较少。

经济发展的过程应是可持续的，要注重人与自然的和谐关系，如果过于追求增长而忽略资源环境的承载力，必然导致自然环境的恶化，而环境污染几乎是发展过程中必然会产生的成本。长江流域存在上游地区水土流失严重，多河段及湖泊污染严重，水质监测超标，部分地区甚至出现水质性缺水现象等问题，生态环境较为脆弱（蔡文明、刘凌，2006）。图 4-7 显示了长江经济带各地区的环境污染与治理情况，整体上看，位于长江上游的西部省份环境污染情况较为严重，其次是中部长江以南地区，再次是长江以北和

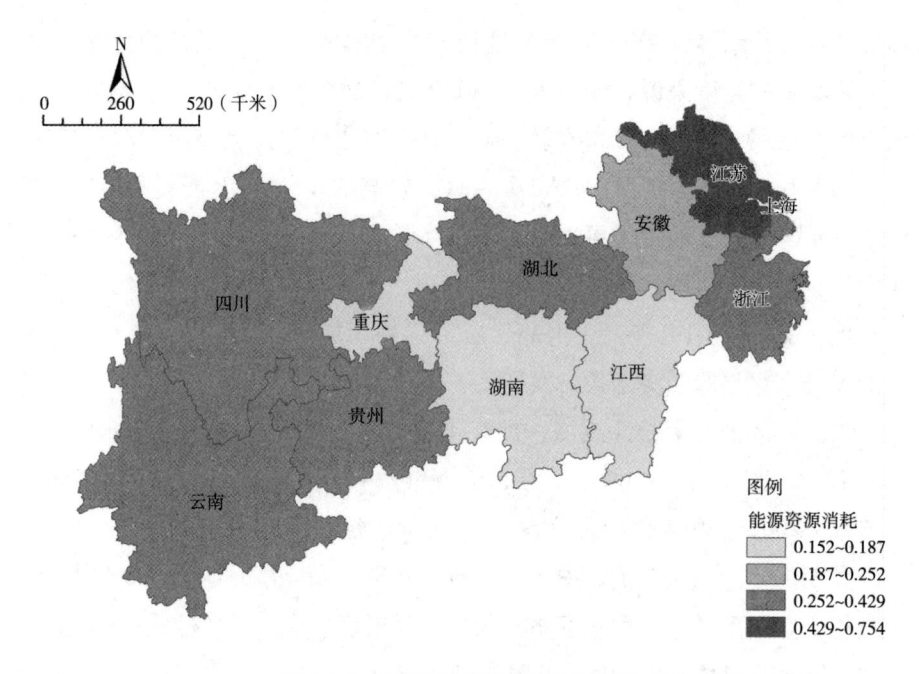

图 4-6　长江经济带能源资源消耗

东部的省市。废水排放量数据显示经济发达的长三角地区废水排放量普遍较高，其中江苏省的废水排放量最大，除西部贵州以外，其余省市排放量均在10亿吨以上。贵州省虽有较低的废水排放量，但二氧化硫的排放量居于长江经济带首位，与最少的上海市相比多排放81.3万吨；江苏省是二氧化硫排放量居次位的省份。一般工业固体废物产生量指标则表明西部的云南省最高，其次是安徽，排名第三的是江西，江苏紧随其后，都在1亿吨的水平之上。由此可知，在"三废"排放量方面，江苏省各项指标都十分靠前，西部地区的指标值也偏高，而江西省在废水和废气排放量上是中等水平，但一般工业固体废物的产生量较大。

治理环境能够降低区域发展的成本。工业固体废物综合利用量最高的省份是安徽省，最低的是上海市，然而结合排放量计算工业固体废物综合利用率之后得出上海市的综合利用率是最高的（97.3%），并且长江下游地区的这一指标都处于较高水平，而江西省的固体废物综合利用率仅为54%，为倒数第二位。城市污水的日处理能力江苏省最高，贵州省最低，江西省的处理能力仅超过贵州省，与江苏相差 1338.5 万立方米。生活垃圾清运量指标表现类似，江西省的数据偏低。再从生态建设的角度来观察，研究中选取了城市绿地面积和人均公园绿地面积来反映生态建设的情况，江西省的这两项指标均为居中水平。从环境修复治理与生态建设的指标数据来看，虽然长三角环境污染物排放量较高，但其修复治理能力很强；中部地区环境污染物排放量较小，但修复能力很弱。江西省是中部地区中发展水平最低的省份，环境污染物的处理能力赶不上排放能力，因而环境污染水平较高。

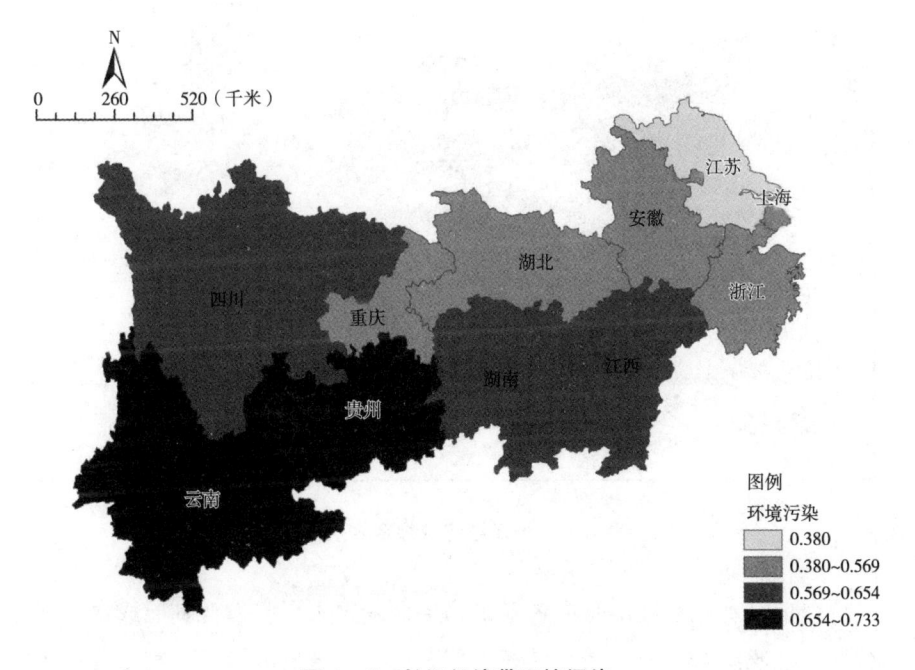

图 4-7 长江经济带环境污染

对资源能源消耗和环境污染两个维度进行综合研究之后，可以对长江经济带的发展成本有一个大致的了解（见图 4-8）。结果显示，发展成本较低的省份有江西、安徽和重庆，中部的其他省份发展成本稍高；西部的四川和云南发展成本则处于第二高的水平；江苏和贵州的发展成本为最高的水平。重点关注江西省与其他省份的差异，可以发现，江西省的环境污染水平不算低，但对能源资源的消耗较少，因而发展的成本并不高；反之观察江苏省，能源资源消耗量大，环境污染水平较低，最终发展的成本很高。这似乎是不合逻辑的，但深入思考会发现这是因为江西的发展水平较低，社会经济的发展还处于低水平的消耗资源禀赋的阶段，而江苏省是经济发达的省份，是工业化城市，对能源资源需求量大，技术进步对环境污染的治理投入较多，因而发展的成本要更高。

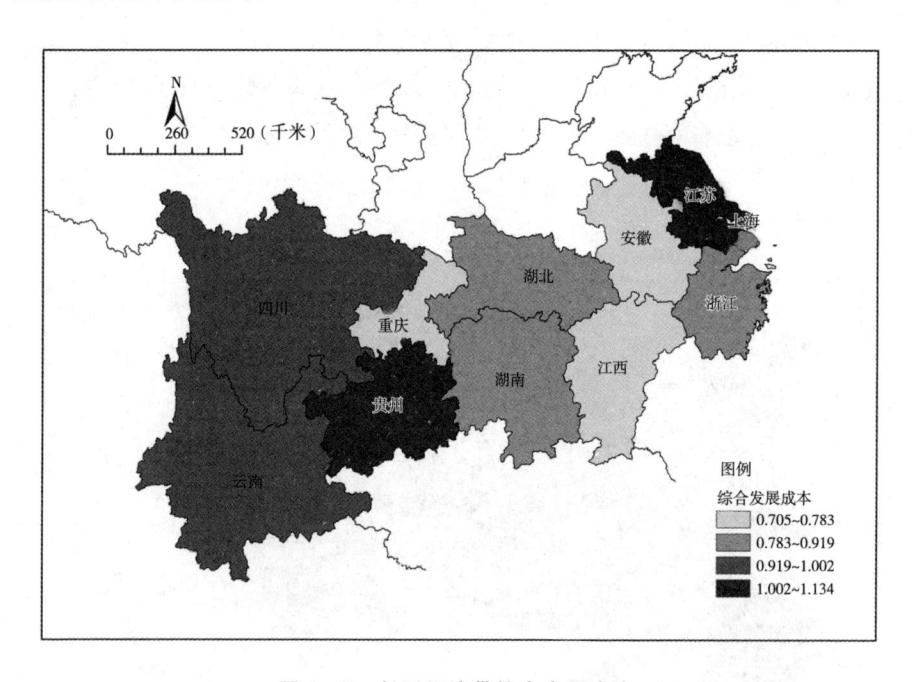

图 4-8 长江经济带综合发展成本

综合前文对长江经济带内各省市的综合发展水平和综合发展成本的评估与分析，按照综合得分数值将各省市划分为高发展低成本区、高发展高成本区、低发展高成本区和低发展低成本区四种类型，长江经济带的平均水平为参考系。分类结果如表 4-4 所示。

表 4-4 长江经济带省市发展分类结果

地区名称	综合发展水平	综合发展成本	综合得分	所属类型
上海市	1.316	0.847	2.163	高发展低成本
江苏省	1.306	1.134	2.440	高发展高成本
浙江省	1.077	0.919	1.996	高发展高成本
安徽省	0.551	0.783	1.334	低发展低成本

续表

地区名称	综合发展水平	综合发展成本	综合得分	所属类型
江西省	0.463	0.768	1.232	低发展低成本
湖北省	0.657	0.901	1.558	低发展低成本
湖南省	0.581	0.823	1.404	低发展低成本
重庆市	0.588	0.705	1.293	低发展低成本
四川省	0.774	0.984	1.759	高发展高成本
贵州省	0.252	1.067	1.319	低发展高成本
云南省	0.371	1.002	1.373	低发展高成本
平均值	0.722	0.903	1.625	参考系

将综合得分的分类结果在长江经济带的行政区划上表示出来具有更强的可视性（见图4-9）。可以看到，只有长江下游的上海具有高发展低成本的优良模式，同属长三角地区的江苏和浙江则都是高发展高成本类型；西部地区则普遍表现出高发展成本，其中四川的发展水平高于平均值，云南和贵州则属于低发展水平类型，而重庆则是低发展水平和低发展成本类型；需要注

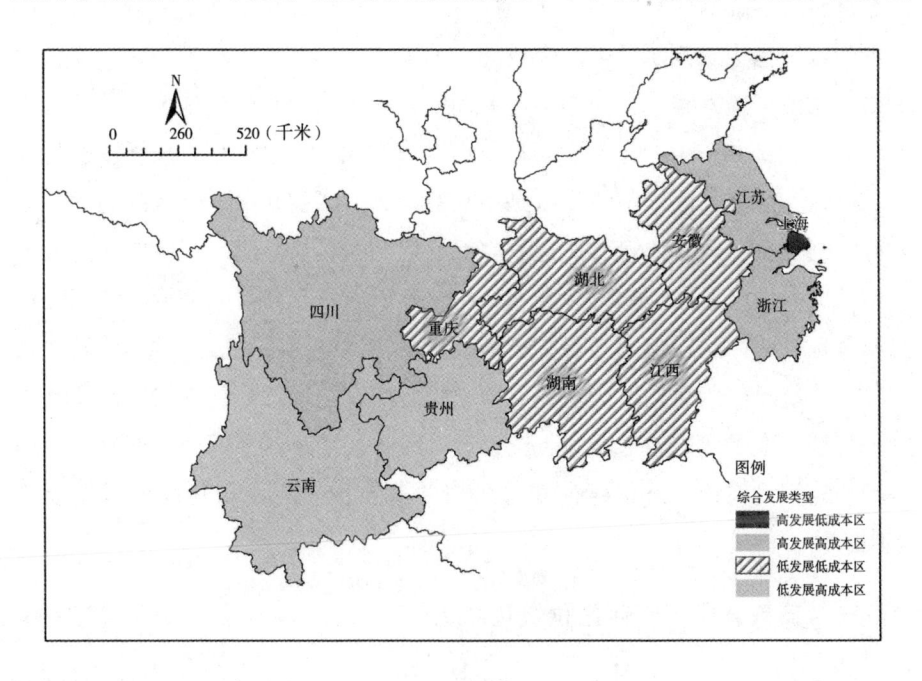

图4-9 长江经济带省市综合发展类型划分

意的是，中部地区全部属于低发展低成本类型。由此可知，长江经济带的综合发展水平是失衡的，各省市之间的差异比较大，东部和西部的发展成本普遍偏高，发展呈两极分化趋势；中部则表现出了明显的整体塌陷情况，发展水平不够，发展成本也不高。

第二节　区位空间边缘化陷阱显现

要将长江经济带打造成中国经济的新支撑带，很重要的一个方面便是对空间的优化利用。从地缘位置上看，长江流域涵盖了上海、重庆、江苏、湖北、浙江、四川、湖南、江西、安徽、云南和贵州九省两市，拥有广袤的土地面积和开阔的发展空间。空间的概念可分为两种，一是实体的空间，二是虚拟的空间，人们生活在实体空间和虚拟空间共同构成的复合空间之中。长江经济带内各成员的空间发展状况并不一致，这导致了空间发展的落差。那么如何选取指标来判断是否存在空间上的失衡呢？在实体空间中，串联各地的是遍布的交通网络，交通是经济的动脉，随着交通基础设施的延伸，不同地域得以连接并产生沟通，因而在交通发达的区域，往往会有同样发达的经济、文化和社会。而虚拟空间，是由互联网所搭建起来的一个肉眼虽不可见实际上却产生了大量信息和流通的空间，这其中非常具有代表性的便是近年来茁壮成长的电子商务市场。在网络平台上，电子商务有效地解决了部分信息不对称问题，正在重新布局和逐渐改造着实体空间中业已形成的经济发展格局，一些原本落后的地区在电商的支撑下培育起了新的经济增长点便是很好的例证。鉴于此，本节着眼于交通基础设施和电子商务两个角度对长江经济带的空间发展状况进行研究和分析，并重点找出江西与其他地区发展的差距。

一　高铁背景下江西区位被边缘化

2013年中央城镇化工作会议在明确指出工业化与城镇化是实现现代化的两大引擎的同时，再一次强调要注重中西部地区城镇化，加强中西部地区重大基础设施建设和引导产业转移。基础设施状况是城市发展水平和文明程度的重要支撑，是城市经济和社会协调发展的物质条件。在"新四化"和长江经济带建设的战略背景下，区域交通运输的规划和建设无疑会对地方的发展建设起着非常重要的推动作用，是经济发展的基础和先导行业。在完善发达的交通系统支撑下，区域内各种资源能够高效率流通。因此，对交通基础设施建设水平和其运转效率的分析是十分有必要的。

（一）江西省交通运输状况

首先对江西省内的交通基础设施和运输能力概况，即公路、铁路、水运和航空四方面进行分析。

截至2012年底，江西省公路总里程约为15.06万千米，其中高速公路0.42万千米，等级公路占公路总里程的比重为79.88%。目前，全省形成"一斜三纵四横"高速公路主骨架，省、地市、县、乡相连的公路网络形成并发挥整体效益。近年来，江西省加快交通运输基础设施建设，全省公路交通运输紧张局势得到一定程度的缓解，交通运输条件明显改善，公路综合运输能力不断增强，客货运输量快速增长。2012年，全年共完成客运量77650.0万人，比上年增长7.1%，增幅同比上升4.4个百分点；旅客周转量达371.89亿人千米，比上年增长9.1%，增幅同比上升5.9个百分点；货运量达113703.0万吨，比上年增长15.6%，增幅同比上升4.4个百分点；货物周转量为2559.78亿吨千米，比上年增长23.9%，增幅同比上升12.2个百分点。

江西境内铁路主要是京九线和浙赣线的中段，以南昌为中心形成了南北和东西"十字架"主干铁路网，此外还有东南走向的鹰厦线、武九线，东北走向的横南线。到2012年，江西全省铁路营运里程达到5166千米，其中电气化里程1578千米，占总运营里程的30.5%。在国际和国内宏观经济增长下行压力影响下，2012年江西省铁路运输量持续下滑。其中，客运量为6334.5万人，同比增长3.0%；客运周转量为584.06亿人千米，同比下降2.7%；货运总量5384.4万吨，同比下降6.7%；货运周转量681.75亿吨千米，同比下降7.1%，但与上半年相比，降幅明显减小，呈现逐渐稳定的态势。

水路客货运输方面，全省通航总里程为5716千米，其中等级航道所占比重为42.46%。全省现有内河港口码头泊位1743个，年吞吐量万吨以上的港口有56个，其中年吞吐量超过百万吨的港口有15个，基本形成了大中小结合、内外沟通的港口群体。随着通航条件的改善，长途运输航线拓展，水路运输保持稳定发展态势。2012年，全省完成水路客运量254.8万人，旅客周转量为0.32亿人千米，同比分别增长了1.3%和6.2%；完成货运量7930.5万吨，货物周转量207.26亿吨千米，同比分别增长了6.5%和2.0%；港口生产出现快速发展的局面，九江港货物吞吐量达4827.4万吨，增幅为23.6%。

航空运输发展方面，江西机场数量不多，主要有南昌昌北国际机场、赣州黄金机场、吉安井冈山机场、景德镇罗家机场、九江庐山机场。南昌昌北国际机场是江西省最大的机场，2004年2月通过对外籍飞机开放口岸验收，晋升为国际机场。截至2013年，南昌昌北国际机场共开辟航线76条，通航城市达到52个，运营的航空公司达到25家。与此同时，国际和地区航线继续实现快速发展。2013年执飞南昌机场的境外航空公司达到9家。2013年全年南昌昌北机场完成旅客吞吐量681.1万人次，保障航班起降6.4万架次，货邮吞吐量4万吨，分别同比增长13.17%、14.78%、6.69%。

综上所述，江西省的交通运输业经济运行总体态势良好，但运输方式发展不均衡，公路运输占绝对优势。全省全社会货运量中，公路、水路、铁路分别占89.5%、6.3%和4.2%。其中铁路运输量持续下滑，解决铁路运输问题刻不容缓。

（二）长江经济带内各省的交通概况

长江经济带要成为我国的经济新支撑带，前提之一是长江流域上的各城市间要实现紧密融入，打造畅通的沟通交流渠道。从交通运输这一视角出发，要求各省努力打造可持续发展的交通网络，构建多层次的城际客货运体系，由此为新型城镇化发展提供助推力。

在相关资料收集的基础之上，将长江经济带内各省市的交通运输概况进行整理（见表4-5），通过这一表格可以对各省市的交通条件做出比较，找

表4-5 2012年长江经济带内各省交通运输概况

	地名	江西	上海	江苏	浙江	湖北	湖南	安徽	成渝	贵州	云南
密度（千米/平方千米）	公路	0.902	1.978	1.502	1.115	1.173	1.107	1.185	0.730	0.934	0.556
	铁路	0.017	0.073	0.023	0.017	0.021	0.018	0.023	0.009	0.012	0.007
	水运	0.034	0.360	0.237	0.096	0.044	0.054	0.040	0.027	0.020	0.008
客运量（万人）	公路	77650	3748	255358	220517	118369	174386	206888	418587	77172	44839
	铁路	6334.5	6758	11758	9144.2	8265.7	8601.1	6385.3	11037.7	3901.9	2762.3
	水运	255	353	594	3454	444	1349	159	4532	2453	855
旅客周转量（亿人千米）	公路	371.9	112.7	1418.4	921.2	804.1	854	1327.7	1475.3	426.8	470.2
	铁路	584.1	68.4	452.6	390.3	554.4	780.3	496.6	418.7	199.2	96.5
	水运	0.3	1	1.4	6.2	3	2.6	0.3	14	5.9	2
货运量（万吨）	公路	113703	42911	153698	113393	97136	166670	259461	229668	44892	63239
	铁路	5561.5	825.3	7670.5	4607.3	5882.3	5676.7	12259.8	11121.4	6664.9	5030.9
	水运	7931	50302	58639	73817	19927	18705	40716	20034	1098	465
货物周转量（亿吨千米）	公路	2559.8	288.2	1452.4	1525.6	1565.4	2392.5	7266.8	2057.1	464.6	702.5
	铁路	666.5	18	398.7	291.4	917.2	1022.1	937.4	990.9	693.7	412.1
	水运	207.3	20067.2	6053	7366.4	1957.2	562.3	1613.7	1843.6	16.5	8.7

出差距。对比发现，上海市的公路密度为 1.978 千米/平方千米，远高于长江经济带内其他省市。江西的公路、铁路和水运密度都处于中游偏后的位序，与第一位的上海市有很大差距，在长江中游城市群中也处于垫底位置。值得注意的是，自 2007 年起，中部的其他五省铁路密度增长速度加快，其中安徽省较突出，而江西铁路建设在中部六省中显得尤为落后。从交通密度指标情况来看，长江中游城市群与下游的长三角城市群存在差距，江西与长江中游省份的差距也在逐渐拉大。

从客运量指标来看，江浙一带数值最大，交通密度最大的上海市反而最低，而江西则处于客运量较少的省份之列。这表明行政区划面积相对小的上海市私人交通工具的覆盖程度更大，运输企业的客运量较低，侧面反映出其居民生活水平较高，原因可能在于上海主导医药化工、食品加工、信息产业等下游产业发展，市场前景和技术含量较高，经济发达；江浙地区也是经济较发达地区，且以制造业、电子信息业、石油化工产业为主，这些行业需要大量的产业工人，因而其客运量较高。反观江西省较少的客运量，说明其经济发展水平落后，无法吸引足够的运输流。

旅客周转量是一定时期旅客人数与运送距离的乘积，是指中转的客运量。江西省是除了上海市以外公路周转量最低的省份，铁路的旅客周转量则相对较为发达，水运的旅客周转量很低，这说明江西的铁路利用率较高，而公路利用效率较低，水运由于航道等级不够，即使有丰富的流域资源也无法充分发挥作用。

货运量和货物周转量指标显示，和其他运输方式相比，江西的公路货运量比较大（货运量占 89%），平均运输距离也较长（货运周转量占 74%），铁路和水运指标都很小，都有很大的开发空间和潜力。比之长江经济带其他省市，江西省与湖南省和安徽省情况相似；上海市的水运货运量和货运周转量都高于其他运输方式，并且水运的货运周转量占 98%，远高于公路和铁路；江苏、浙江和湖北的公路货运虽然为本省的优势运输方式，但其货运周转量占比最大的也是水运货运周转量，这些观察结果无不说明了这些地区水运发达，航运设施较完善，其高占比也侧面表明了这些地域的开放程度远超其他省市。

综上所述，虽然江西省交通运行的总体态势良好，但是与长江经济带的其他省市相比较，从公路、铁路和水运指标来看基本处于落后地位。值得一提的是，江西省内拥有丰富的水资源，并且省内的九江市也拥有长江黄金水道的 152 千米岸线，虽然较短，其仍应更大限度地发挥作用将江西省与长江流域结合得更紧密。然而事实上，江西省的水运能力并不强，这使得水路运输所具有的运量大、占地省、成本低、能耗小、污染少的优势都没有发挥出来。这一现状说明，江西省在交通运输系统中须全方位增加建设投入，其中关于水运航道的建设更需要加大力度。

（三）高铁时代下江西发展面临的困境

通过上述数据分析，可以发现江西省的交通运输情况不容乐观，特别是高铁的建设滞后问题严重。经济快速发展离不开铁路大动脉的有力支撑。为使江西更好更快地发展，需要摆脱以下四方面困境。

第一，在全国的高铁网络布局中，江西区域位置被弱化，制约江西经济发展。根据 2008 年调整后的《中长期铁路网规划》，2015 年，中国高速铁路基本上建成以"四纵四横"为骨架的全国快速客运网（见图 4 - 10）。其中，江西的南昌只有"四横"中的沪昆线，而最为重要的"四纵"没有南昌，不论是北上北京，还是南下广州，2020 年前都没能规划高铁，这对本是华东地区经济相对落后的江西来说更为不利。从江西运输量发展和道路发展状况不难看出，由于区域位置被弱化，近年来，原本处于较高水平的货运量、客运量严重下降，路网密度与中部其他省份差距越来越大。

第二，江西出行成本过高，各种运输方式间缺乏衔接，难以发挥组合效率和整体优势。江西高铁线路布局不足，导致很多地区没有直达列车，出行成本增加。以京广高铁通车后南昌市民出行为例（见表 4 - 6），通过对比可以发现，高铁虽在运行时间上占优势，但如此高的差价对于普通市民来说，如果没有特别需要是不会选择高铁的。同时，各种运输方式间缺乏衔接，客运站、火车站、机场间换乘时间长，交通网构建不完善，难以发挥组合效率和整体优势。

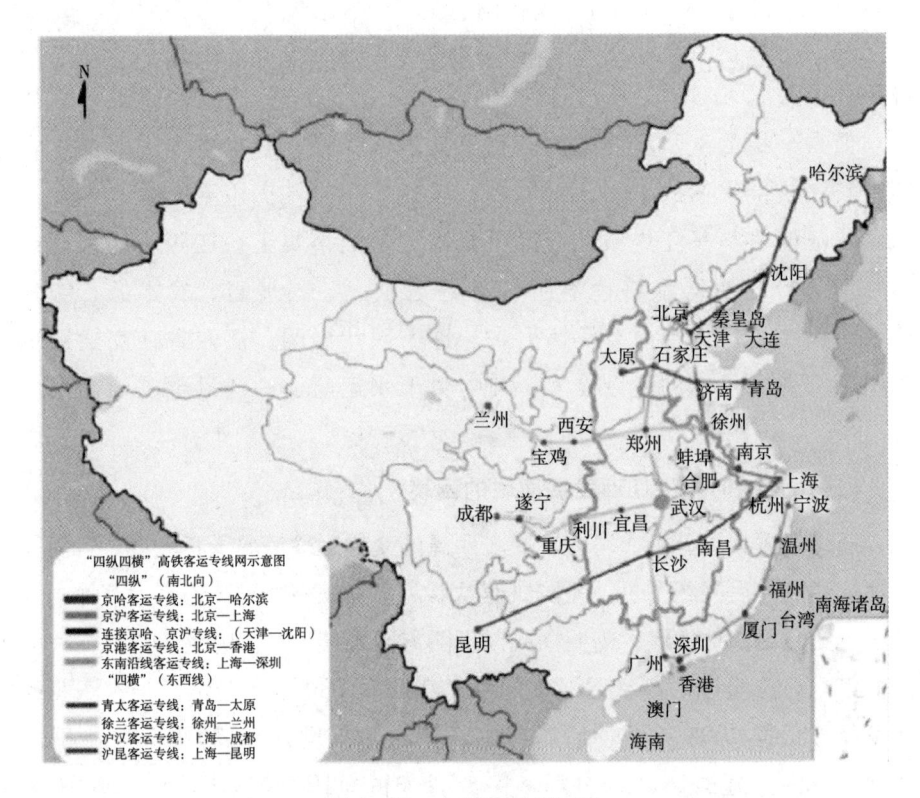

图 4-10 中国高铁规划网

表 4-6 京广高铁通车后南昌市民出行成本对比

起点—终点	直达车捷径	高铁路径	结论
南昌—北京	Z66 次或 Z68 次，时间为 11 小时 26 分，票价硬座 173.5 元，硬卧 306.5 元（中铺）	南昌至武汉 D3252 次，在武汉通过 G518 次抵达北京，全程耗时约 9 小时。总花费为南昌至武汉段 98.5 元（二等座），武汉至北京段 520.5 元（二等座），共 619 元	南昌铁路局开通的三趟直达北京的动车组，因为夕发朝至，时间段上占有很大的优势，是江西旅客进京的首选，而通过武汉转车搭乘高铁，无论是时间段还是路途花费，都不如直达车
南昌—广州	T171 次，时间为 11 小时 49 分，票价为硬座 135.5 元，硬卧 240.5 元（中铺）	南昌至武汉 D3252 次，在武汉通过 G543 次抵达广州，全程耗时约 7 小时。总花费为南昌至武汉段 98.5 元（二等座），武汉至广州段 463.5 元（二等座），共 562 元	南昌到广州乘普通特快车抵达时间虽长，但票价不到高铁转车一半

续表

起点—终点	直达车捷径	高铁路径	结论
南昌—深圳	K115次,时间为12小时49分,票价为硬座149元、硬卧262元(中铺)	南昌至武汉D3252次,在武汉乘G1007抵达深圳北,全程耗时约8小时。总花费为南昌至武汉段98.5元(二等座),武汉至深圳538元(二等座),共636.5元	南昌至深圳通过武汉乘京广高铁,因为票价过高,估计不是百姓首选

第三,科技发展落后,承接东部产业转移任务面临挑战。从铁路建设看,邻省福建省新建的福厦高铁成为连接长三角、珠三角的纽带。同时,福建全长171千米的龙岩至厦门高铁于2014年通车,加上已开通的全长275千米的福厦高铁,江西的里程数不足福建的三成。到2015年,安徽省铁路网密度将为全国平均水平的3倍左右,其中快速客运铁路为2500千米,占全国规划总里程的15%。江西省在建时速200千米及以上铁路项目有向莆铁路、沪昆客专、合福铁路、赣龙铁路扩能改造工程共四个项目,总长1097千米,里程数不足安徽省的一半。

由此看出,江西由于科技发展落后,各类产业跟不上,铁路建设缓慢。江西正处于工业化和城市化水平快速提高的关键阶段,同时面临着承接东部产业转移的难得机遇,单从政策优惠以及现有的科技发展水平看,还是很难吸引大量外资的。

第四,易出现同质化发展,产生"虹吸效应"。伴随着高铁时代的到来,沿线城市多以高铁为卖点进行规划建设,如果高铁沿线城市产业优势不明显,将会带来严重的同质化竞争,导致有限资源的浪费。同时,由于城市之间存在着发展梯度差,高铁的到来同样将加速人才、资金、信息、技术等要素由中小城市向中心城市单向转移,产生"虹吸现象"。高铁缩短了城市间的时空距离,可能将会加速都市圈各种要素资源向中心城市集聚,壮大中心城市实力,抢走中小城市的优势资源,这种"虹吸效应"对于都市圈的其他城市的发展是很不利的。沿线的中小城市没有必需的基础设施,地方政府又没有提供更好的政策和服务,也不会有多少企业投资,更有甚者,原先的优势资源和劳动力将更加集聚到经济发展程度高的城市。

二 互联网时代江西电子商务被弱化

随着时代的发展,科技的进步,互联网的浪潮席卷全球,它的深入普及给人们带来了一场深刻的"信息革命"。这一"信息革命"也被称为"第三次工业革命",是从传统产业到以互联网、平台、大数据和云服务为基础的产业的变革,正逐步将传统的规模经济发展为范围经济。这其中非常值得一提的便是电子商务,电子商务是基于信息化的新型经济活动,目前正处在空前的发展时期,广泛渗透到人们生活的各个领域,并以其强大的生命力推动着部门经济、区域经济和国民经济的快速发展,成为各级政府转变经济增长方式、扩大消费、推动产业转型升级、实现传统行业现代化的新手段。电子商务的出现带来了中小企业的繁荣,它能够弱化地理空间的阻隔和障碍,解决需求和供给的信息不对称问题,还带动了物流商贸等实体经济的大规模发展。通过网络平台,虚拟和实体相结合的电子商务在一定程度上具有重新布局经济发展格局的潜力和能力。"第三次工业革命"是江西省不容错过的发展机会,江西省应抓住这一契机大力支持和发展电子商务,以弥补自身经济体量小、发展落后的缺陷,同时缩小与周边城市的发展差距。

(一) 江西省电子商务发展现状与趋势

近年来,在省委、省政府的高度重视和正确领导下,全省各地以营造良好的电子商务发展环境为保障,以普及电子商务应用为重点,加快推进产业集聚,打造示范典型,呈现环境良好、园区蓄力、企业发力的良好发展局面,全省电子商务产业百花齐放,呈现以下四个主要特点。

1. 传统产业加快"触网"转型,发展势头强劲有力

传统产业向互联网转型步伐明显加快,线上销售取得良好成效。2014年上半年以来,上饶晶科能源有限公司光伏产品累计实现52.2亿元电商交易额;樟树打造专业电商平台,医药产业电商交易额近50亿元;九江南方粮食市场升级网上交易平台,网上成交金额已超23亿元;萍乡、新余、鹰潭、赣州等地资源产业开展B2B电商交易发展态势良好。

2. 农副产品网上直销锋芒初露,农村电商大有可为

淘宝网"特色中国·江西馆"聚集商家300余户,上架产品近千种,

2014年上半年省产品网络销售累计2.2亿元，日均实现交易额近130万元；丰城市深化农村商务信息和党员干部现代远程教育网络资源整合，丰城金桥商贸网实现农产品网上销售1.1亿元；新余菜小二"生鲜农产品"O2O模式初具成效，实现电商交易额5680万元；永丰县专门成立了电子商务产业办，推动蔬菜产业实现网上销售达1400万元；分宜县双林镇在新余市区形成了电子商务一条街，并建立农产品电子商务服务中心，大力推动"双林三鲜"（豆腐、豆芽、泉水鱼）以及蔬菜、水果等本地农副产品开展网上交易。

3. 特色电商集聚园区快速涌现，电商竞争优势凸显

全省涌现出南康家具、新干箱包、黎川陶制品、横塘羽绒等10多个具备一定集聚效应的特色电子商务集聚区。如南康家具产业2014年上半年电子商务交易额为10.2亿元，比2013年全年多出5亿元；新干箱包电子商务交易额为2.6亿元，同比增长近30%；黎川陶制品电子商务交易额近2亿元，较上年同期2000余万元实现"跨越式"增长；星子县横塘镇羽绒产业电商交易额超1.2亿元，成为继分宜县双林镇后江西又一"淘宝镇"。

4. 示范体系带动效应发挥明显，电商应用量质齐升

全省十大电子商务示范基地共入驻电商企业362家，2014年上半年实现电商交易额近80亿元，企业数量和交易额实现同比增长翻番。21家省级电子商务示范企业上半年电子商务交易额累计111.1亿元。通过示范基地培育孵化和示范企业带动引领，全省电子商务应用加速普及，约有2万家企业入驻淘宝网、天猫商城等知名电商平台。根据阿里巴巴县域电子商务发展指数排名，全省共有20个县跻身全国电商500强县，峡江、资溪、弋阳三县电子商务实现贸易"顺差"，江西处在全国电子商务"顺差"县域省区第八位。

（二）江西电子商务发展困境与不足

1. 与全国相比江西省电子商务交易规模小

从交易规模来看，中国电子商务研究中心（100EC.CN）的监测数据显示，截至2013年底，我国电子商务的市场交易规模达到10.2万亿元，同比增长29.9%。其中，B2B电子商务市场交易额达8.2万亿元，同比增长31.2%。网络零售市场交易规模达18851亿元，同比增长42.8%。图4-11

显示出 2009 年至 2014 年，我国的电子商务市场交易额由最初不到 4 万亿元的小规模逐年上升，并且有增长速度逐年扩大的趋势。这些观测的数据资料无不向人们展示着电子商务产业的巨大发展空间和潜力。

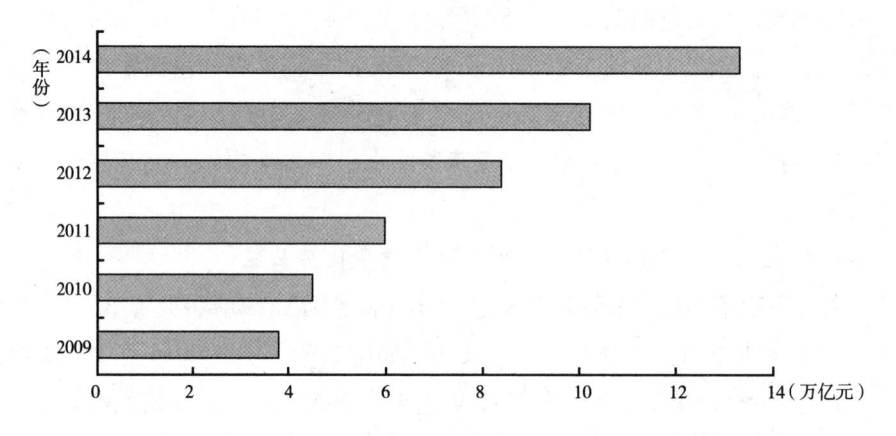

图 4-11　2009~2014 年中国电子商务市场交易规模

从细分领域来看，2013 年我国电子商务市场细分行业结构中，B2B 电子商务占比 80.4%；网络零售交易规模市场份额达到 17.6%；网络团购占比 0.6%；其他占 1.4%（见图 4-12）。2013 年各 B2B 运营商加速对商业模式的探索，在国家及地方政府的大力扶持下，未来 B2B 电子商务应用将会得到飞跃式的发展。网络零售也保持着高速发展的态势，从之前的混乱局面逐渐走向清晰，格局越来越明朗。这一年的网络零售市场围绕着"价格战""并购""整合"进行。而团购行业则经历了三年的起伏，在 2013 年中，国内大型团购网站相继实现盈利，共同推动团购市场规模扩张。在生活中，团购已经成为消费者最主要的消费形式之一。

江西省的数据显示，2013 年电子商务交易额突破 650 亿元，增长了 103.4%；网络零售交易额总额突破 170.2 亿元，增长 70%。其中，省会南昌市的电子商务交易额 124 亿元。到 2014 年交易规模继续扩大，上半年江西省电子商务交易额突破 550 亿元，达到 571.2 亿元，同比增长 91.68%。其中，B2B 交易额为 422.7 亿元，同比增长 96.45%；网络零售交易额为 148.5 亿元，同比增长 78.15%。江西省占全国的交易规模比例很小，但也

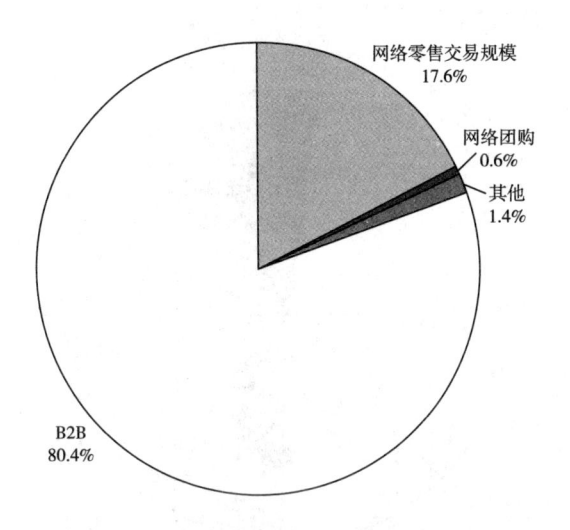

图 4-12　2013 年电子商务市场行业细分情况

保持了很高的增长速度。

2. 江西电子商务企业发展滞后

电子商务的地域分布也颇具特点。目前，国内的电子商务发展表现为不平衡状态，其中东南沿海及经济发达地区电子商务规模较大，企业电子商务最活跃的是广东、江苏、北京、上海、浙江等地，而中西部地区则处在刚刚起步的阶段。在企业区域的分布上，排在前十位的省市分别为广东省、江苏省、北京市、上海市、浙江省、山东省、湖北省、四川省、福建省、湖南省，江西省电子商务不在其列。具体占比如图 4-13 所示。

江西电子商务起步较晚，不仅与上海、深圳、北京相比差距很大，而且属于中西部发展短板明显的地区，落后于湖北、湖南。省内没有一家上亿元规模的电子商务企业。真正具有独立电子商务平台的企业不到 100 家，而且整体规模较小，导致电子商务在江西省的发展处于滞后状态。

虽然江西省的电子商务产业呈现出一片欣欣向荣的景象，但结合前文的分析结论，江西省在交通运输基础设施建设上是失衡的，交通运输的效率目前是逐年下降的，而电子商务是虚拟经济与实体经济相结合的产业，物流运输是影响电子商务发展举足轻重的关键因素，逐渐弱化的交通能力是无法承载繁荣的电子商务产业的发展的。此外，由于江西省的经济总量偏小，产业

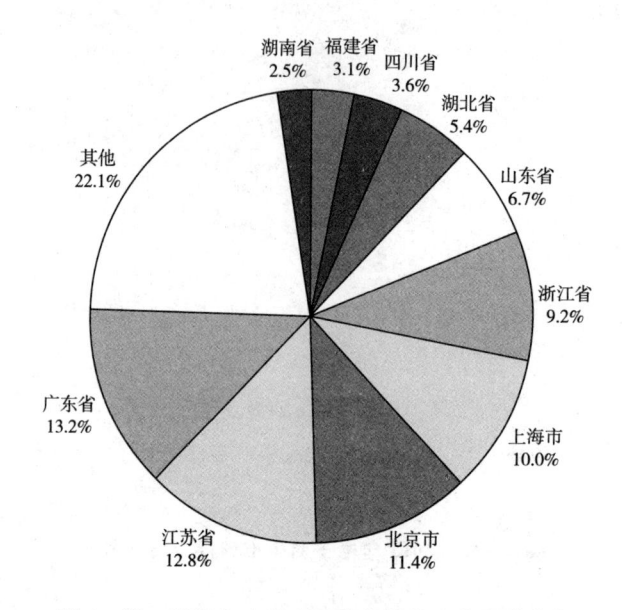

图4-13 2013年中国电子商务服务企业区域分布

层次不高，产业结构升级缓慢，经济实力不强，省内很多企业的电子商务意识还很薄弱，从事电商的专业人力资源也十分匮乏，这些都是江西省电子商务产业发展的劣势所在。

随着中央推进城镇化扩大内需、鄱阳湖生态经济区建设、赣东北扩大开放合作、扩权强县等政策相继实施，中央《关于全面深化农村改革加快推进农业现代化的若干意见》《关于开展电子商务进农村综合示范的通知》等文件的正式出台，以及城市化建设步伐加快，江西省在空间布局、发展纵深、经济要素聚集等方面都面临重要调整和重大机遇。江西省的电子商务产业具备良好的发展前景，正处于大有可为的重要战略机遇期，合理把握和紧跟电商发展的浪潮，才有机会重新定位自身在长江经济带中的地位，提升区域竞争力，改变经济发展落后的现状，才能够在中国经济新支撑带的国家战略下与长江经济带的其他发达地区增进联系、缩小差距。若失去这一次机会，江西省必将再次陷入更深的发展落后的陷阱中去，因此江西省需要重点考虑电子商务产业的发展导向，努力突出自身优势，转移和消除阻碍电商发展的劣势。

第三节 城市体系发展的不完善

城市体系的概念形成于 20 世纪 20~60 年代，是在一定的地域范围内，以中心城市为核心，各种不同性质、规模和类型的城市相互联系、相互作用的城市群体组织，是对在一定地域范围之内相互关联、起各种职能作用的不同等级城镇的空间布局的总体概括。城市体系可以说是区域经济的基本骨骼系统，是区域经济社会发展到一定阶段的产物，是城市带动区域发展最有效的组织形式。

一 长江流域城市群空间网络结构失衡

城市群是推进城市化的主体形态，是区域经济的重要增长极，对周边地区具有巨大的辐射和带动作用。中部要崛起，经济要起飞，就必然要寻找一个带动区域经济快速发展的载体，城市群无疑是最佳的选择。在中央做出中部崛起战略部署后，中部诸省纷纷出台应对之策，其核心和重点无不集中在城市群的构建和发展上。

以大城市为中心，在其周围分布着一些具有次中心功能的中等城市，这些城市通过合理分工，优势互补，组成网络式空间开放模式，并带动各自经济腹地的发展，因而对城市群空间网络结构的分析显得十分必要（年福华、姚士谋、陈振光，2002）。在这方面最早的研究是德国地理学家克里斯塔勒提出的中心地理论。二战后，随着大都市带理论被发达国家的社会经济发展所证实，城市群空间结构研究迎来兴盛阶段，尤其值得注意的是 Henderson 和 Hillier 等人的开拓性贡献。其中，Hillier 和 Hanson 从城市规划角度提出了空间句法理论，通过计算机模拟将纯粹的城市空间形态网络和社会生活动态关联起来，并于 1996 年进一步明确了"组构"（Configuration）在空间句法理论中的中心地位，借此解释了城市空间形态网络的社会构成和活动。进入 21 世纪以后，Hillier 更进一步明确了城市形态作为突现的网络（Network Emergence）和网络个体（Network Agency）的社会活动相互作用①。在国内，城市群空间网络结构研究正从定性描述为主走向定性与定量分析的相结合阶段。在定性描述方面，姚士谋等（2006）对城市群概念和形成发展过程做了系统研究；王珺等（2008）和何韶瑶等（2009）基于网络城市理论，分别以武汉城市圈的空间格局和长株潭城市群为例，研究了网络结构对城市间的协作和提升的贡献作用。在定性与定量相结合研究方面，费潇（2010）通过对环杭州湾地区空间网络化发展特征分析，进一步清晰了网络化地区空间发展特征；陈彦光等（2004）借助网络结构与等级体系的数理转换关系，成功实现了城市网络的数学抽象与模型建设，初步形成了关于城市群空间网络系统的新解释体系；吴威等（2006）利用铁路、公路和航空指标分析，对城市群空间网络结构的可达性进行了评价。

可见，目前的研究多集中在城市群空间网络结构上，对城市群内部的各种要素的网络化动态分析研究较为欠缺。然而，深入揭示城市群内部各种要素的相互关联和作用，这是规划和管理城市群空间网络的基础性工作，因此非常有必要对城市群空间网络的内部要素关系网络展开探索性和实证性研究。长江流域是我国最具潜力的地带，在国家战略的大背景下，分布于长江流域内的各省市城市群对地方经济的带动将起到重要的发展支撑作用，对这些城市群进行分析，有助于发现其内部的潜在组织关系，进而发现可能存在的问题并有针对性地解决。

（一）方法与数据来源

社会网络分析方法（Social Network Analysis，SNA）是一门应用性很强的方法，它以"关系"为分析的单位，把结构看作行动者之间的关系模式，在职业流动、城市化对个体幸福的影响、世界政治和经济体系、国际贸易等领域得到广泛应用。在城市群网络结构研究方面，运用 SNA 对经济联系的探索也逐渐增多。长江流域城市群要带动所属省份的经济增长进而促进整个长江经济带发展，需要城市群之间有密切的联系和协调的承接关系，因此，基于 SNA 方法对长江经济带内城市群的空间网络结构进行研究，有助于发

---

① 刘军：《社会网络分析导论》，社会科学文献出版社，2004。

现各个成员城市群的空间结构差异，依次可以针对性地提出相应的策略和建议。

在这里定义强经济联系为网络图中的两个节点间建立双向的关系，即相互间有辐射影响和接受影响的关系。借鉴计算城市间经济联系的典型公式以及王欣、侯赟慧和刘耀彬等对城市引力模型的应用，选择城市间经济联系模型来计算经济联系强度，其公式为：

$$R_{ij} = k_{ij} \frac{\sqrt{P_i G_i} \sqrt{P_j G_j}}{D_{ij}^2}, \left(k_{ij} = \frac{G_i}{G_i + G_j} \right) \quad (4-4)$$

其中，R_{ij}为城市i对城市j的经济联系，k_{ij}为城市i对R_{ij}的贡献率，P_i为非农业人口数，G_i为地区的 GDP 值，D_{ij}为地区i与j之间的空间最短距离。然而，传统的引力模型简单地用 GDP 的比重无法作为城市对经济联系的贡献，缺乏对城市间产业分工的描述，而合理的城市产业分工是各城市充分发挥资源、要素和区位比较优势的综合表现，有利于资源和生产要素的跨区域流动，最终加强城市间的经济联系，促进整个城市群经济效益的提高。因此，从城市间产业互补的角度对经济联系模型中的经验常数k进行修正，公式如下：

$$K_{ij} = \sum_{k}^{n} \left| \frac{q_{ik}}{q_i} - \frac{q_{jk}}{q_j} \right| \quad (4-5)$$

其中，K_{ij}为克鲁格曼指数，q_i、q_j分别为i、j城市所有部门总从业人员数，q_{ik}、q_{jk}分别为i、j城市k部门的从业人员数，n为部门数。$K_{ij} \in [0, 2]$，K_{ij}值越大，则两城市的产业结构差异化程度越大，反映出越强的城市产业互补性，从而城市联系强度就越高。修正后的经济联系强度模型为：

$$R = \sum_{k=2}^{n} \left| \frac{q_{ik}}{q_i} - \frac{q_{jk}}{q_j} \right| \frac{\sqrt{P_i V_i} \sqrt{P_j V_j}}{D_{ij}^2} \quad (4-6)$$

运用这一模型对长江流域上的各城市体系进行抽象描述，遵循数据的可获得性原则和经济体量相当的原则，选取各城市群成员所在的地级市进行分析，而黔中城市群内的安顺、都匀和凯里的部门从业人员数收集困难，因而对这几个市（县级市）的数据收集主要采用估算的结果。

(二) 结果分析

对长江流域城市群整体网络进行分析,为了能够从宏观层面上把握整体网络关系,经试验选取修正的经济联系强度值大于 50 的数据绘制成经济联系图,结果如图 4-14 至图 4-16 所示。三个图中以不同图形表示不同城市群的节点城市,长方形代表长三角城市群,正方形为成渝经济区,三角形为黔中城市群,圆形为滇中城市群,其余为长江中游城市群。我们发现长江流域城市群在 2010~2012 年三年间的网络关系形态表现出一定的特征,长江流域各城市群虽有地域规划的差异,但在产业分工的视角下仍表现出一定的跨区域关联。

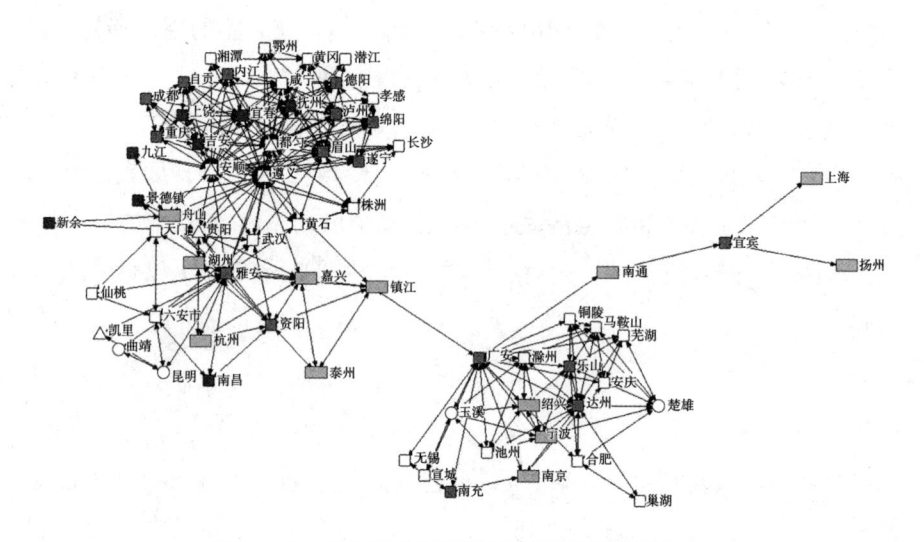

图 4-14　2010 年长江流域城市群整体网络关系

2010 年的整体网络关系显示,成渝经济区、长株潭城市群、武汉城市圈、鄱阳湖生态经济区和黔中城市群的大部分城市之间经济联系较为紧密,形成了一个密集团体(见图 4-14 左上方),但其中没有长三角城市群城市。而地处西部的一些长江上游城市群则与经济发达的长江经济带经济联系较大(见图 4-14 左下方)。皖江经济带由于地缘临近,受到长江经济带的辐射影响较大,主要和长三角城市群中的南京、绍兴、宁波关联较大(见图4-14 右下方)。三个团体内部有较强的经济联系,但都是长江流域中的局部关联，因而团体之间的城市起到了十分重要的连接中介作用。武汉、黄石、贵阳、景德镇和舟山就是这样的城市，镇江和广安则是连接两个团体的桥梁节点城市，中介地位十分突出。图中，一方面，从经济关联的角度表现出各城市的抽象经济联系布局，发现长江中游城市群关联紧密，但与上游和下游城市群的衔接并不紧密；另一方面，西部地区城市则积极拓宽了与发达地区的往来，加强经济关联。

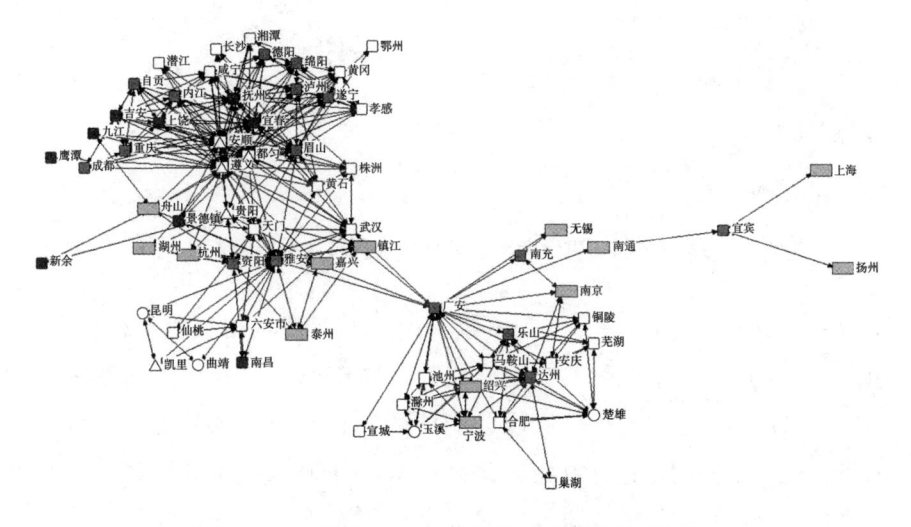

图 4-15 2011 年长江流域城市群整体网络关系

2011 年长江流域城市群的整体经济关联格局与 2010 年类似，但表现得更为集中，连接团体的中间节点城市地位更为凸显，如中游城市群中的武汉城市圈在 2011 年向东部的经济联系加强；皖江经济带与下游的南京、绍兴和宁波的经济关联更紧凑。嘉兴的中介地位增强，与镇江和广安一起巩固了团体之间的经济关系。

值得注意的是，鄱阳湖生态经济区在中部地区的逐渐疏远，2010～2011 年的长江流域城市群的整体经济网络关系中，江西省鄱阳湖生态经济区所在城市与长江上游的成渝经济区关联逐渐紧密，与中部地区较为发达的武汉城市圈的距离拉远，在武汉城市圈融入长三角地区的发展进程中，这一离心趋势需要遏制，在夯实与上游城市群关联的同时，也要加强与中部其他城市群的关联，以免出现脱节脱钩情况。

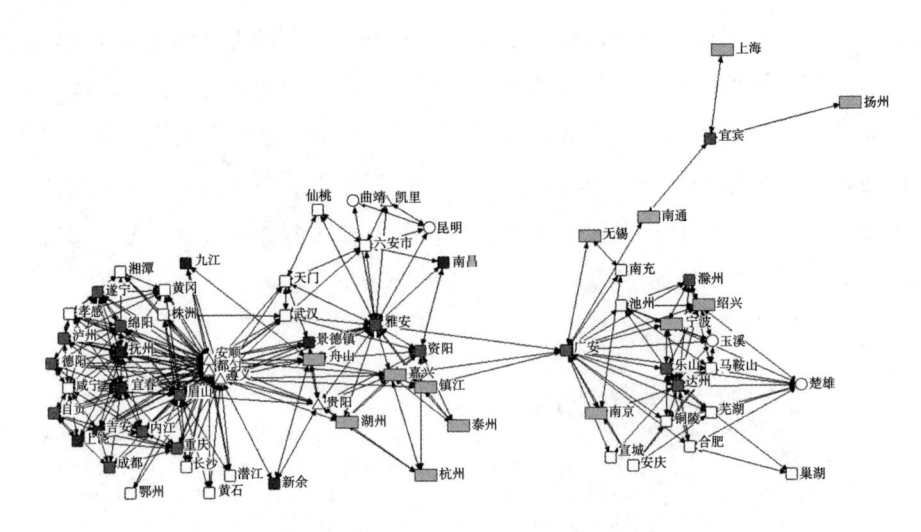

图 4-16　2012 年长江流域城市群整体网络关系

  2012 年的整体网络关系与前两年有所不同，表现得更为致密和有序，团体划分更加清晰。宏观上被划分为三个城市团体，长江上游和中游的大部分城市一起组成了一个层次分明的团体；长三角的嘉兴、镇江、湖州、泰州、杭州和舟山与中部的武汉、南昌等大城市组成团体；长江偏下游的皖江经济带和长三角其余城市构成了第三个团体的主要部分。西部地区的城市在网络中占据了主要的节点位置，这表明在近年的发展中西部地区加大了对外开放力度，与长江流域中游和下游的城市群经济关联更为紧密，在外部城市的带动下经济力量逐步增强，如宜宾是位于四川盆地南部的一个城市，自古就是川、滇、黔、渝结合部的物资集散地和川南经济文化中心，是川、滇、黔三省交会地和闽江、金沙江与长江交会处，是长江上游开发最早、历史最悠久的城市之一，是南丝绸之路的起点，与长江经济带的空间距离其实并不临近，而经济联系强度却很高，表现较为特殊。在国家提出依托长江建设中国经济新支撑带战略后，宜宾更是抢抓机遇，与长三角地区在产业、物流、文化旅游、科研和干部交流等方面加强了合作，经济联系得到进一步加强。中部的湖南、江西和湖北的发展则更为局限，省会城市武汉和南昌虽有较强的对外经济关联，但各自的城市群主体仍呈现内部紧凑发展的状态，城市群内核心城市的带动力不足。安徽省则更是几乎脱离了中部城市群团体向长三角城市群靠拢，整个长江中游城市群没有形成统一的凝聚力，更无法形成稳健衔接上下游的中坚力量。

从以上的分析可得，长江流域城市群经济关联的空间网络结构呈现出打破行政地域束缚，团体划分逐渐清晰，团体内部联系逐渐紧密，团体直接关联逐渐增强的态势；长江上游城市群加强经济关联的积极性很强，中游城市群之间的联系较为稀疏并存在一定程度的脱节现象；下游城市群则发挥了很强的经济带动作用，与中西部的部分城市建立了较强的经济关联。

二 江西省城市等级规模结构不完善

城市体系是由一定地域范围内相互关联的、起不同职能作用的、不同等级的城市所组成的，因而具有一定的规模结构（鲍世行，1993）。对城市体系问题的分析，不仅要关注区域之间的发展状况，也要重视自身内部城市的集合状态和规模。研究城市规模分布是一项基础性的工作，它对于合理制定城市发展的方针政策具有十分重要的指导意义（朱顺娟、郑伯红，2014）。对江西省的城市体系发展而言，若想要在建设长江经济带的国家战略背景下充分有效地融入长江经济带，那么省内的城市规模需要达到一定的体量，结构也需尽量合理和空间有序化，如此才能使省内城市间联系逐渐紧密，共同对江西省的发展产生正向作用，提升经济体量，从而具备融入的能力和融入的承载力。本节内容将对江西省的城市等级规模结构现状进行分析。

2014年11月20日，国务院印发了《关于调整城市规模划分标准的通知》，对原有城市规模划分标准进行了调整，明确了新的城市规模划分标准。新的城市规模划分标准以城区常住人口为统计口径，将城市划分为五类七档：城区常住人口50万人以下的城市为小城市，其中20万人以上、50万人以下的城市为Ⅰ型小城市，20万人以下的城市为Ⅱ型小城市；城区常住人口50万人以上、100万人以下的城市为中等城市；城区常住人口100万人以上、500万人以下的城市为大城市，其中300万人以上、500万人以下的城市为Ⅰ型大城市，100万人以上、300万人以下的城市为Ⅱ型大城市；城区常住人口500万人以上、1000万人以下的城市为特大城市；城区常住人口1000万人以上的城市为超大城市。

江西省地处长江中游，经济结构和发展水平与中部其他省份类似，具有更大的可比性，因而根据我国划分城市人口规模级别的现行标准，在可获取的数据中截取了2006年、2010年和2012年数据，将位于长江经济带中游省份的地级和县级城市按城区人口进行分级，在分析中使用城区人口作为城市规模的特征量，对长江中游的城市规模进行描述，从而得出其城市群规模级别结构，数据来源于《中国城市建设统计年鉴》。

研究期内江西省城市体系的规模结构以小城市为主，其中Ⅰ型小城市个数逐渐增加，Ⅱ型小城市则相应减少；Ⅱ型大城市始终只有南昌市一个，且城市是向上发展的，与2006年相比，截至2010年有2个（南康市和樟树市）Ⅱ型小城市发展为Ⅰ型小城市，2010~2012年又新增2个中等城市（赣州市和抚州市）。从城区人口数量来看，仅有的Ⅱ型大城市南昌的城区人口约占全省城区人口的1/4，中等城市平均每个城市的城区人口约是Ⅰ型小城市的1.8倍，平均每个Ⅰ型小城市的城区人口则约是Ⅱ型小城市的3.2倍，Ⅱ型小城市个数偏少，平均的城区人口规模也较小。

再与位于长江经济带中部的其他三个省份相比，江西省的城区人口规模与安徽省接近，与湖南尤其是湖北省有较大的差距。湖北和湖南均有城区人口规模超过300万人的Ⅰ型大城市，江西和安徽则只有Ⅱ型大城市，而且安徽的Ⅱ型大城市城区人口数始终超过江西省。在各类型城市数量的比例方面，江西省表现出一城独大，中间城市缺位的情况。2006~2012年，Ⅰ型小城市占比由45.5%上升到54.5%，Ⅱ型小城市由45.5%下降至27.3%，虽然小城市有上升的发展趋势，但截至2012年，小城市总体还是占了81.8%；相应的只有1个Ⅱ型大城市，所占比例很低，小城市的数量过多，两者之间只有3个中等城市连接，中间缺位的现象十分明显。

第四节 沿江开放开发短板效应凸显

作为全球第二大经济体和贸易体，中国经济的动向牵动着世界的神经。自党的十一届三中全会拉开改革开放的大幕以来，中国对扩大开放的探索就从未停止。从1979年试点深圳、珠海、汕头、厦门经济特区，到1992年沿边、沿江、内陆省会城市的全面开放，再到2001年中国正式加入世界贸易组织——在从政策性试点到制度性融合的过程中，中国形成了全方位、高层次的开放格局。但自2008年国际金融危机以来，随着人民币汇率的升值、劳动力成本的提高、贸易保护泛滥、欧美重启再工业化，中国以取消关税壁垒、扩大加工出口为核心的原有开放模式红利将尽，培育新的"开放高地"成为当下的迫切需求。

在全球产业重新布局的机遇下，推动内陆贸易、投资和技术创新协调发展是必然的趋势。长江经济带贯穿东、中、西部，拥有丰富的水运资源，沿江开放开发能够实现区域的整合，能够支持内陆城市的水运航道交通流通，沿边沿海的通关协作也有利于经济的带动式发展。2013年11月，党的十八届三中全会通过的《中共中央关于全面深化改革若干重大问题的决定》指出，要扩大内陆沿边开放。加快沿边开放步伐，允许沿边重点口岸、边境城市、经济合作区在人员往来、加工物流、旅游等方面实行特殊方式和政策。建立开发性金融机构，加快同周边国家和区域基础设施互联互通建设，推进丝绸之路经济带、海上丝绸之路建设，形成全方位开放的新格局。

一 长江经济带沿江开放开发已蓄势待发

长江江阔水深，是我国南方的交通大动脉，是我国国土空间开发的最重要的东西轴线。依托长江黄金水道，推动长江经济带发展，打造中国经济新支撑带，是党中央、国务院做出的重大战略部署。在这一战略机遇下，长江沿江各省市均强力推进新一轮的开放开发，并且其布局、分工和发展已连接成一体，极具潜力。目前虽大部分处于筹备和建设阶段，但其在未来必将迸发出巨大经济活力，带动区域蓬勃发展。

（一）中国（上海）自由贸易试验区

长三角是我国的发达地区，地处长江流域下游，在长江流域城市群发展与中国经济新支撑带建设中要发挥带头作用，在沿江开放开发上也是勇于改革创新、率先走在前列的。2013年9月，中国（上海）自由贸易试验区正式挂牌，近期，上海自贸区又由原先的28.78平方千米扩至120.72平方千米，金桥、张江和陆家嘴地区被纳入自贸区范围。这块被寄予厚望的改革开放"试验田"，以负面清单管理模式和准入前国民待遇为亮点，致力于加快政府职能转变、扩大投资领域开放、推动贸易转型升级、深化金融领域开放创新。与此前深圳和浦东利用税收土地等政策吸引外资不同，试验区通过系统性改革放宽限制、释放空间，构建起一个相对自由的平台。从这个角度来说，中国的开放模式开始了由"授惠激励"向"改革激励"的实质性升级。

作为涉外经济体制改革的重要突破口，试验区通过在局部率先突破改革阻力，如推行人民币资本项目下可兑换、推动金融服务业对符合条件的民营资本和外资金融机构全面开放等，为全国积累了扩大服务业开放、推动政府管理从审批制向备案制转变的经验和信心。

（二）港口航运规划布局合理

2014年6月11日，国务院总理李克强主持召开国务院常务会议，部署建设综合立体交通走廊打造长江经济带，提出要发挥黄金水道的独特优势，建设长江经济带。同年9月25日，国务院全文发布了《国务院关于依托黄金水道推动长江经济带发展的指导意见》（以下简称《指导意见》）。

《指导意见》要求提升长江黄金水道功能，加快推进长江干线航道系统治理，整治浚深下游航道，有效缓解中上游瓶颈，改善支流通航条件，优化港口功能布局，加强集疏运体系建设，发展江海联运和干支直达运输，打造畅通、高效、平安、绿色的黄金水道。要促进港口合理布局，加强分工合作，推进专业化、规模化和现代化建设，大力发展现代航运服务业。加快上海国际航运中心、武汉长江中游航运中心、重庆长江上游航运中心和南京区域性航运物流中心建设。

在优化港口布局上,加快上海国际航运中心、武汉长江中游航运中心、重庆长江上游航运中心和南京区域性航运物流中心建设。提升上海港、宁波-舟山港、江苏沿江港口功能,加快芜湖、马鞍山、安庆、九江、黄石、荆州、宜昌、岳阳、泸州、宜宾等港口建设,完善集装箱、大宗散货、汽车滚装及江海中转运输系统。

(三) 综合立体交通规划成型

2014年9月25日,国务院与《指导意见》一起全文发布了《长江经济带综合立体交通走廊规划(2014~2020年)》,关于综合立体交通方面有多方部署。

建设综合立体交通走廊方面,统筹铁路、公路、航空、管道建设,加强各种运输方式的衔接和综合交通枢纽建设,加快多式联运发展。

铁路建设上,建设上海经南京、合肥、武汉、重庆至成都的沿江高速铁路和上海经杭州、南昌、长沙、贵阳至昆明的沪昆高速铁路,连通南北高速铁路和快速铁路,形成覆盖50万人口以上城市的快速铁路网。改扩建沿江大能力普通铁路,规划建设衢州至丽江铁路,提升沪昆铁路既有运能,形成覆盖20万人口以上城市客货共线的普通铁路网。

公路建设上,以上海至成都、上海至重庆、上海至昆明、杭州至瑞丽等国家高速公路为重点,建成连通重点区域、中心城市、主要港口和重要边境口岸的高速公路网络。提高国省干线公路技术等级和安全服务水平,普通国道二级及以上公路比重达到80%以上。加快县乡连通路、资源开发路、旅游景区路、山区扶贫路建设,实现具备条件的乡镇、建制村通沥青(混凝土)路。

航空建设上,加快上海国际航空枢纽建设,强化重庆、成都、昆明、贵阳、长沙、武汉、南京、杭州等机场的区域枢纽功能,发挥南昌、合肥、宁波、无锡等干线机场作用,推进支线机场建设,形成长江上、中、下游机场群。完善航线网络,提高主要城市间航班密度,增加国际运输航线。深化空域管理改革,大力发展通用航空,依托空港资源,发展临空经济。

二 江西省的沿江岸线短，开放开发的空间约束显现

水运具有便捷、成本低、运量大等特点，九江市拥有江西省境内唯一的152千米长江岸线，是江西省唯一的通江达海港口城市，各类资源丰富，具有独特的区位优势，是江西省推进沿江开放开发战略的主要载体。2012年省委、省政府做出深入推进沿江开放开发的重大决策，把沿江开放开发上升为省级战略。至今，九江的沿江开放开发发展目标已经明确，力争用5~10年时间，把沿江地区打造成鄱阳湖生态经济区建设新引擎、中部地区先进制造业基地、长江中游航运枢纽和国际化门户、全省区域合作创新示范区；力争九江沿江地区5年后生产总值达到2000亿元，10年后达到4000亿元；力争九江沿江地区5年后工业主营业务收入达到6000亿元，10年后达到15000亿元；力争5年后九江中心城区人口超百万人，10年后达到120万人。

（一）江西沿江开放开发进展

在策应长江经济带国家发展战略、沿江大开发战略中，瑞昌市定位为致力于打造成为东部沿海地区产业梯度转移的承接产业基地、沿江开发和昌九一体化板块中的现代制造业基地、长江入赣的重要港口物流集散基地，努力建成鄱阳湖生态经济区中等城市。瑞昌的长江岸线总长19.5千米，已利用岸线6.9千米，共有各类码头35个、各种泊位47个。在项目引领、港口带动、招商推进上做出很多成绩。项目引领方面，重大工业项目总投资达到420亿元，大力推进理文造纸和理文化工、氟化工和盐化工、20万吨铜冶炼三个百亿企业项目建设；港口建设方面，瑞昌是继南昌、九江之后第三个拥有集装箱运输的港口城市；招商推进方面，瑞昌瞄准大运量、大用水量，大进大出的重化工业，积极主动融入央企、民企、外企的落户，着力引进大企业。

庐山区拥有15千米长的沿江岸线，其中适宜建设码头的深水岸线4千米，在沿江开放开发的战略中紧紧围绕"决战两大平台，促进三区互动，加快城乡一体，建设经济强区"的总体目标，以鄱阳湖生态经济区建设为契机，以沿江开放开发为龙头，大力开展招大引强，强力推进开放型经济发

展。目前庐山区的城东港区已初步形成绿色产业、化纤纺织、玻纤建材、机械电子、石油化工五大产业集群发展的格局。

彭泽县沿江自然岸线长达46.54千米，占全省的1/3，彭泽自上而下布置了红光、彭浪矶和矶山3个作业区，其定位是努力打造成鄱阳湖生态经济区连接皖江城市带水路交通枢纽的区域性中心城市、滨江港口工贸重镇和山水宜居新城，建成赣北地区重要的物流中心、低碳能源基地和化工基地。目前彭泽纺织服装产业保持稳步发展，打造赣北棉纺城已显成效；精细化工产业发展势头强劲；建材矿产产业发展步伐加快；现代制造业产业形成初步规模。

湖口拥有24千米沿江岸线，其中适宜建港岸线17千米左右。湖口县工业已初步形成了5大支柱产业，分别是以九江萍钢钢铁有限公司为龙头的钢铁产业，以同方江新造船有限公司、江西华东船业有限公司及九江船厂有限公司为龙头的船舶制造业，以龙达（江西）差别化化学纤维有限公司、江西晨光新材料有限公司、九江天赐高新材料有限公司、九江力山环保科技有限公司为龙头的化工产业，以江西铜业铅锌金属有限公司和江西攀森新材料有限公司为龙头的有色金属冶炼产业和以神华集团江西国华煤炭储备（中转）发电一体化工程项目和九江绿洲能源科技有限公司为龙头的新能源产业。其城市定位是建设成为鄱阳湖生态经济区和长江中游的重要临港产业基地、九江都市区东翼副中心、鄱阳湖山水旅游城市。

（二）突出的短板效应

九江沿江地区的迅速发展，沿江开放开发对当地企业会产生积极效应，给企业带来更大的发展空间，仅2013年，沿江区域签约项目就达235个，总投资1512.5亿元，其中实施投资亿元以上重大产业项目128个，总投资1330.69亿元，累计已完成投资558.46亿元。

但繁荣背后也存在隐患与危机，目前突出的矛盾是，仅152千米的长江沿岸线遍布工业园区，给水环境造成了巨大的压力。图4-17将岸线上的主要园区标识出来，可以看到，长江水由湖北省自西向东流入江西省内，中间与鄱阳湖水汇聚后途经湖口县和彭泽县流入下游的安徽省，沿江的各县市都布满了工业园区，其中有不少是排污严重的重化工业。左起瑞昌市的产业带内有香港理文化工、香港理文造纸和亚东水泥，是污染企业；接着有九江县赤码板块的码头工业城，且建有污染严重的皮革业；再往下游是九江市范围，分布了九江市第四水厂（已获批建设），城西港区和河西水厂构成了城西板块，紧接着的是城东板块，分布有河东水厂、城东工业园区和九江石化总厂；上游水流在与鄱阳湖水融合后经湖口县流往下游，而湖口县的金沙湾工业园区内有钢铁、冶金、造船、制药等重化工企业；长江岸线的末端是彭泽县，其中有彭泽化工园区，是九江市打造的澎湖板块。如此密集的工业园区分布，必然导致河段水质的下降，会影响下游的水环境和水生态安全。而这其中最直接的莫过于对居民生活用水的影响，例如九江市的湖口县金沙湾工业园区曾经被评为生态示范园区。生活用水对水质的要求较高，为了满足生活用水要求，自来水厂要增加水质的处理成本，部分对用水水质有要求的企业也相应地增加了处理开支（吕兰军，2014）。

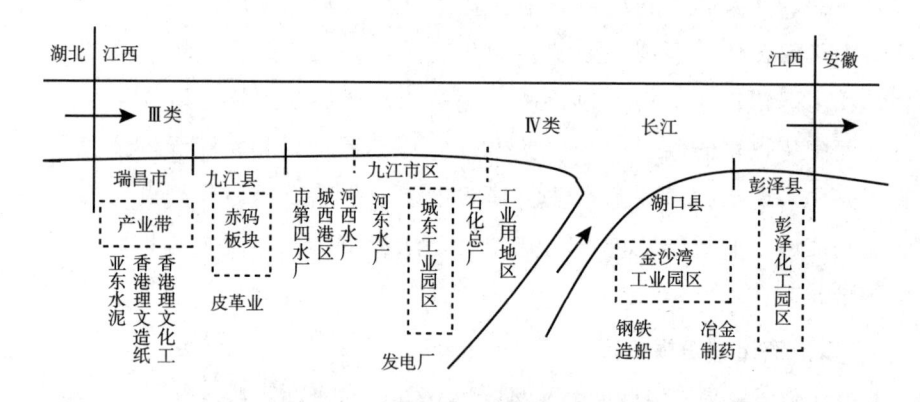

图 4-17　江西境内长江岸线工业布局

值得一提的是，除了环境污染外，用地指标、土地资源不足的问题也是沿江开放开发中的一大困境。瑞昌市 2014 年新增建设用地指标仅 550 亩，而随着沿江开放开发的深入推进，一批重大项目纷纷落户，急需用地指标 1000 多亩，已有指标远远满足不了用地需求。庐山区由于近几年城乡一体化和沿江开放开发的推进，工业和城镇建设项目大量落户庐山区，使得用地量快速增加。近几年庐山区平均年用地量都在 4000 亩以上，使得新增用地规模和耕地保有量基本上达到用地极限。湖口县用地矛盾较为突出，此前发生过对耕地未批先征、未征先占的违规操作，导致其中一些土地因没有项目落户被连年抛荒，宝贵的耕地资源被极大浪费，而目前金沙湾工业园区土地已基本用完，严重制约园区的扩大发展。

　　在中部地区，湖北省内长江岸线长 1583.5 千米，安徽省拥有长江岸线 777.3 千米，湖南省为 163 千米，最短的便是江西省仅 152 千米。江西省的长江岸线太短，而沿江的产业又以重工业为主，产生大量污染，导致水质下降，严重阻碍长期的开放开发。牺牲生态环境，违背国家政策，损害群众利益，以这些代价换取的经济增长不能长久，也得不偿失。因此，江西省的沿江开放开发要拓展长江岸线，但一定要在国家土地规划与政策之下进行拓展，严禁建设用地的未批先征。要加强水文监测和分析，并引入第三方认证机构进行水资源论证报告，进行产业重构，拒绝再引入重污染企业，将重工业移至相应的Ⅳ类水功能分区内，有限制地发展。要按照"开发与保护并重、工业与物流并重、强工与兴城并重"的原则，完善沿江发展布局，推进重大项目建设，提升集约开发水平，加大政策支持力度，强化组织机制保障，统筹推进沿江大开发。

第五章
江西省新型城镇化融入长江经济带的原则与思路

长江经济带开发是继沿海经济开发战略后所做出的又一重大战略决策，此经济带拥有我国最广阔的腹地和发展空间，是推动我国区域协调发展的重要支撑，经济增长潜力巨大，为中国经济持续发展提供着重要力量。地处中部的江西省要把握历史机遇，在已有的基础上，克服所面临的短板障碍，积极融入长江经济带，才能保障中部地区的发展实力均衡，从而承接东西部、挺进长江经济带建设，使长江经济带成为充满活力的中国经济新支撑带。江西新型城镇化融入长江经济带需要遵循逐步提升、产业融入和城市与沿江开发的原则，在短期和长期的融入思路指导下来实现这一目标。

第一节 融入的原则

一 逐步提升

江西新型城镇化融入长江经济带是一个循序渐进的过程，并非一蹴而就，在这一融入的过程中首要的是需遵循逐步提升的原则。

在经济社会的综合发展上，鄱阳湖生态经济区要继续优化布局，推进昌九一体化进程，带动周边县域经济发展，不断提升鄱阳湖生态经济区的经济实力,从而使江西省逐步摆脱经济社会发展水平落后不均衡的地位。

在区位空间的优化上,一方面应积极规划高铁路线,加快构建发达完善的铁路网络,加强交通运输设施投入,充分利用并合理配置省内运输资源,逐步实现江西省内交通运输一体化,改变江西铁路运输发展的滞后现状。另一方面要基于省内潜力巨大的农业市场、旅游业和发展空间巨大的物流业,大力开拓开发电子商务市场,逐步改变江西省电子商务规模小、不活跃的现状。

在城市体系的发展上,要积极与武汉城市圈、长株潭城市群和皖江经济带相互融合,推动长江中游城市群规划;加强南昌、武汉、长沙和合肥四个省会城市之间的沟通合作,同时主动创造与长江经济带下游地区的接触,发展良好的经济关联。在城市规模方面,江西省要逐步加强对中间规模城市的培育,补充中间城市力量,以改变南昌一城独大、缺乏中等规模城市连接支撑的现状。

在沿江开放开发内容上,加大九江港口的建设力度,明晰港口功能以迅速对接上海、武汉和重庆航运中心;优化沿江工业企业布局,治理水质污染,保证在沿江开放开发的同时不以牺牲环境为代价。

二 产业融入

长江经济带横跨我国东、中、西部,产业的融合与转移是首要考虑的问题。东部地区面临着产业转型问题,传统产业劳动力成本越来越高,企业利润越来越少,需要加速转型和产业升级。长江经济带依托这种产业转移,把东部的制造业基地向中部、西部转移,让东部有更多的土地、资金、政策来做高端制造业、研发等更具竞争力的产业。

江西要在充分发挥本省区位优势和资源优势的基础上,推动长江城市群的产业分工与合作。打破行政区划的限制,消除行政壁垒和地方保护主义,推动资金、人才、技术等要素的自由流动,引导人口和产业合理集聚转移。应尽快推进组织编制长江中游城市群规划,积极寻求与其他省份的合作沟通,倡导建立高效的合作共赢机制。江西要狠抓宏观规划和产业布局,调动地方的积极性和能动性，争取更多地融入长三角的产业转移，激发企业活力，使之有机会做大做强。

三　城市与沿江开发

以大城市为中心，主要是以南昌为中心拉动环鄱阳湖城市群的建设。具体来说，无论是在城市建设、产业招商，还是在区域空间等领域，均需在省级层面做好顶层设计，改变仅靠南昌一己之力打造南昌的旧思维，应站在全省的高度上和需求上，大胆先行先试，加快推进昌九一体化，使周边城市资源向南昌聚集，迅速使南昌占全省经济比重增至1/3以上，从而发挥城市群对经济的拉动作用，加强城市群内城市的合作机制，整合资源和人力。

要构建互联互通的区域基础设施网络，让江西的交通网络和信息网络融入长江经济带。当前，要着力推进交通、信息、水利和能源等基础设施建设一体化，解决好沿江经济区基础设施的对接和融合，合力构建长江中游城市群互联互通的区域基础设施网络，尤其是一体化的区域综合交通网络。

第二节　融入的思路之一：短期大力推进昌九一体化

2014年9月29日，省政府发布《昌九一体化规划2013~2020》，提出昌九一体化战略定位为：全省发展升级引领区、中部地区崛起的重要增长极、长江经济带开放开发重要支点、体制机制改革创新先行区。空间布局为：构建"一纵两横"战略格局，培育两个都市区，打造两大战略发展支点，共建生态"双肺"。2020年，昌九地区生产总值占全省40%以上，昌九城镇群城镇化率达到68%。昌九一体化后，将加强与武汉城市圈、长株潭城市群联动协作，提升基础设施共建共享水平，促进产业互补和错位发展，推进公共服务资源共享，共同推进长江中游城市群一体化发展，建成长江经济带的重要支撑。

一 推进基础设施和公共服务一体化

自江西省委、省政府做出昌九一体化决策以后，南昌市、九江市及省直有关部门已经在基础设施一体化、公共服务一体化以及建设机制创新上取得了重要进展，规划和实施了一批项目。如建设昌九大道、福银高速昌九段"四改八"，推进两城公共交通同城化、通信同城化、金融同城化、医疗及社会保障同城化，逐步推进文化、教育、旅游同城化等。

（一）改善基础设施建设水平参差不齐状况

昌九一体化中非常重要的一个内容便是基础设施建设的一体整合，为响应江西省委"做强南昌、做大九江、昌九一体、龙头昂起"的战略部署，九江至南昌规划建设轻型轨道交通项目，并拟采取一体化建设模式对社会资本开放。此外，南昌地铁建设也对社会资本开放。根据南昌打造核心增长极的要求，南昌市优选首批23项重大重点项目对社会资本开放，拟引进社会资本约407亿元，包括基础设施项目19项，公共服务领域项目4项。其中，南昌地铁3号线一期工程、地铁4号线、地铁1号线延伸工程、地铁2号线延伸工程、地铁1号线配套工程将向社会资本开放。

在建的或已规划即将投建的基础设施是保障昌九一体化顺利进行的重要基础，在这一过程中要注重各地基础设施建设的有效对接，如果建设水平参差不齐，必然会降低整体的运行服务效率。

（二）打破行政壁垒促进互联共通

南昌和九江两市分属不同的行政区划，虽被纳入昌九一体化规划执行，但是两市间仍存在一定的行政壁垒，并且过去对经济资源的竞争行为也无法立刻做到完全的摒弃。例如，按照规划和生态保护要求，需要优化产业布局，可能需要将九江沿江的重工企业迁走，而这不符合九江市的经济利益需要，势必会遭遇阻力；另外，从发展大局考虑，南昌可能需要挪用九江的某些资源，由于行政壁垒的存在，这一过程也不可能一帆风顺。

鉴于此，昌九一体化的推进过程中是亟须打破行政壁垒，积极促进两市的互联共通,争取在统一的行政架构下构建共同的利益保障机制,如此才能保证政策的有效执行和实施,提高运行的效率。

二 解决发展主体一体化、协调机制内生化问题

由于南昌市和九江市在发展基础、产业结构、空间布局以及区位与环境条件等方面,都存在诸多不同和差异,特别是还存在二级、三级至多级发展主体,体制机制的衔接协调较为复杂。这使得两市在发展重点、结构布局、发展步骤等环节上仍然可能存在与昌九一体化不一致或相矛盾的地方;而非一体、非内生和多层级的协调体制机制,则可能影响昌九一体化进程中具体事务的决策和实施效率。

(一) 打破产业同构现状,促进产业互补对接

南昌和九江之间产业相似系数很高,在昌九高速沿线的各地区,存在着很严重的产业同质化现象。如不解决,产业无法形成上下游的联动机制,从而无法构建昌九一体化。要遵循现代产业发展和分工规律,加强昌九产业统筹布局和分工协作,形成区域间产业合理分布和上下游联动机制,促进产业集群集约和创新驱动发展,构建具有国内比较优势的产业基地,加快形成现代产业体系。南昌临空经济区和共青城先导区要打造成昌九一体化的战略支点。江西还将充分借鉴中国(上海)自由贸易试验区经验,申报设立昌九自贸区,推动江西新一轮开放升级和产业升级。

(二) 城镇发展联动协作

《昌九一体化发展规划》中提出要按照新型城镇化的要求,构建层次分明、分工合理的昌九城镇协调发展格局。强化昌九、沿江和沪昆等重点轴线的沟通和联动功能,促进轴线城镇联动发展。以昌九城镇群辐射带动鄱阳湖生态城市群发展,共同参与长江中游城市群和长江经济带建设。

(三) 促进要素流通

要素的流通是促进经济社会发展的一个重要方面,推进昌九一体化,是为了实现昌九两地发展要素的自由流通。2013年8月,江西省商务厅出台的30条支持昌九一体化的具体措施中,包括推进昌九商贸流通、对外贸易、

口岸服务一体化建设；促进昌九产业联合招商，资源共享；统筹昌九城乡市场一体化，推进大型商贸流通企业连锁发展、农产品批发市场产销对接；加强南昌港、九江港联动发展等。这些措施有助于要素的交流互补，在推进昌九一体化的进程中，要继续依靠市场力量，政府则从中积极引导，通过改革打破行政壁垒，促进要素的流通和资源的整合。

（四）协调经济社会管理

新型城镇化是"以人为本"的城镇化，经济社会的协调发展是新型城镇化的重点要求。昌九一体化作为江西新型城镇化短期融入长江经济带的方式之一，要在社会保障、医疗保障、教育资源分享等方面继续出台政策和措施，并在协调管理上加大力度，以促进经济社会的协调发展。

南昌、九江两市社会保险参保基础较好，约占全省社会保险参保总量的1/3。2013年底南昌和九江已实现异地就医双向互通，基本实现了就医同城化。下一步，要本着方便参保群众、简化经办流程、提高经办效率的原则，加快推动两地社保政策统一和待遇均衡，建立两地一致的信息管理系统，实现信息共享。

2014年1月3日，江西省出台《昌九卫生事业一体化专项方案》，按此方案，在昌九两地实现规划一体化、新型农村合作医疗一体化、公共卫生服务体系建设一体化、医疗卫生服务体系一体化和卫生信息一体化的"五个一体化"，逐步建立起覆盖昌九城乡的医疗卫生服务体系，全面提升卫生综合服务能力。

要加强教育领域的合作，推进两市教育资源的共享共建。2013年12月24日，省教育厅印发了《江西省教育厅关于支持共青城市教育发展的意见》，明确提出，支持共青城大学城建设，支持江西省内高校的独立学院整合办学资源，入驻共青城大学城办学。鼓励高校到共青城市设立科研、实训基地，提升高等教育服务共青城市经济社会发展的能力。共青城市将重点规划建设10万平方千米的大学城，力争3～5年中入驻15所高校。

三 创建昌九新区

为打破行政壁垒，使昌九一体化顺畅推进，在南昌、九江中心城区相向地区划出一定区域范围，设立一个新的经济发展区，作为该区域范围上的经济发展主体，直接隶属省政府，行使省级政府经济发展权限，对该区域发展规划、基础设施建设，产业布局与调整、对外开放、城镇化布局与调整，公共服务、生态建设等进行统一管理决策、实施与调控，即创建昌九新区。其基本意义在于为昌九相向地区建立一个相对独立的发展主体，采用更加开放的、富于创新活力的体制机制，并使其多层次发展事务的协调机制内生化，从而为昌九一体化建造一个高层次、高效率的操作平台。

昌九新区是契合国家长江经济带发展战略的，也是江西经济发展最好的区域，在创建昌九新区的过程中，要抱着勇于先行先试、不畏艰难的态度，边申请边建设，依托南昌经济技术开发区、共青先导区、永修和德安县城等区域，打造一个产城融合、城乡一体、生态宜居、绿色低碳的现代化滨湖临江新城。

在创建昌九新区的过程中，首先，对昌九新区在建设范围、管理体制和协调机制等问题上进行深入研究并划定范围和制定试行的体制机制。其次，建设昌九新区的过程中还需要处理好昌九新区与南昌市、九江市的关系，处理好新区开发区与县乡镇的关系，处理好新区开放发展与深化体制改革的关系，处理好新区产业发展与城镇化建设的关系。

第三节 融入的思路之二：长期建设赣鄱流域经济带

一 将赣鄱流域纳入长江黄金水道建设体系

2014年9月25日国务院颁布《国务院关于依托黄金水道推动长江经济带发展的指导意见》（以下简称《指导意见》），明确提出了要改善赣江等支流通航条件，加快九江等港口建设。因此，江西省应将赣鄱流域的发展积极纳入到长江黄金水道建设体系，以提高对外开放水平。为此，可以从如下四个方面着手。

（一）进一步改善赣鄱流域通航条件

由南至北纵贯江西全境的赣江是江西省最大的河流，同时是长江的第七大支流，而水量则位居第四位，平均年径流量更是超过黄河。鄱阳湖是我国最大的淡水湖，也是我国第二大湖泊。经过多年治理与开发，目前赣江干流航道从赣州市至吴城长525.4千米，可常年通行100～300吨的轮驳船队和客船。赣江流域通航河流和航线合计32条，通航总里程为2565千米。但总的来说，赣江的航道等级还需提高，目前三级航道只到樟树，同时受河流水量季节变化影响明显。因此，需要进一步改善赣江的航运条件，高等级航道整治工程，提高航道技术等级，改善通航条件，重点建设赣江永泰航电枢纽等项目，建立联系紧密、运行高效、环境优良的生态水运体系，从而充分发挥赣鄱流域内河水运在全省乃至在长江流域社会经济发展中的作用。

（二）完善九江、南昌等港口建设

港口是水陆交通的集结点和枢纽，工农业产品和外贸进出口物资的集散地。《指导意见》也提到应优化港口功能布局，推进专业化、规模化和现代化建设，大力发展现代航运服务业。因而，为了形成联系紧密、运行高效、通江达海的内河运输体系，应建设九江、南昌港口枢纽及鹰潭等其他重要港口，完善重要港口疏港通道和其他配套设施，形成集装箱、大宗散货、汽车滚装及江海中转运输系统。同时，应强化港口集疏运服务功能，提升货物中转能力和效率，并推进港口与沿江开发区、物流园区的通道建设，拓展港口运输服务的辐射范围。例如，九江港应重点建设城西港区、湖口港区，南昌港则可以重点建设国际集装箱码头扩能工程、龙头岗综合码头、樵舍港区、昌东港区。此外，还应加快九江港和南昌港这两个国家级港口的一体化进程。

（三）强化赣鄱流域水利安全保障

统筹兼顾赣鄱流域的防洪与抗旱、生产与生活、开发与保护、当前与长远，把水利作为基础设施建设的优先领域，建立水利投入稳定增长机制，实行严格的水资源管理制度，突出加强薄弱环节建设，大力发展民生水利，加快构建调控有力、配置合理的现代化水利保障体系，确保防洪安全、饮水安全、粮食安全和生态安全。应抓紧建设一批流域防洪控制性水利枢纽工程，不断提高调蓄洪水能力，加强防洪抗旱非工程措施建设，建立洪水风险管理体系。同时，加强城乡水资源统一管理，对城乡供水、水资源综合利用、水环境治理和防洪排涝等实行统筹规划、协调实施，促进水资源优化配置。

（四）加快船舶、汽车等传统交通运输产业升级

充分利用长江"黄金水道"和鄱阳湖水域条件，建设船舶制造基地，发展船用配套工业，拓展船舶产品领域。应充分发挥江西船舶工业现有中小船舶制造的基础优势，做精做强2万吨以下船舶产品，重点发展多用途散货船、1000标箱集装船、化学品船、成品油船、中高档游艇、赛艇等技术含量与附加值高的船舶产品。同时，推进汽车行业配套零部件的发展，进一步做大做强节能高效发动机、传动系统、悬挂系统等零部件产业，并支持江铃轻型载货车、皮卡、陆风SUV车升级换代，加快昌河节能小排量系列车型开发生产。

二　围绕交通线路开发新的城市带与产业集群

同时，《指导意见》提出要培育发展作为引领中部地区崛起核心增长极的长江中游城市群，增强南昌作为我国中部中心城市的功能，促进南昌、九江一体化和赣西城镇带发展。为此，江西省要以鄱阳湖为核心，以沪昆和京九线为主轴，密切中心城市和沿线城镇之间的联系与协作，加快发展鄱阳湖生态城市群，着力培育以信江河谷城镇群、赣西城镇群为重点的沿沪昆线城镇密集带和以吉泰城镇群、赣南城镇群为重点的沿京九线城镇密集带。

（一）健全交通运输体系

《指导意见》提出加强各种运输方式的衔接和综合交通枢纽建设，加快多式联运发展，建成安全便捷、绿色低碳的综合立体交通走廊。为此，江西应推进陆、水、空各种交通方式一体化协调发展，形成连接南北、沟通东西的综合运输通道格局，构建高效便捷的综合交通运输体系。具体而言，除了前文提及的水运建设外，还应完善联港出海、连接东西、贯通南北、安全便捷的铁路通道网络，尽快建成"两纵三横"高速铁路网；应加快高速公路网建设，实施高速公路扩容扩建等工程，构建以"三纵四横"为主骨架的高速公路网；应逐步形成以南昌国际航空港为龙头的"一干七支"的机场布局，加快机场配套保障能力建设，探索建立航空旅游等多元服务的通用航空作业体系。

（二）形成具有区域特色的产业集群

赣鄱流域应以产业链条为纽带，以产业园区为载体，培育一批专业特色鲜明、品牌形象突出、服务平台完备的产业集群，比如南昌 LED 产业城、赣州钨和稀土产业基地、宜春锂电新能源产业基地、吉安风能核能及节能技术产业基地、上饶光学精密仪器生产基地、萍乡工业陶瓷产业基地、景德镇陶瓷科技城、新余国家新能源科技城等。具体而言，南昌、九江、景德镇等赣北鄱阳湖周边地区可以重点发展汽车、航空、陶瓷、建材、食品加工、生物和新医药等产业；新余、宜春、萍乡等赣西地区应重点发展冶金、光伏、锂电、医药、纺织服装、竹木加工、烟花爆竹、食品加工等产业；赣州、吉安、抚州等赣中南地区重点发展稀有金属加工、电子信息、通信终端、生物制药、食品加工、纺织服装、新能源、化工建材和机械制造等产业；上饶、鹰潭等赣东北地区重点发展铜材加工、建材、中医药、绿色照明、光学、水工等产业。

（三）带动县域中心城镇的发展

县域中心城市与重点乡镇是连接城市与农村社会经济的重要纽带，而《指导意见》也提到应创新城镇化发展体制机制，优化城镇化布局和形态。为此，江西省应强化县城的中心聚集能力，完善市政功能，促进人口集聚，逐步形成一批规模适度、设施配套、经济发展、环境优美、各具特色的新型中小城市。同时，因地制宜地发展特色"块状经济"，提升县域产业竞争力。创新融资手段，鼓励和引导各类资金加大对县域发展的投入。大力实施示范镇建设工程，充分发挥其对全省小城镇建设的引领、带动作用。进一步扩大县、乡两级的经济管理权限，增强经济发展活力、行政协调能力和城乡统筹实力。具体而言，应推进沪昆、京九、向莆、厦蓉等主要交通走廊沿线及两侧县（市）域中心城市与乡镇的提升与发展。同时，大力扶持农林业大县的县（市）域中心城市，促进深山地区、重大水源涵养区县城县（市）域中心城市的绿色发展。此外，促进旅游型、交通节点型县（市）域中心城市的特色发展。

（四）提升科技创新能力

《指导意见》指出创新驱动主要产业转型升级的动力。为此，江西应坚持自主创新、重点跨越、支撑发展、引领未来的方针，把科技进步和创新作为转变经济发展方式的重要支撑，推进科技成果向现实生产力转化。加快建立以企业为主体、以市场为导向、产学研结合，涵盖科技创新、传播和应用全过程的技术创新体系。围绕发展战略性新兴产业，选择一批具有较强带动作用和战略影响的重大产业开展集中技术攻关，力争在光伏、风能核能、民用航空、新动力汽车、半导体照明等领域实现突破。另外，还应按照优先发展、育人为本、改革创新、促进公平、提高质量的要求，推动各级各类教育全面发展，并建立健全多层次人才培养培训体系，加大现有人才的培养和再教育力度。

三 加大对赣鄱流域综合开发的支持力度

《指导意见》提出长江经济带应建设绿色生态廊道，并创新区域协调发展体制机制。鄱阳湖生态经济区作为江西首个纳入国家战略的区域性发展规划，国家将其定位为世界性生态文明与经济社会发展协调统一、人与自然和谐相处的生态经济示范区和中国低碳经济发展先行区。以此平台与长江经济带这两个国家战略为契机，江西应加快对赣鄱流域的综合开发。

（一）强化赣鄱流域生态保护与恢复

以鄱阳湖湿地为核心，以国家级、省级湿地保护区和湿地公园为重点，采取自然修复与工程治理相结合的方式，加强湿地生态系统的保护和恢复。继续实施山江湖工程，推进可持续发展实验区建设。同时，统筹赣鄱流域的生态建设和环境保护，开展生态补偿试点，实施长江暨鄱阳湖流域源头水资源保护工程，控制水库水体养殖污染，切实保护"一湖清水"。开展乡村河堤治理、丘陵山区地质灾害隐患点治理、以流域为单元的生态综合治理，实施生态移民搬迁工程、地质灾害避灾搬迁工程和矿山地质环境治理恢复工程。此外，还应搞好森林资源管护，加强森林防火和有害生物防治，强化自然保护区监管，加大生物物种资源保护和管理力度，加强生物安全管理。

（二）加大赣鄱流域环境保护力度

流域环境的综合治理也是《指导意见》重点关注的领域。对于赣鄱流域的环境保护与治理，江西应坚持预防为主、综合治理，以解决危害群众健康和影响可持续发展的突出环境问题为重点。推进重点流域环境管理和水污染防治，加强对赣鄱流域的排污管制，防治地下水污染。加强重金属、持久性有机物、危险废物及危险化学品等污染的防治力度。此外，应健全环境保护法律法规及标准体系，加强环境监测、预警和应急能力建设，加强对重大环境风险源的动态监测与风险控制，提高环境与健康风险评估能力。

（三）建设绿色、循环经济

《指导意见》提出长江经济带应成为生态文明建设的先行示范带。因此，为了进一步融入长江经济带，江西应按照减量化、再利用、资源化原则，以提高资源产出效率为目标，加强政策引导和协调管理，构建覆盖全社会的资源循环利用体系。积极创建生态工业园区和循环经济工业园区，优化企业结构和布局，鼓励企业间通过资源共享、废弃物利用等途径发展循环经济，实现废物交换利用、能量梯级利用、废水循环利用和污染物集中处理。同时，建立健全城市社区和乡村回收站点、分拣中心、集散市场"三位一体"的回收网络，提升再生资源回收规模化水平，加快完善再制造旧件逆向物流回收体系，推进再制造产业发展。此外，也应加强宣传教育，强化居民垃圾分类投放意识与行为，推动形成绿色生活与消费模式。

（四）发展高效生态农业

《指导意见》指出需要提升现代农业和特色农业发展水平。为此，可以依托赣鄱流域山水资源条件和生态环境优势，大力推广"牲畜－沼塘－果

(粮、鱼、油、菜)"生态农业发展模式,重点开发特种水产、有机绿茶、特色果业、无公害蔬菜、优质生猪和水禽等一批各具地方特色的绿色有机农产品,实现农产品品牌战略。同时,大力推进以"企业+合作组织+基地+农户"为主的农业产业化经营模式,完善企农利益联结机制,促进农业产业化经营。此外,还应完善农业服务体系,推进农产品产地批发市场、物流配送分发中心、大中城市销地市场建设,加快形成流通成本低、运行效率高的农产品营销网络。

第六章
江西省新型城镇化融入长江经济带的关键之一：城市群一体化融入

2010年8月，国家发展改革委印发了《关于促进中部地区城市群发展的指导意见》，其中指出了要加强城市群发展的规划引导，进一步优化城市群空间布局。2013年2月23日，长沙、合肥、南昌、武汉在武汉签订《长江中游城市群暨长沙、合肥、南昌、武汉战略合作框架协议》，长江中游城市群正式诞生。中部地区是长江经济带中连接东西的过渡地带，是承接产业发展的重要一环，引导和支持中部地区的加快发展，有利于提升中部地区的整体竞争力，有利于中部地区在长江经济带中发挥更好的连接贯通作用和承接作用。前文的研究指出，江西省在中部地区中属于发展塌陷的地区，是一块短板，这导致了江西省融入长江经济带的步伐慢于其他三省的这样一种不良现状。这一状态下江西省的发展质量和速度都无法得到更好更快的提升，必将进一步被边缘化。站在整个长江经济带的视角来看，江西的弱势会使得长江流域的各省发展格局更为失衡，对建设中国经济新支撑带有不利影响。因而，江西省新型城镇化融入长江经济带的着眼点之一便是要尽快拉近与长江中游城市的差距，进而缩短与长江上游城市的距离；改变以往体量小、设施弱、逐渐被边缘化的不利格局，先融入长江中游城市群，再融入长江经济带。而如何融入，可以学习和借鉴长江经济带内其他城市群的融入经验。

第一节　长江经济带城市群融入的经验借鉴

一　长三角城市群融入经验借鉴：整体规划一体化

长三角地区是我国最重要的经济带和城市群，在我国整体经济发展中具有举足轻重的作用，是最快融入长江经济带的区域，其经验值得我们借鉴的地方便是前期规划一体化：在前期的规划中将长三角准确定位，并对规划对象做一体化部署，保证相关综合保障设施的施工建设，推出体制机制的创新，从而长江经济带规划一出台，长三角便能迅速在已有基础上融入。

国务院在2008年审议并原则通过《进一步推进长江三角洲地区改革开放和经济社会发展的指导意见》，这是国务院第一次对国内的区域发展提出规划性要求，后于2010年发布了《长江三角洲地区区域规划》。该规划提出了城镇发展与城乡统筹、产业发展与布局、自主创新与创新型区域建设、基础设施建设与布局、资源利用与生态环境保护、社会事业与公共服务、体制改革与制度创新、对外开放与合作八个方面的发展方向和重点任务，并明确了保障规划实施的政策措施。

城镇发展与城乡统筹方面，长三角区域经济发展水平全国领先，长江三角洲城市群已是国际公认的六大世界级城市群之一，并致力于在2018年建设成为世界第一大都市圈。城乡统筹上，江浙两省在农民工落户的户籍制度改革方面已先行一步，改革已取得明显成效，其中不少改革走在全国前列，对破解城乡二元结构发挥了重要的作用，为全国户籍管理制度改革做出了示范，而上海的户籍制度改革由于其特大城市的特殊性，具有其自身的特点。

产业发展与布局方面，在面临外部经济环境较为严峻复杂的情况下，长三角地区在资源、环境等因素倒逼下，主动调整产业结构。长三角地区16个城市纷纷出台转型升级政策，加快了长三角地区从以制造业为主向服务业、制造业并重转变，三次产业结构进一步优化。如2012年，长三角地区16个城市三次产业结构比例调整为3.8∶48.2∶48，第二产业与第三产业占比基本相当，第三产业增加值占 GDP 比重比上年提高了 1.5 个百分点。

自主创新与创新型区域建设方面，目前长三角地区拥有经济、文化、开放和创新等优势，已经具备了从经济增长区域向科技创新区域转型的基础条件。在未来发展中，上海将主要构建科技资源服务系统、科技创新服务系统、科技管理服务系统三大系统，提供四大类重大创新平台：建立国家级和省部级重点实验室、国家级和省部级工程技术研究中心、企业重点实验室、工程化服务平台服务，构建公共科技基础条件平台、行业创新平台和区域创新平台等三大研发科技服务平台体系。

基础设施建设与布局方面，对现代航运集疏运体系进行了优化，规划建设以上海为中心、以江浙为两翼、以长江流域为腹地的国际航运枢纽港。上海航运中心将基本实现货物、船舶、企业、资金、人才、信息、技术等航运要素与资源集聚，初步具备全球航运资源配置能力，形成上海国际航运中心核心功能。

资源利用与生态环境保护方面，集约利用土地资源已成为长三角地区多个城市加快转型的驱动力。置换整合现有土地资源，形成一批具有鲜明特色的园区，促进开发区调整招商选资方向，注重"招才引智"和"知识密度"也是各地努力的方向。环境保护方面也取得一定成绩，如 2014 年联防联控网络初步建立，深层次合作机制已具雏形，长三角环境空气质量得到改善。

社会事业与公共服务方面，受到行政区划分割和地方性公共财政体制的影响，还有地方责任利益分担的不清，长三角地区进展缓慢，但也做出了一些努力，如上海为来自长三角地区的迁移流动人口加强社会保险，增加了长三角人口到上海就学和就医的数量。

体制改革与制度创新方面，长三角打造了各地共谋发展的重要平台，合作机制更加完善，经济一体化进程加速。上海自贸区的启动，在加快完善市场体系、促进体制机制创新上也有所突破。

对外开放与合作方面，积极促进长江黄金水道共建和长江沿岸城市合作，支持西部大开发、中部崛起和东北地区等老工业基地振兴，积极开展与环渤海、珠三角等地区合作。

长三角地区的规划一体化，使得区域内城市在社会民生、城市综合安全、航运交通、产业合作等多个领域全面对接；南京、杭州、合肥、苏州、无锡、宁波等区域性中心城市与上海建立通畅、宽阔的信息渠道，也能进一步释放地方发展潜能。在一体化的规划之下，长三角地区迅速融入了长江经济带。

二 武汉城市圈融入经验借鉴：城际交通和物流一体化

2007年12月7日，国务院正式批准武汉城市圈为"全国资源节约型和环境友好型社会建设综合配套改革试验区"。2013年12月31日，《武汉城市圈区域发展规划》获国家发改委正式批复，并于2014年2月13日正式获批，区域总体规划进入具体落实阶段。该规划要求湖北努力把武汉城市圈建设成为全国"两型"社会建设示范区、全国自主创新先行区、全国重要的先进制造业和高技术产业基地、全国重要的综合交通运输枢纽、中部地区现代服务业中心和促进中部地区崛起的重要增长极。其中，对综合交通运输枢纽的建设是武汉城市圈融入长江经济带的主要倚重。

交通对城市圈发展至关重要，在武汉城市圈过去所提出的五个一体化中，交通一体化排在首位。武汉要充分发挥其区位优势和交通优势，与武汉城市圈其他中小型城市及长江中游城市群其他城市之间形成便捷的交通和通信，产生"同城效应"，使联系更便捷、物流更畅通、交易成本更低。只有实现了交通一体化，周边的城市才能融入城市群，才能逐步改变武汉一城独大的状况从而壮大武汉城市圈的力量，并使之具备融入长江经济带的基础。

近年来，武汉城市圈高速公路、城际公交和城际铁路建设成绩斐然，2012年底，汉孝、汉洪、汉蔡、武麻、武英、青郑、和左7条武汉高速出口路以及互通的城市圈高速公路已全部通车，形成武汉"1+8"城市圈1小时交通网格局，城市圈内的交通布局不断得到完善。到2020年，湖北省还将构筑连接武汉城市圈其他8座城市的辐射交通圈，由武汉与8座城市间的对接通道、互联环线、武汉外环高速公路等重要连接线组成，为城市圈各城市交流提供快速集散功能。

武汉具有交通运输优势，又是长江中游的航运中心和江汉航运的终点。在武汉城市圈内，有武汉枢纽港，还有黄石等一批中小港口，以及扩建的天河国际机场和沿江输油管等工程,再加上具备较完备的物流基础设施,武汉城市圈的物流业发展极具潜力。在城际交通和物流一体化之下,武汉城市圈得以积极推进长江经济带沿江城市的跨区域合作,共同推动实施以城市、产业、交通枢纽三大集群为核心的长江经济带区域协调发展,并有助于放松行政区划和行业界限束缚,依托自身的优势,积极参与产业分工协作,实现与沿江城市的优势互补、分工协作、协调发展。

三 长株潭城市群融入经验借鉴:高铁网络化和产业链延伸

2008年获批的《长株潭城市群区域规划》将长株潭城市群的发展定位为全国"两型"社会的示范区,中部崛起的重要增长极,全省新型城市化、新型工业化和社会主义新农村建设的引领区,具有国际品质的现代化生态型城市群。2013年国家提出"长江中游城市群"和依托长江建设中国经济新支撑带的区域纵深发展战略,给处于"东部和中西部过渡带、长江和沿海开放经济带结合部"的长株潭带来重大机遇。结合国家战略和原有规划实施上遇到的问题,经调整的规划中进一步强化了空间协调措施,一个重点的反映便是跨区域协调发展,融入长江经济带建设。

长株潭城市群位于长江中游城市群内,与中部其他省份行政区划上地缘相近,人缘相亲,市场联系密切,在基础建设、资源开发与环境保护、市场准入和市场秩序管理等方面有很多共同需求。长株潭城市群位处以长江三角洲为龙头的长江经济带和以珠江三角洲为核心的泛珠江三角洲经济圈内,因而在接受沿海地区产业转移时具有非常明显的区位优势。鉴于此,长株潭城市群在融入长江经济带的方式上,主打高铁网络化和产业链延伸。

城市集群各成员发挥自身的比较优势,是区域合作得以建立、延续和发展的根本所在。而要充分发挥各自优势、实现跨省经济的联通与一体化,首要的便是加强基础设施建设,使综合交通网络通达高效、经济运行成本降低。湖南省承东启西,贯通南北,有十分明显的立体交通优势,而沪昆和武广两条高铁交会,使得湖南的区位优势更加突出。长株潭城市群大力发展高速铁路的网络化,随着沪昆高铁及长株潭城际铁路的建设,长株潭三城将完全融合,打造三市半小时经济圈。长株潭三市的城际铁路及城市地铁规划都以高铁为依托，正在形成一个"副高铁"快速网络。在后期将通过上千千米城铁干线和支线，与岳阳地铁接轨并与常德、益阳、娄底、衡阳等县市连接。设计时速为200千米以上的长株潭城际铁路，以一个"人"字形串起三市，全线建成通车后，三市间的时间距离大幅缩短，市民出行更显便捷。

产业融合是融入长江经济带的一个重要方式。经济发达的东部地区已开始了向中西部地区的产业转移扩散，长株潭城市群应抓住这一机遇，促进产业一体化发展，在发展高铁网络之外，又与其他城市错位互补发展，以产业链延伸的方式融入长江经济带。湖南省产业基础雄厚，已形成工程机械、电子信息与新材料、汽车及零部件、轨道交通等产业集群。长株潭三地也实现了产业的重新分工和布局：长沙重点发展现代服务业、动漫、创意产业等；株洲主攻新型电力机车研制、超硬材料等高科技领域；而"电工城"湘潭，则以重大项目来带动节能技术、风电设备等发展。

长株潭还依托城市群的建设进行了产业结构调整，在城市发展中贯彻环保理念，治理湘江，立法保护"长株潭之肺"核心生态区，在长株潭城市群中心规划了500平方千米的绿地，发展绿色交通；立法制定了湘江保护条例，整治了沿江200多家污染企业，关闭了洞庭湖沿湖200多家造纸厂。

四 皖江经济带融入经验借鉴：产业承接融入、行政区划变革

2010年1月12日，国务院正式批复了《皖江城市带承接产业转移示范区规划》，标志着皖江城市带承接产业转移示范区建设上升为国家战略，这是我国为促进中西部地区承接国内外产业转移而制定的第一个规划，对安徽省的跨越式发展有重大意义。这一规划的战略定位是：立足安徽，依托皖江，融入长三角，连接中西部，积极承接产业转移，合作发展的先行区，科学发展的试验区，中部地区崛起的重要增长极，全国重要的先进制造业和现代服务业基地。

安徽省承东启西、连南接北，其中的皖江经济带具有环境承载能力较强、要素成本较低、产业基础和配套能力较好等综合优势，是国家实施促进中部地区崛起战略的重点发展区域。其地理上紧邻长三角，是长江三角洲地区产业向中西部地区转移和辐射最接近的地区。因而，皖江经济带以大力推

动开放开发，深化长三角地区的发展分工，打造产业承接平台，增强产业承载能力，促进产业集聚发展的方式融入长江经济带。并且，皖江经济带在产业承接的过程中还着力探索科学的承接途径，加快产业结构调整，以提高自身的综合竞争力。此外，在促进皖江经济带内城市的发展方面也有系列举措，如积极完善自主创新体系以提供内生发展动力；加强对生态文明的建设和对环境保护的力度，推进资源的集约节约利用；切实保障和改善民生，推动劳动力转移就业，促进基本公共服务均等化。这一系列措施对融入长江经济带都起到了助推作用。

而皖江经济带带动安徽省融入长江经济带的另一个方式，便是通过行政区划的调整以优化发展格局。安徽省原有行政区划的中心城市规模较小，争取规模差距较大，不利于安徽省的统筹发展。2011 年，安徽省撤销地级巢湖市及部分行政区划，原本所辖的一区四县行政区划进行相应调整，分别划归了合肥、芜湖和马鞍山管辖。当年区划调整后合肥所辖区县达 9 个，面积约 1 万平方千米，人口占安徽比例一成多，与中国省会的平均水平相仿，中心城市能力增强，从而有潜力成为一个有影响力的大型城市。合肥是泛长三角地区的重要城市，这一举措使得泛长三角地区的发展潜力增强，进而扩大了整个长三角的发展空间。2014 年，安徽省又掀起了新一轮的区划调整热潮，如作为安徽"双核"城市之一的芜湖将迎来新一轮区划调整，这些调整将进一步优化安徽省城市规模结构，从而加快安徽融入长江经济带。

五 成渝经济区融入经验借鉴：城乡统筹、构建现代化产业体系

2011 年 5 月 5 日，国务院正式批复了《成渝经济区区域规划》。该规划提出，要着力打造以主城为中心的城市群，大力发展区域中心城市，建成西部地区重要的经济中心、全国重要的现代产业基地、深化内陆开放的试验区、统筹城乡发展的示范区和长江上游生态安全的保障区。到 2015 年，建成西部地区重要的经济中心；到 2020 年，成为我国综合实力最强的区域之一。该规划涉及经济发展的多方面、多层次，而在成渝经济区融入长江经济带的方式上，城乡统筹的综合改革和现代化产业体系的构建发挥了重要作用。

城乡统筹大致在以下几个方面推进。首先，提升城市功能方面，做强区域性中心城市是主要内容。成渝经济区属于极核型的空间结构，除了重庆、成都两核之外，其余城市无论是城市规模还是综合实力都与之存在较大差距，存在城市的中间缺位情况，城镇等级规模体系严重断层。为改变这一状况，"十二五"期间成渝经济区的区域性中心城市加快建设，着力扩大自身实力，更加积极地融入成渝经济区。

其次，在推进农村发展方面，主要是加快农村基础设施建设，提高农村公共服务水平和加快城乡一体化。成渝经济区在大力推进城乡规划一体化、资源要素配置市场化、基本公共服务均等化和行政社会管理一体化方面，取得了一些成果，如在遂宁的文化、体育等服务上，城乡基本一致。另外，在规划建设统一性、互补性和可操作性的原则指导下，通过加快小城镇建设，统筹城乡发展，促使农村与城镇的差距逐年缩小。2011年，成渝经济区深入推进了成都国家实验区和省市梯级试点，在成渝经济区四川部分推广试点经验，指导3个省级试点市和17个试点县全面推进统筹城乡综合配套政策，积极支持成渝经济区四川部分各市县推进统筹城乡综合配套改革。

构建现代产业体系，推动产业结构优化升级，加快农业现代化，走新型工业化道路，提升服务业发展水平，对成渝经济区融入长江经济带起到了重大助推作用。该规划对成渝经济区现代产业体系的构建进行了全面的战略部署和安排。首先是积极发展现代农业，利用优良农耕条件，提高粮食生产能力；其次是做强工业主导产业，重点放在重大装备制造业等8个工业主导产业重大项目上；最后是大力发展现代服务业。

此外，成渝经济区融入长江经济带的另一个重要方面是加强重大基础设施建设。近年来，重庆抓住三峡成库的机遇，已经实施了大规模的港口基础设施建设。渝新欧铁路的开通为长江航运开辟了新的增长路径。目前，在长江黄金水道上，重庆已经有两路寸滩保税港区；在铁路方面，重庆正在规划3平方千米的铁路综合保税区。随着两条通道建设的推进，并连贯长江经济带和丝绸之路经济带，这将进一步促进产业转移。基础设施建设的大力推进，对于成渝经济区的"双核五带"布局起到了重要支撑作用。

第二节 江西省新型城镇化融入道路：生态融入、产业对接、交通一体

江西区位条件优越，资源环境承载能力较强，经过多年的快速发展，已经形成良好的产业基础，具有承接全球和东部沿海地区产业转移的空间。国家提出建设长江经济带，是江西参与国家战略的第三次战略机遇期。江西在长江经济带建设中作为地理上的"关口"、经济上的"箭头"、生态上的"绿心"，总体上形成了长江经济带建设的多维度的"楔形综合体"。

以下参考和借鉴长江流域城市群内其他成员的融入发展经验，提出几点江西省在长江经济带建设中的对策。

一 江西省新型城镇化的生态融入道路

（一）加快江西绿色崛起，保障长江经济带的生态网络建设

水是维系地球生态环境可持续发展的首要条件，水环境安全保障程度直接关系到区域经济、社会的可持续发展，水安全已成为国家安全的重要组成部分。随着经济社会发展对水环境保护的压力持续增加，流域水污染空间格局将面临新的变化；重金属、持久性有机污染物等长期积累的问题开始暴露，流域面源污染防治、水生态保护和修复任务艰巨，流域水环境风险防范面临严峻挑战。

如前所述，江西省内鄱阳湖流域对长江下游的经济发达省市日益严重的水资源短缺问题至关重要，对实施国家战略长江经济带建设具有重要的支撑作用。尤其是在未来经济社会发展中，江西要走生态建设、可持续发展、绿色崛起之路，这是事关长江中下游经济社会发展和长江经济带建设命脉的大事。所以，对省内的鄱阳湖和其他主要河流及湖库要持续性投入以提高监测频率和效率，力保Ⅰ~Ⅲ类水质断面比例不下降；江西省森林覆盖率也高达63.1%，在发展林业的同时对森林资源的保护也至关重要，持续深入推进林业改革；城市的空气质量指数也是多方关注的一个指标，江西省的这一指标

过去表现较好,在未来也要力争不断提升空气质量,为江西省新型城镇化的生态融入创造条件。

(二) 加快江西绿色崛起,促进长江经济带的循环经济发展

江西省生态环境良好,具有建设生态文明先行示范区的战略定位,这对将长江经济带打造成为生态文明建设的先行示范带而言起到助推作用。打造生态文明先行示范区仅有优质的生态环境是不够的,还需要建立有力的生态环境保护机制,否则江西省的生态优势将不可持续。因此,江西省应以提高资源产出效率为目标,辅之以政策引导和协调管理,构建资源循环利用体系。

具体的,要提升居民的环境保护意识,推广绿色生活与绿色消费模式,可以建立健全城市社区和乡村回收站点、分拣中心、集散市场"三位一体"的回收网络,提升再生资源回收规模化水平,加快完善再制造旧件逆向物流回收体系,推进再制造产业发展。可以重点培育生态工业园区和循环经济工业园区,引导和督促企业间尽可能多地共享资源,对废弃物也科学利用,实现废物交换利用、能量梯级利用、废水循环利用和污染物集中处理,发展循环经济。

二 江西省新型城镇化的产业对接道路

(一) 加快沿江开发推进跨江内河自由贸易区建设

长江中下游地区的沿江开发,要发挥内河自由贸易区的导向作用。跨江自由贸易区的建设要营造开放氛围,强化对外发展,引导经贸交流,建立协调机制,形成强集聚格局,保护好生态环境。要加快长江沿岸港口城市基础设施建设,进转口贸易以及航运、金融等事业的发展,推动全地区经济发展壮大。依托自由贸易区积极发展外向型经济,吸引外商和投资的进入,大力发展"三资"企业,优化产业结构。加强自由贸易区与区域核心城市的联系,调配地区发展,发挥资源优势,共享经济腹地。沿江自由贸易区之间加强合作协同,形成跨江内河自由贸易区,促进沿线发展,实现共同开发。给予内河贸易港政策支持,批准设立保税港区,进一步推动内河城市及沿岸地

区对外开放。

加快推进九江沿江开发区建设。要重点打造临江主要产业集中区，包括城西临港产业区、码头临港产业区等。推动沿江昌九联动发展，加快昌九工业走廊发展，打造南昌—九江"工"字形产业带。强化沿江昌九产业上下游协作配套，形成各具特色、产业聚集的工业园区，昂起鄱阳湖生态经济区产业经济发展的"龙头"。

联合申报跨江自由贸易区。依托江西九江沿江开发区和湖北沿江开发区，联合申报跨江自由贸易区，进一步将两省沿江地区衍生为自由港或自由贸易区，并且与其他内河港空形成互动，作为长江经济带上外向发展的结点。

（二）加快鄱阳湖生态经济区产业协作，推进内陆地区临空经济区建设

合理规划临空经济区。协调临空区内城市发展，在合理分工的基础上配置资源。建设临空经济区需要吸引有潜力的新型产业进驻，提升区域内产业发展结构水平。最大程度发挥出临空经济区交通通达性优势，发展航空业、物流业等。合理使用土地资源，形成高端化经济发展趋势，发挥出交通区位优势。加快临空区产业基础设施建设，建设符合发展规划的产业园区，形成工业内相关产业集聚，优势积累，资源共享，信息互通，良性发展。打造综合交通体系，强化核心竞争力。

先期建设昌九一体化航空港。将航空交通与基础交通有机结合，形成以南昌为客运、九江为货运的合理分工的航空港。航空港区内部各同区之间是互为依托、互相促进的关系，需要打通交通结点，构建区内完备的交通系统，保证昌九航空港和区域内城市联动发展。

远期打造临空经济三角区。合理规划南昌—九江—景德镇临空经济三角区，协调临空区内城市发展，在合理分工的基础上配置资源；吸引有潜力的新型产业进驻，提升区域内产业发展结构水平；最大限度地发挥临空经济区交通通达性优势，发展航空业、物流业等；合理使用土地资源。

三 江西省新型城镇化的交通一体化道路

（一）加快调整区域空间结构，推进长江中游城市群建设

建议要启动编制国家层面的《长江中游城市群区域规划》以及综合交

通、旅游、农业现代化、生态环境保护、区域一体化等重点专项规划,上报国务院批准,使得长江中游城市群建设上升为国家发展战略。通过一体化的规划编制,明确长江中游城市群区域的战略定位、发展目标和方向,确定近中期推进区域合作和一体化的重点领域、实施路径和具体措施,为推进长江中游城市群建设提供规划保障。加大对长江中游城市群基础设施建设的支持力度,着力推进长江中游城市群交通、信息、水利和能源等基础设施建设一体化,解决好城市群基础设施的对接和融合,构建长江中游城市群互联互通的区域基础设施网络。

发挥江西在长江经济带具有重要的"箭头"经济战略地位,建立"弓箭型"区域空间发展模式,依托江西省北半部分原有的区域发展规划和城市分布情况,建立"弓箭型"区域空间发展模式。从江西全省国土分布图上来看,江西省北部沿沪昆线呈带状分布的城市集群形成了一个弓形,天然具有聚集的优势,可以在此优势下强化城市之间与港口枢纽的联系,作为一条联系紧密的圆弧,串联起江西省自己的经济带。中心部的主城市南昌将成为这把"弓"的发力点,不但要汇聚省内的力量,更要成为江西省的增长极辐射周边,凸显出区域中心城市的优势与地位。处于长江最前沿的九江要作为拉开的弓上的"箭头",作为长江经济带和江西经济带的交汇点,发挥自身港口城市的地理优势和交通区位优势,引领全省的经济由此外向发展,射向长江。

推进南昌、九江、宜春、抚州四市区域合作,构建"一圈两化"("南昌一小时经济圈""昌九一体化""昌抚一体化")区域发展新格局。在城市群主体形态建设上,要以南昌为中心拉动环鄱阳湖城市群的建设。应在省级层面做好顶层设计,改变仅靠南昌一己之力打造南昌的旧思维,应站在全省的高度上和需求上,大胆先行先试,加快推进昌九一体化,使周边城市资源向南昌聚集,迅速使南昌占全省经济比重增至 1/3 以上,从而发挥城市群对经济的拉动作用,加强城市群内城市的合作机制,整合资源和人力。

(二)加快水陆空联运,推进长江综合交通运输体系建设

以南北铁路和东西长江为主轴,以交通综合城市为枢纽,发挥承东启西、接南纳北、得中独优、得水独厚的交通区位优势，建设各省市综合交通核心和有效交通辐射范围，彰显大交通功能作用，突出支点和枢纽效应。促进区域交通一体化，推进城市间高速铁路网、城际铁路网、高速公路网和航空客运网的建设，形成环状快速铁路网，构建中心城市 2 小时经济圈。提高长江中游海轮通航标准，推进航道整治。加大长江中游城市群综合运输跨界大通道、航空港群、内河航运港口群、客货集散枢纽和交通信息化智能化等方面建设力度，将长江中游城市群综合交通运输体系建设纳入国家试点示范。

强化南昌市交通核心地位和辐射能力范围。南昌作为全省的连接中心，重点建设客运专线、城际铁路和重要站场，加快建设干线铁路电气化改造和支专线；打造为居于长三角、珠三角、海峡西岸、武汉都市圈、长株潭城市群、皖江经济带之中的快速通道枢纽，逐步完善全省铁路网；将南昌作为省内经济发展的增长极和辐射极，在发展的过程中基于便利的物流交通优势，全面激活"弓"上的每一个城市发展活力。

加快建设昌九一体化快速通道。加快九江港和南昌港一体化进程，构建便捷、大能力的港运通道，作为江西经济发展的"利箭"，强化九江和其他地区市的交通联系，加强自身港口建设，编制具体港口建设规划，寻求破解港口发展和项目建设难题的方法；设计新修建九江到萍乡、宜春、新余、抚州、鹰潭、上饶、景德镇的省级高速公路，加强交通通道建设，强化城市之间联系，将九江与其他城市通过构建省内公路交通网的大通道建设连接起来，使得"箭在弦上"，张弛有度，发射有力。

第七章
江西省新型城镇化融入长江经济带的关键之二： 就近城镇化融入

长江流域城市群内的城市总体上看属于非密集城镇带，并且前文的研究也揭示出了城市之间的发展水平并不协调一致，存在城市群整体结构失衡，但个体城市发展水平突出的现象。这意味着城市之间在政策导向或地域特色等因素的影响之下，生产要素流通、产业结构、社会管理等方面都存在差异，有些地方差异过大就导致了发展的脱节。而江西省在中部地区中是属于发展落后的省份，与中部其他各省尚有距离，与东部地区相比则差距更大，因此江西省新型城镇化融入长江经济带的另一个关键便是不舍近求远，以就近城镇化的方式融入。

具体如何以就近城镇化方式融入呢？针对这一问题，本书从两个方面着眼。首先，土地是保障农民生存与生活的坚实基础，如果在城市中无法谋得好的发展，那么他们还可以选择回到农村继续务农。如果断然割裂了农民与土地之间的联系，那么他们会失去最后一道保护的屏障，进而陷入城市与乡村的缝隙之间，这一群体的生存与发展都将面临巨大的困难。因此，要实现就近城镇化，就应保持农民与土地之间的这一联系，免去他们的后顾之忧。

其次，光有保障仍不足以推动农业人口向城镇转化。如果没有经济上的吸引力，农业人口宁愿退守田间或是远赴发达省市务工，而这也会带来一系列社会问题。因此，在推动就近城镇化的过程中要在发展地方经济上下功夫。县域中心城镇对于地方乡镇来说是一个技术和经济的中心集散地，并且其距离乡镇农村居民点的距离也相对不远，农民在县城发展的同时还能够兼顾滞留乡村的亲人，这在促进农业人口向城镇人口的转移过渡过程中将起到重要作用。所以，发展县域经济能够对本地农业人口产生吸引力，促使他们留在当地就近务工，如此一来既解决了县域经济的发展问题，也推进了就近城镇化的进程。

第一节 问题的启示：基于土地利用效率的视角

中国正处于经济转型的非常时期，城镇化对促进经济发展具有举足轻重的作用。党的十八大报告强调，要在提高城镇化质量上下功夫；2012年12月，中央经济工作会议召开，此次会议对城镇化的历史定位和发展思路进一步明确和细化，提出"城镇化是我国现代化建设的历史任务，也是扩大内需的最大潜力所在，要围绕提高城镇化质量，因势利导、趋利避害，积极引导城镇化健康发展"。从规划目标和宏观方向观察，中国新型城镇化路径基本明确，关键是如何将这一蓝图化为现实。近年来部分地区的城镇化实践中暴露出的问题令人担忧。这些问题集中表现于对土地城市化模式的推崇，城市建设大肆圈地无序扩张，一味求新、求大、求快，忽视产业支持与公共基础设施的配套，造成土地的过度浪费和城市的畸形发展，出现了半城市化、伪城市化以及"物"的城市化。《中国城市统计年鉴》数据表明，2002年以来的十年，中国城镇常住人口数量快速增长，2012年城镇化率较2002年提高12.26个百分点，但同期城市建成区面积也由2.6万平方千米左右，扩大到4万多平方千米，扩大了50%以上，城市面积扩张速度远远高于城镇人口的增长速度。过快的城市用地增长对土地利用结构造成了巨大的压力，也导致了土地资源的低效使用，成为影响国民经济健康发展的重要因素。

2012年我国的城镇化率高达52.57%，但随之而来的是土地利用中的矛盾持续加重，诸如生态环境遭到破坏，耕地资源持续减少，城市交通拥堵加剧等。这些均从不同角度反映了我国土地利用与城镇化发展的不协调。基于此，国务院于 2014 年印发《国家新型城镇化规划（2014～2020年）》，明确指出"土地城镇化"快于人口城镇化，建设用地粗放低效等严峻问题。提出五大目标，第一条便是城镇化水平与质量的稳步提升。城镇化质量的提升关键是依靠土地利用效益的提升，因为土地始终是城镇各类要素配置的载体，城镇化与土地利用效益是相互影响的两个系统。城镇化有利于促进土地资源的合理利用和集约利用，有序合理的城镇化能够促进城市用地开发效率的提高，土地的集约利用又可以为城市的进一步发展提供充足的资源与空间，反过来推动城镇化水平的提升，所以城市土地利用效率与新型城镇化水平两个系统之间具有紧密的动态耦合关系。新型城镇化是一个系统的工程，涉及政治、经济、文化和社会等多个方面，本节将从系统的角度出发，基于耦合协调理论，以省级面板数据为依据，分析新型城镇化与土地利用效益的发展协调性，推动两者协调发展，并更好地推动社会向前发展。

城镇化发展水平与土地利用效益之间客观上存在着复杂的耦合关系，近年来已广受国内外学者所关注。

国外学者主要从土地利用效益与城镇化发展的某些具体方面进行了研究，其中，对区域交通系统效率角度的研究较为广泛，Attah K. Boame（2004）利用数据包络法、托宾模型分析了加拿大城市轨道交通系统的技术效率和效率变化的原因；Daniel J. Graham（2008）利用全要素生产率估计和数据包络法测算了城市轨道交通的效率排名；James Odeck（2012）构建了效率评价指标体系并利用数据包络法和随机前沿法测算了海港效率及其影响因素。

国内学者的研究，目前成果主要集中在城镇土地集约利用角度，涉及土地利用效益的视角研究成果较少。在土地集约利用与城镇化的耦合研究方面，刘浩等（2011）对环渤海市土地集约利用与区域城市化的时空耦合协调发展进行了评价；孙宇杰和陈志刚（2012）对江苏省城市土地集约利用与城市化水平协调发展进行了研究；李玉双和葛京凤（2013）对河北省城市土地集约利用与城市化的耦合协调度进行了分析；郭施宏和王富喜

(2012) 对山东省城市化与城市土地集约利用耦合协调关系做了相关研究；郑华伟和刘友兆 (2011) 对中国地级以上城市的土地集约利用与城镇化进行了耦合分析等。评价方法主要涉及主成分分析、耦合协调度模型、动态计量经济模型等 (武京涛、涂建军、阎晓等, 2011)。关于城市土地利用效益的综合评价及区域差异研究成果也较多，但涉及其与城镇化之间耦合协调性的研究则很少，席娟和张毅 (2013) 等以陕西省为例做了城市土地利用效益与城市化耦合协调发展研究；贾琦等 (2014) 以长三角、珠三角、京津冀三大城市群为例，做了城市群土地利用效益与城镇化水平的时空耦合分析。

总体而言，关于城镇化发展水平与土地利用效益耦合关系的研究目前仍处于起步阶段，以研究个别省份或者区域的为主，少有对全国新型城镇化发展水平的研究；以用截面数据研究的为多数，以面板数据做城镇化发展动态分析的较少；对城镇化的研究不少，但是对党的十八大以来定义的新型城镇化的研究不多。基于此研究现状，本节以全国的省级单位为研究对象，采用三维多指标面板数据对新型城镇化发展与土地利用效益的耦合协调性进行分析，力争为缓解我国新型城镇化发展与土地利用效益之间的矛盾提供依据，为推动社会经济协调发展提供借鉴。

一 土地利用效益与新型城镇化发展水平的关系

城市土地利用效益与新型城镇化水平密切相关，其目的都是实现经济 - 社会 - 生态的综合效益最大化，从而最终实现城市的健康可持续发展。一方面，土地作为城市形成和发展的基础，是城市社会、经济等各项活动开展的空间载体。城市土地利用效益的高低直接关系到区域的兴衰与发展，并影响着城市空间结构的演化和城市的可持续发展。另一方面，新型城镇化的适度合理发展有利于推动城市土地的高效利用。因此，城市化与土地利用效益相互影响和制约，二者的耦合程度是评价城镇化质量和土地集约利用的依据之一。耦合是指两个或两个以上的体系或运动形式通过各种相互作用而彼此影响以至协同的现象。耦合度是对促进系统走向有序机理的协同作用的一种度量。土地利用与城镇化之间具有动态耦合关系,在耦合中两个系统不断协调即可实现可持续发展,或者两系统相悖,系统的正常结构和功能被破坏。

二 耦合模型的建立

假设新型城镇化发展水平与土地利用效益之间存在着正向的发展关联,即新型城镇化发展水平越高,土地利用效益也就越高,新型城镇化发展水平会对土地利用效益产生积极的推动作用。基于这个假设,可以认为新型城镇化发展水平与土地利用效益之间组成了一个经济学意义上的耦合系统。因此,可以借鉴耦合理论中容量耦合的概念及框架,构建功效函数来测度新型城镇化发展水平与土地利用效益两个耦合子系统内部的发展功效,接着构建耦合度函数和耦合匹配度函数,测度新型城镇化发展水平与土地利用效益两个子系统之间的耦合发展效率。

(一) 功效函数

设 U_1 为新型城镇化发展子系统序参量;U_2 为土地利用效益子系统序参量;$u_{ij}(i=1,2,\cdots,n;j=1,2,\cdots,m)$ 为新型城镇化发展子系统及土地利用效益子系统内部的基础观测指标,定义 $U_{ij}=\sum_{j=1}^{m}\lambda_{ij}u_{ij}$ 为众多观测指标组成的两个子系统的外在发展功效,即实证层面的评价指标体系,其中 λ_{ij} 为各指标的权重,有 $\sum_{j=1}^{m}\lambda_{ij}=1$。

(二) 耦合度函数

根据 n 维系统相互作用耦合度模型:

$$C_n = n\left(\frac{U_1 \times U_2 \times \cdots \times U_n}{\prod(U_i + U_j)}\right)^{\frac{1}{n}} \quad (7-1)$$

经过降维处理后可以得到新型城镇化发展与土地利用效益之间的二维耦合度:

$$C_2 = 2\left[\frac{U_1 \times U_2}{(U_1 + U_2)(U_2 + U_1)}\right]^{\frac{1}{2}} \quad (7-2)$$

其中，C 为新型城镇化发展与土地利用效益之间的耦合度，其值介于 0 和 1 之间。当 C 趋向于 0 时，认为新型城镇化发展与土地利用效益所组成的耦合系统处于耦合失谐状态，即新型城镇化发展未能良好促进土地利用效益的提高；当 C 趋向于 1 时，认为新型城镇化发展与土地利用效益所组成的耦合系统处于有效耦合状态，即新型城镇化发展高效优质地促进了土地利用效益的增长。

（三）耦合匹配度函数

上述建立的耦合度函数能够有效计算新型城镇化发展与土地利用效益所组成的耦合系统的耦合强度，但此模型也有缺点，即它在某些特殊的采样点处无法完全反映采样样本的真实经济状态，无法匹配 U_1 和 U_2 之间的实际经济意义。因此，还需构建一个耦合匹配度函数，用这个"纳含定性的定量"模型来有效匹配新型城镇化发展与土地利用效益所组成的耦合系统的实际经济特征。建立的耦合匹配度函数为：

$$\begin{cases} D = (C \cdot T)^k \\ T = aU_1 + bU_2 \end{cases} \quad (7-3)$$

其中，D 为耦合匹配度；C 为新型城镇化发展与土地利用效益之间的耦合度；T 为新型城镇化发展与土地利用效益之间的匹配调和指数，它反映了新型城镇化发展与土地利用效益之间的匹配效应或协同贡献；k、a、b 为待定系数，按照一般情况，k 取值为 0.5，另外，考虑到侧重于对新型城镇化发展水平的衡量，因此 a、b 的取值分别为 0.6 和 0.4。

参考刘萌等的研究成果，将新型城镇化发展水平与土地利用效益所组成的耦合系统按照耦合匹配度的高低划分为 3 大类和 10 个亚类，然后再按照 U_1 和 U_2 之间的关系，大致划分为三大类型：土地利用效益滞后型、同步型和新型城镇化发展滞后型（见表 7-1）。

表7-1 耦合系统匹配度分类体系与判别标准

一级分类层次	D 值	二级分类层次	U_1 和 U_2 之间的关系	协调类型
匹配耦合	0.900~1.000	优质耦合匹配	$U_1 > U_2$	土地利用效益滞后型
	0.800~0.899	良好耦合匹配		
	0.700~0.799	中级耦合匹配		
	0.600~0.699	初级耦合匹配		
临界耦合	0.500~0.599	勉强耦合匹配	$U_1 = U_2$	同步型
	0.400~0.499	濒临耦合失谐		
失谐耦合	0.300~0.399	轻度耦合失谐	$U_1 < U_2$	新型城镇化发展滞后型
	0.200~0.299	中度耦合失谐		
	0.100~0.199	严重耦合失谐		
	0.000~0.099	极度耦合失调		

（四）指标选取与数据来源

由于新型城镇化发展水平与土地利用效益之间存在动态的相互关系，所以其指标体系是一个结构极其复杂的系统，变量多，同时变量之间也具有动态的变化关系，在科学性、系统性、可量化和可操作性原则的指导下建立测度的指标体系。在对新型城镇化发展水平的评价上，选取了经济基础、居民生活、基础设施和环境治理四个方面进行衡量，每个准则层下设指标层，见表7-2新型城镇化发展水平子系统 U_1。在对土地利用效益的评价上，选取了土地利用强度、投入水平、产出水平和可持续性四方面准则进行衡量，每个准则层下面又设具体的指标层，见表7-2土地利用效益子系统 U_2。

表7-2 新型城镇化发展水平与土地利用效益耦合协调度评价指标体系

系统	准则层	指标层（单位）	指向	u_{ij}	λ_{ij}
新型城镇化发展水平子系统 U_1	X_1 经济基础	X_{11} 人均地区生产总值（元/人）	正	u_{11}	0.082
		X_{12} 第二产业增加值占地区生产总值的比重（%）	正	u_{12}	0.054
		X_{13} 第三产业增加值占地区生产总值的比重（%）	正	u_{13}	0.085
		X_{14} 城镇固定资产投资占总投资比重（%）	正	u_{19}	0.068

续表

系统	准则层	指标层(单位)	指向	u_{ij}	λ_{ij}
新型城镇化发展水平子系统 U_1	X_2 居民生活	X_{21} 城镇居民人均可支配收入(元/人)	正	u_{15}	0.074
		X_{22} 城镇居民消费水平指数(上年=100)	正	u_{16}	0.048
		X_{23} 城镇登记失业率(%)	负	u_{17}	0.078
		X_{24} 城镇基本养老保险基金支出(万元)	正	u_{18}	0.079
	X_3 基础设施	X_{31} 万人拥有公共交通车辆(标台/万人)	正	u_{19}	0.085
		X_{32} 人均城镇道路面积(平方米/人)	正	u_{110}	0.081
		X_{33} 人均公园绿地面积(平方米/人)	正	u_{111}	0.084
		X_{34} 每万人拥有公共厕所(座/万人)	正	u_{112}	0.058
	X_4 环境治理	X_{41} 单位地区生产总值能耗(吨标准煤/万元)	负	u_{113}	0.051
		X_{42} 生活垃圾无害化处理率(%)	正	u_{114}	0.073
土地利用效益子系统 U_2	Y_1 利用强度	Y_{11} 城镇人口密度(%)	正	u_{21}	0.087
		Y_{12} 人均建设用地规模(平方千米/万人)	正	u_{22}	0.070
		Y_{13} 单位地区生产总值建设用地规模(平方千米/亿元)	负	u_{23}	0.093
	Y_2 投入水平	Y_{21} 地均固定资产投资(亿元/平方千米)	正	u_{24}	0.100
		Y_{22} 地均住宅投资(亿元/平方千米)	正	u_{25}	0.100
	Y_3 产出效益	Y_{31} 地均地区生产总值(亿元/平方千米)	正	u_{26}	0.106
		Y_{32} 地均第二产业增加值(亿元/平方千米)	正	u_{27}	0.104
		Y_{33} 地均第三产业增加值(亿元/平方千米)	正	u_{28}	0.098
	Y_4 可持续性	Y_{41} 建成区绿化覆盖率(%)	正	u_{29}	0.097
		Y_{42} 供水综合生产能力(万立方米/日)	正	u_{210}	0.079
		Y_{43} 地均普通高等学校数目(所/平方千米)	正	u_{211}	0.066

注：各指标权重由主成分分析法计算所得。

本书采用数据样本为 2003~2012 年的 30 个省级单位（除港澳台和西藏）的相关数据，数据来源于相应年份的《中国统计年鉴》、《国土资源统计年鉴》和中国国家统计局数据等资料，少数年份缺失的数据采用所有其他年份的数据用 FORECAST 函数推算补齐。由于西藏数据缺失较多，考虑到研究的科学性，故排除西藏，以避免个别对象对总体结果的影响。

由于所选指标体系的数据具有不同的数据量纲，为了消除不同数据量纲带来的影响，先要把原始数据按照某种关系式归一化到某一无量纲区间。根据第四部分对 u_{ij} 的设定，u'_{ij} 为第 i 个子系统的第 j 个指标经过归一化后的标准化数值，归一化具体过程为：

对于正向指标 u_{ij}，令：

$$u_{ij}^{"} = \left(\frac{u_{ij} - \min\limits_{1 \leqslant i \leqslant n} u_{ij}}{\max\limits_{1 \leqslant i \leqslant n} u_{ij} - \min\limits_{1 \leqslant i \leqslant n} u_{ij}} \right) \times 0.9 + 0.1 \qquad (7-4)$$

对于逆向指标 u_{ij}，令：

$$u_{ij}^{"} = \left(\frac{\max\limits_{1 \leqslant i \leqslant n} u_{ij} - u_{ij}}{\max\limits_{1 \leqslant i \leqslant n} u_{ij} - \min\limits_{1 \leqslant i \leqslant n} u_{ij}} \right) \times 0.9 + 0.1 \qquad (7-5)$$

三 耦合匹配度的测算

（一）各项指标权重的确定

通过对现有文献资料的阅读研究发现，指标层权重的确定往往由德尔菲专家咨询法获取，最终结果用 AHP（层次分析法）计算得到。考虑到此方法的主观性较强，这里采用主成分分析法确定权重。但是由于这里使用的是描述时间、空间和指标三个维度的多指标面板数据，就目前的技术来看，还没有软件可以直接对多指标面板数据做主成分分析。通过借鉴任娟（2013）、赵娜（2012）和李因果（2010）等对面板数据的研究结果得到了相对科学的处理方法：先对三维面板数据进行降维处理，整合成特殊二维截面数据，再进行主成分分析，通过计算确定各指标权重。用主成分分析法求权重的具体过程如下。

1. 土地利用效益评价体系指标权重的确定

首先对 11 个指标进行主成分分析，得到各主成分的特征值和方差贡献率。此处的主成分提取原则为：①因子特征值大于 1；②累计方差贡献率高于 70%。前三个因子的特征值分别为 4.5892、2.2891 和 1.3945，均大于 1，且它们的累计方差贡献率为 75.21%，达到了 70% 以上的标准，对土地利用效益指标体系的解释力度比较大。因此可以认为前 3 个因子描述了大部分变量的变化，提取 3 个主成分，其方差相对贡献率如下：

$$\text{主成分 1 的方差相对贡献率}: C_1 = \frac{4.5892}{4.5892 + 2.2891 + 1.3945} = 0.5547 \qquad (7-6)$$

主成分 2 的方差相对贡献率：$C_2 = \dfrac{2.2891}{4.5892 + 2.2891 + 1.3945} = 0.2767$ （7-7）

主成分 3 的方差相对贡献率：$C_3 = \dfrac{1.3945}{4.5892 + 2.2891 + 1.3945} = 0.1686$ （7-8）

然后，继续获取已经提取的 3 个主成分的特征向量，并对其取绝对值，将指标的特征向量绝对值和对应主成分方差相对贡献率相乘，即可得到对应指标源于对应主成分的权系数。然后将每个指标的所有权系数累加起来即可得到该指标的总权系数，归一化处理后便可得到该指标的权重。经过计算、整理得到各指标权重，如表 7-3 所示。

表 7-3 变量的权系数及权重

指标	主成分 1	主成分 2	主成分 3	变量总权系数	总权系数归一（权重）
城镇人口密度	0.110	0.102	0.037	0.249	0.087
人均建设用地规模	0.026	0.129	0.046	0.201	0.070
单位地区生产总值建设用地规模	0.226	0.032	0.008	0.267	0.093
地均固定资产投资	0.175	0.065	0.046	0.286	0.100
地均住宅投资	0.190	0.035	0.063	0.288	0.100
地均地区生产总值	0.234	0.015	0.057	0.305	0.106
地均第二产业增加值	0.222	0.015	0.062	0.299	0.104
地均第三产业增加值	0.224	0.007	0.049	0.280	0.098
建成区绿化覆盖率	0.143	0.059	0.078	0.279	0.097
供水综合生产能力	0.047	0.131	0.048	0.226	0.079
地均普通高等学校数目	0.010	0.148	0.031	0.189	0.066

最后，对此次的主成分分析进行检验以验证分析的效果。通过 KMO 检验和 SMC 检验，得到了下面的检验值，如表 7-4 所示。

表 7-4 KMO 检验和 SMC 检验

指标	KMO 检验	SMC 检验
城镇人口密度	0.984	0.769
人均建设用地规模	0.999	0.507
单位地区生产总值建设用地规模	0.999	0.777
地均固定资产投资	0.991	0.695

续表

指标	KMO 检验	SMC 检验
地均住宅投资	1.000	0.736
地均地区生产总值	0.961	0.997
地均第二产业增加值	0.999	0.990
地均第三产业增加值	0.995	0.989
建成区绿化覆盖率	1.000	0.518
供水综合生产能力	1.000	0.566
地均普通高等学校数目	1.000	0.585
均值	0.993	0.739

KMO 和 SMC 介于 0 与 1 之间，二者值越高，表明变量的共性越强，主成分分析就越合适。从表 7-4 可以看出，本次检验的 KMO 和 SMC 值分别为 0.993 和 0.739，所以，主成分分析的效果很好。

2. 新型城镇化发展水平评价体系指标权重的确定

参照上述土地利用效益子系统中各指标权重的确定方法，提取了 5 个主成分，经过相同的计算方法，最终得到新型城镇化发展水平子系统中各指标的权重（见表 7-5）。

表 7-5 变量的权系数及权重

指标	主成分1	主成分2	主成分3	主成分4	主成分5	变量总权系数	总权系数归一（权重）
人均地区生产总值	0.185	0.009	0.022	0.017	0.007	0.240	0.082
第二产业增加值占地区生产总值比重	0.001	0.123	0.021	0.010	0.002	0.157	0.054
第三产业增加值占地区生产总值比重	0.091	0.120	0.002	0.015	0.021	0.249	0.085
城镇固定资产投资占总投资比重	0.066	0.028	0.045	0.002	0.057	0.198	0.068
城镇居民人均可支配收入	0.193	0.002	0.005	0.014	0.004	0.217	0.074
城镇居民消费水平指数	0.007	0.047	0.005	0.010	0.073	0.140	0.048
城镇登记失业率	0.114	0.044	0.026	0.027	0.018	0.228	0.078
城镇基本养老保险基金支出	0.150	0.035	0.016	0.029	0.000	0.230	0.079
万人拥有公共交通车辆	0.131	0.046	0.027	0.028	0.017	0.248	0.085

续表

指标	主成分1	主成分2	主成分3	主成分4	主成分5	变量总权系数	总权系数归一(权重)
人均城镇道路面积	0.090	0.100	0.019	0.025	0.001	0.235	0.081
人均公园绿地面积	0.148	0.066	0.009	0.009	0.014	0.247	0.084
万人拥有公共厕所	0.030	0.015	0.091	0.014	0.019	0.169	0.058
单位地区生产总值能耗	0.016	0.002	0.038	0.085	0.007	0.148	0.051
生活垃圾无害化处理率	0.149	0.017	0.031	0.013	0.003	0.213	0.073

(二) 耦合匹配度的计算

根据功效函数、耦合度函数和耦合匹配度模型,将标准化处理后的数据和权重代入功效函数,计算出我国各省两个子系统的功效值,累加得到 U_1 和 U_2。将 U_1 和 U_2 代入耦合度函数可得到耦合度数值,再代入耦合匹配度函数,计算可得到2003~2012年我国30个省份的分省份年度耦合匹配度 D 值(见表7-6),并对30个省份的新型城镇化发展水平与土地利用效益耦合匹配度进行排名及分类,结果见表7-7。

1. 新型城镇化发展水平与土地利用效益耦合匹配度分析

根据计算得到的2003~2012年我国30个省份10年间的耦合匹配度 D 值(见表7-6)进行如下分析。

表7-6 新型城镇化发展水平与土地利用效益耦合匹配度(D)

地区\年份	2003	2004	2005	2006	2007	2008	2009	2010	2011	2012
北京	0.688	0.688	0.711	0.701	0.729	0.74	0.727	0.744	0.74	0.738
天津	0.788	0.787	0.775	0.754	0.766	0.752	0.751	0.736	0.727	0.728
河北	0.844	0.831	0.826	0.824	0.808	0.798	0.786	0.763	0.779	0.785
山西	0.856	0.863	0.855	0.847	0.835	0.83	0.826	0.817	0.827	0.822
内蒙古	0.842	0.832	0.825	0.806	0.776	0.779	0.766	0.773	0.769	0.768
华北	0.809	0.805	0.802	0.79	0.784	0.781	0.773	0.768	0.77	0.77
辽宁	0.795	0.8	0.794	0.793	0.772	0.769	0.771	0.766	0.762	0.771
吉林	0.844	0.855	0.846	0.855	0.828	0.829	0.823	0.829	0.847	0.843
黑龙江	0.828	0.843	0.833	0.847	0.835	0.83	0.821	0.807	0.841	0.841
东北	0.823	0.834	0.825	0.832	0.813	0.811	0.806	0.801	0.818	0.82
上海	0.659	0.668	0.702	0.702	0.702	0.725	0.737	0.743	0.767	0.765

续表

年份 地区	2003	2004	2005	2006	2007	2008	2009	2010	2011	2012
江 苏	0.741	0.751	0.746	0.762	0.726	0.722	0.729	0.731	0.717	0.711
浙 江	0.755	0.754	0.743	0.785	0.771	0.767	0.76	0.769	0.763	0.756
安 徽	0.849	0.839	0.852	0.836	0.803	0.798	0.798	0.791	0.802	0.798
福 建	0.786	0.795	0.783	0.809	0.778	0.776	0.78	0.783	0.783	0.785
江 西	0.863	0.854	0.849	0.842	0.828	0.82	0.81	0.806	0.824	0.826
山 东	0.804	0.812	0.81	0.772	0.754	0.747	0.754	0.75	0.75	0.755
华 东	0.672	0.672	0.676	0.673	0.656	0.655	0.655	0.655	0.661	0.659
河 南	0.855	0.861	0.855	0.855	0.835	0.831	0.825	0.823	0.843	0.845
湖 北	0.824	0.842	0.834	0.826	0.799	0.809	0.82	0.804	0.809	0.82
湖 南	0.842	0.849	0.841	0.84	0.815	0.818	0.817	0.807	0.821	0.823
华 中	0.841	0.851	0.843	0.84	0.817	0.819	0.821	0.811	0.824	0.829
广 东	0.786	0.784	0.782	0.813	0.804	0.792	0.788	0.79	0.795	0.784
广 西	0.865	0.868	0.865	0.857	0.838	0.838	0.82	0.824	0.844	0.844
海 南	0.842	0.834	0.838	0.846	0.841	0.838	0.835	0.819	0.829	0.83
华 南	0.832	0.83	0.83	0.839	0.828	0.823	0.815	0.811	0.823	0.82
重 庆	0.849	0.865	0.856	0.835	0.8	0.797	0.789	0.785	0.784	0.785
四 川	0.843	0.853	0.842	0.833	0.81	0.807	0.807	0.802	0.806	0.809
贵 州	0.86	0.877	0.868	0.873	0.864	0.862	0.867	0.867	0.873	0.864
云 南	0.851	0.846	0.848	0.865	0.836	0.826	0.824	0.825	0.845	0.838
西 南	0.851	0.86	0.853	0.852	0.828	0.824	0.823	0.821	0.828	0.825
陕 西	0.845	0.854	0.844	0.826	0.79	0.778	0.78	0.771	0.785	0.782
甘 肃	0.875	0.876	0.888	0.888	0.892	0.887	0.888	0.891	0.88	0.885
青 海	0.799	0.814	0.819	0.815	0.799	0.828	0.833	0.831	0.819	0.816
宁 夏	0.836	0.853	0.837	0.822	0.8	0.791	0.803	0.762	0.804	0.806
新 疆	0.785	0.795	0.796	0.8	0.782	0.794	0.798	0.783	0.795	0.788
西 北	0.829	0.84	0.838	0.831	0.815	0.817	0.822	0.81	0.818	0.817
全 国	0.817	0.821	0.819	0.818	0.801	0.799	0.798	0.793	0.801	0.8

注：7个地区和全国的数据为相应省份加权平均值。

对表7-6分析可知，首先，我国新型城镇化发展水平与土地利用效益耦合匹配度存在时间上的较小差距和空间上的较大差距。时间尺度上变化幅度最大的是上海市，最低和最高匹配度分别为2003年的0.659和2011年的0.767，变化幅度只有0.108，其他省份变化幅度都在0~1之间；空间差距最大的是上海市和甘肃省，上海市最低匹配度为2003年的0.659，同年的甘肃为0.875，甘肃最高匹配度为2007年的0.892，同年的上海为0.702，差值分别为0.216和0.19。

其次，我国的经济发达省份与经济欠发达省份相比，新型城镇化发展水平与土地利用效益的协调度低。北京市和上海市两个发达省份2003年的匹配度分别为0.688和0.659，即使在2003~2012年的10年间有波动上升的情况下，2012年也仅仅为0.738和0.765，匹配度还是低于其他大部分省份；而经济欠发达的甘肃省和贵州省2003年的匹配度已经达到0.875和0.860，2012年分别为0.885和0.864。

最后，新型城镇化的发展与土地利用效益之间的相互作用关系越来越差。我国有24个省份的新型城镇化发展水平与土地利用效益的耦合匹配度2003~2012年的10年间都处于波动降低的态势，只有北京市、上海市、贵州省、甘肃省、青海省和新疆维吾尔自治区6省区市处于波动上升态势。地区数据显示，华北、东北、华东、华中、华南、西南和西北7个地区10年间的新型城镇化发展水平与土地利用效益的耦合匹配度都呈现出波动下降趋势。全国10年间的加权平均值也表现出小幅度波动下降，由2003年的0.817下降到2012年的0.800，其间只有2004年上升为0.821，2011年上升为0.801，最终还是下降了0.017个单位。

2. 新型城镇化发展水平与土地利用效益耦合匹配度排名及分类分析

根据我国30个省份的新型城镇化发展水平与土地利用效益耦合匹配度的排名及分类情况（见表7-7），我国新型城镇化发展水平与土地利用效益耦合匹配度整体不高。表中数据显示，只有19个省份达到良好耦合匹配类型，其余11省均是中级耦合匹配，没有一个省份达到优质耦合匹配。华东地区7省平均匹配水平最低，仅为0.664，地区排名最后；西南四省平均匹配水平最高，为0.837，排名第一，表明2003~2012年的10年间我国新型城镇化发展水平与土地利用效益的耦合匹配度与经济发展水平大致呈现出负相关性。全国除了陕西省和新疆维吾尔自治区为土地利用效益滞后型，其他省份均为新型城镇化发展滞后型，表明我国新型城镇化的发展处于较低水平，而土地利用效益与新型城镇化发展水平相比，属于超前发展。

表 7-7 新型城镇化发展水平与土地利用效益耦合匹配度排名及分类

省份	U_1	U_2	C	D	排名	耦合匹配类型	省份发展类型
北京	0.48	0.591	0.994	0.721	29	中级耦合匹配	新型城镇化发展滞后型
天津	0.524	0.661	0.993	0.757	27	中级耦合匹配	新型城镇化发展滞后型
河北	0.622	0.696	0.998	0.805	19	良好耦合匹配	新型城镇化发展滞后型
山西	0.679	0.742	0.999	0.838	7	良好耦合匹配	新型城镇化发展滞后型
内蒙古	0.572	0.741	0.991	0.795	20	中级耦合匹配	新型城镇化发展滞后型
华北	0.584	0.696	0.995	0.785	六	中级耦合匹配	新型城镇化发展滞后型
辽宁	0.563	0.683	0.995	0.779	24	中级耦合匹配	新型城镇化发展滞后型
吉林	0.668	0.769	0.997	0.84	6	良好耦合匹配	新型城镇化发展滞后型
黑龙江	0.635	0.795	0.993	0.833	9	良好耦合匹配	新型城镇化发展滞后型
东北	0.625	0.752	0.995	0.818	五	良好耦合匹配	新型城镇化发展滞后型
上海	0.511	0.538	0.999	0.719	30	中级耦合匹配	新型城镇化发展滞后型
江苏	0.487	0.632	0.99	0.734	28	中级耦合匹配	新型城镇化发展滞后型
浙江	0.536	0.662	0.994	0.763	26	中级耦合匹配	新型城镇化发展滞后型
安徽	0.633	0.729	0.997	0.817	15	良好耦合匹配	新型城镇化发展滞后型
福建	0.605	0.639	0.999	0.786	23	中级耦合匹配	新型城镇化发展滞后型
江西	0.687	0.706	1	0.833	10	良好耦合匹配	新型城镇化发展滞后型
山东	0.537	0.712	0.987	0.772	25	中级耦合匹配	新型城镇化发展滞后型
华东	0.487	0.594	0.993	0.664	七	初级耦合匹配	新型城镇化发展滞后型
河南	0.687	0.75	0.999	0.843	4	良好耦合匹配	新型城镇化发展滞后型
湖北	0.633	0.734	0.997	0.819	13	良好耦合匹配	新型城镇化发展滞后型
湖南	0.664	0.721	0.999	0.828	11	良好耦合匹配	新型城镇化发展滞后型
华中	0.662	0.735	0.998	0.83	二	良好耦合匹配	新型城镇化发展滞后型
广东	0.591	0.688	0.997	0.792	21	中级耦合匹配	新型城镇化发展滞后型
广西	0.683	0.774	0.998	0.847	3	良好耦合匹配	新型城镇化发展滞后型
海南	0.689	0.714	1	0.835	8	良好耦合匹配	新型城镇化发展滞后型
华南	0.658	0.727	0.998	0.825	三	良好耦合匹配	新型城镇化发展滞后型
重庆	0.643	0.712	0.998	0.816	16	良好耦合匹配	新型城镇化发展滞后型
四川	0.636	0.742	0.997	0.821	12	良好耦合匹配	新型城镇化发展滞后型
贵州	0.73	0.789	0.999	0.868	2	良好耦合匹配	新型城镇化发展滞后型
云南	0.683	0.746	0.999	0.84	5	良好耦合匹配	新型城镇化发展滞后型

续表

省份	U_1	U_2	C	D	排名	耦合匹配类型	省份发展类型
西 南	0.675	0.749	0.998	0.837	—	良好耦合匹配	新型城镇化发展滞后型
陕 西	0.678	0.621	0.999	0.807	18	良好耦合匹配	土地利用效益滞后型
甘 肃	0.752	0.834	0.999	0.885	1	良好耦合匹配	新型城镇化发展滞后型
青 海	0.622	0.751	0.995	0.817	14	良好耦合匹配	新型城镇化发展滞后型
宁 夏	0.606	0.761	0.991	0.812	17	良好耦合匹配	新型城镇化发展滞后型
新 疆	0.657	0.585	0.998	0.792	22	中级耦合匹配	土地利用效益滞后型
西 北	0.667	0.723	0.996	0.824	四	良好耦合匹配	新型城镇化发展滞后型
全 国	0.623	0.707	0.996	0.807	/	良好耦合匹配	新型城镇化发展滞后型

注：本处数值均为各省 2003~2020 年 10 年间的加权平均值。

四 启示

要加强对长江经济带耕地的保护，应针对不同区域制定不同保护机制。但是对于长江经济带东、中、西部地区的耕地保护政策应有所差异。东部地区的人均耕地面积对人均粮食产量的贡献最大，表明东部地区保护耕地更加迫切，要切实保护好东部地区的耕地资源，以缓解中部地区的粮食压力；中部地区的耕地保护政策要逐步保障耕地资源流转，促进耕地资源集中，实现规模经营；西部地区的耕地资源丰富，耕地保护政策的实施也不是很紧迫，但是受制于自然的局限，需要着力提高耕地的单位产出。

正确引导农业劳动力流动和保护地区农业劳动人口。长江经济带农业劳动人口比重对人均粮食产量的拉动作用是最大的，这说明目前粮食增长需要依靠劳动力增加来拉动，长江经济带要对农业劳动力进行保护；东部地区农业劳动人口所占的比重非常低，单位农业劳动人口的增加对粮食产量增加的作用很大，因此东部地区也要着力保护现有的农业人口，提高自身的粮食安全水平；相比较而言，中西部地区由于农业劳动人口比重较大，农业劳动人口比重对人均粮食产量的贡献不明显，农业劳动力流出对地区的粮食增产具有促进作用，因此对于中西部地区的农业劳动力要进行合理引导。

加强区域内粮食与技术流动性，实现区域粮食均衡。长江经济带总体上粮食安全情况不是特别乐观,且存在着明显的内部差异。东部作为我国粮食主销区存在巨大的粮食缺口;中部作为我国粮食主产区,粮食安全形势较为乐观;西部地区勉强能够实现粮食自给。因此,协调处理区域粮食安全问题需要实现区域的粮食互补,中部地区在满足自身的粮食需求前提下,将剩余粮食转移到东部地区;东部地区要将先进的技术水平转移到中西部地区,同时要立足自身优势,缓解粮食主产区的压力;西部地区受制于环境压力,不能盲目通过扩大耕地面积来解决粮食安全问题,需要提高土地产出。就我国中部地区的粮食主产区而言,需要立足自身的自然条件优势,提高粮食单产,在我国粮食生产中占据更大的优势。

第二节 制度的启示:基于农地产权的视角

一 计划经济时期农地产权制度改革历史沿革

(一)《土地改革法》确立了土地社会主义公有制(1949~1952年)

中国自古以来就是农业生产大国,土地在农业生产中具有至关重要的作用,但是无论是在奴隶社会还是在封建社会,土地基本不属于直接耕种的群体。在封建社会,长期存在"地主所有,租佃经营"的农地产权制度。在维持封建土地制度的旧社会,占农村人口不到10%的地主、富农,占有70%~80%的土地,而农民只能依靠土地生活,因此受到残酷的剥削。

由于农民对土地的需求,旧社会的农业生产力发展受到桎梏,1947年10月10日中共中央通过的《中国土地法大纲》和1950年6月28日通过的《中华人民共和国土地改革法》废除了封建社会的地主农地所有制,实行了农民土地所有制,使土地所有权、经营权、收益权和自由处置权在农民身上得到了统一,农民成为农地真正的主人,解放和发展了农村生产力,建立了"耕者有其田"的土地个体私有产权制度。以乡村为单位和无偿分配农地的方式,全部人口不分男女老幼一律公平合理地分配土地,在数量上"抽多补少",质量上"抽肥补瘦",距离上"远近搭配",使所有农业人口获得相对均等的农地。土地改革根除了农村不合理的土地占有关系，使农村的贫民、中农占有的耕地面积占全部耕地面积的比重上升到 90% 以上，原来地主、富农占有耕地面积的比重下降到 8% 左右（郭新力，2007）。到 1953 年春，除新疆、西藏等少数民族地区和台湾地区外，全国范围的土地改革基本完成。

（二）农业生产合作社体制下的土地农民所有制向集体公有制的过渡 (1953~1958 年)

土地改革的完成，使农民个体实现了土地的私有，但是由于传统农业存在经济效率低等问题，需要对传统农业进行改造，农业合作化运动成为必然选择。具体原因可归纳为以下几点。第一，分散的小农经济无法形成规模化生产，农业剩余哺育工业能力小。第二，农地私有化的不均衡发展，由于农民的生产能力和素质有所差异，一部分农户通过自己的劳动，得到优先快速发展，而一部分农户卖地、借债，并没有摆脱贫困，此外农业基础设施的匮乏导致一部分农户缺乏对合作的积极性。第三，规模效益吸引。第四，国家战略的选择，适合我国的国情和传统。基于以上几点，合作化运动能够使农业由落后的、小规模生产的个体经济变成先进的、大规模生产的合作经济，合作化运动大范围开展。1953 年 2 月 15 日中共中央通过第一个互助合作决议，标志农地个体所有制开始向具有社会主义性质的"互助组 - 初级合作社 - 高级合作社"制度形式依次演进（覃美英、程启智，2007）。

1. 互助组阶段

土地改革促进了土地私有，中国农地产权制度形成了以一家一户为生产单位的农民个体经营方式，生产规模过小，不利于劳动过程中的分工合作与农地资源的优化配置，因此根据马克思主义的合作制理论，借鉴老革命根据地"互助组"经验，积极引导农民开始互助合作（王敏燕，2006）。互助组是通过自愿、互利原则在个体经济基础上建立的劳动互助组织。形成四五户农户在农忙时相互协作的形式，农民仍然拥有农地的所有权和使用权，由单个农户做出农业生产决策，联合劳动取代完全分散的个体劳动，促进要素的合理流动，提高农业生产效率。

2. 初级合作社阶段

初级合作社规模一般大于互助组的规模，由 20 户到 30 户相邻农户组成。农户依然拥有农地的所有权，经营权和使用权由具有互助性质的集体组织统一经营、共同使用，农民把土地当作股份入股。初级合作社的安排是：按照自愿互利的原则，在承认农地私有权的前提下，农民以农地、农具等生产资料入股，使用权由个人使用变为集体共同使用，社员对入社的资产不再享有直接的支配权、使用权和占有处分权，但并没有丧失土地的所有权，实行集体劳动、民主管理。分配方式是按劳分配和按股分红相结合，在农村推行劳动互助、生产资料和农地合作制度，在允许社员有小块自留农地的情况下，社员的农地必须交给农业生产合作社统一使用，合作社按照社员入社农地的数量和质量获得农地收益（吴玲，2005）。在初级合作社阶段，农民对农地的所有权和使用权、收益权和交易权在农户和合作社之间发生了分离。

3. 高级合作社阶段

1956 年开始，全国范围内积极组建高级合作社，1957 年加入高级合作社的农户占全国总农户数的 96.2%（覃美英等，2007）。《高级农业生产合作社示范章程》确立了高级合作社制度，废除了农地私有制，使农地由农民私有制转变为农业合作社集体所有，标志着农民农地私有、集体统一经营使用的农地产权制度转变为集体统一所有、统一经营的农地产权制度。在高级农业合作社阶段，农民的农地和农具等生产资料被强制集体化，取消了个人生产资料产权以及相应的农地报酬，农地实行统一经营使用，农民集中劳动，劳动产品归集体所有，实行按劳分配，用工分制分配收益。高级农业合作社的建立标志农民个体所有制已完全被社会主义集体所有制取代，标志着中国农业社会主义改造的完成。

（三）人民公社体制下的土地集体所有、集体经营的产权制度（1959~1978 年）

1958 年 8 月 29 日中共中央政治局扩大会议通过《关于在农村建立人民公社问题的决定》，标志着以人民公社为组织形式的农村土地集体所有制的诞生。初期的人民公社实行的是"政社合一"的制度安排，农地归人民公社所有和经营，一切生产资料由公社所有。随后在 1962 年确立了"三级所有，队为基础"的经营管理体制，即以生产队为基本核算单位的公社、生产大队和生产队三级集体所有制。生产队一级占有土地等基本生产资料，直接组织生产和向社员进行收益分配，其规模大体划定在二十户，一百人左右；生产大队和公社一级拥有大中型农业机器，承担基本建设工程等大型项目的修建，此外公社一级接受国家的投资。"三级所有，队为基础"的土地制度在一定程度上实现了土地所有权与使用权的分离，并且允许存在不超过农地总量5%~10%的自留地由农户分散经营，调动了农民生产的积极性，增加了农民收入，促进了农业的增长，该时期的农地产权制度的集体属性有所下降，农地归集体所有的范围大大缩小。

二 改革开放以来农地产权制度改革历史沿革

改革开放以后中国的农地产权确立了农地集体所有、家庭联产承包经营的基本制度，农地所有权由集体所有，农户拥有承包权和使用权。邵传林等（2009）将中国农地产权制度从1978年之后划分为四个阶段，即1978~1984年、1985~1992年、1993~2002年、2003年至今。

（一）包产到户过渡阶段（1978~1984年）

党的十一届三中全会《关于加快农业发展的决定草案》，明确提出"不许包产到户"，由于个别地区的试点成功，国家经历了从不允许、允许例外、小范围允许到全面推广的过程，农民从"包产到户"到"包干到户"，1982年和1983年"中央一号文件"正式宣布农村家庭联产承包责任制的合法化。在家庭联产承包责任制下，所有权归集体所有，集体土地被按照人口、劳动力或者人口和劳动力的比例平均分配给农户承包经营，农户通过签订承包合同获得农地的使用权，初期的家庭联产承包制承包时间较短，一般为2~3年，且土地调整频繁，土地使用权的不确定性导致了农户不具有排他性的土地使用权，并规定社员承包土地，必须按照合同规定，在集体统一计划安排下从事生产，形成统购统派制度。1982年《中华人民共和国宪法》规定"任何组织或者个人不得侵占、买卖、出租或者以其他形式非法转让土地"。1984年底，实行家庭联产承包制的农户达到了97.9%（蔡昉，2008），实现了集体农地所有权与使用权的分离，以及"保证国家的，留足集体的，剩余全是自己的"三者的财富累积机制，农民因此拥有土地的收益权，以家庭为单位，自主经营，自负盈亏。这既保障了国家、集体的利益，也使剩余权机制在生产中发挥激励作用，解决了农地集体经营的监督和激励无效等外部性问题，带动了农村经济的改革和发展，农民收入得到显著增长，促进了农村社会的全面进步（王敏燕，2006）。1984年中共中央一号文件《中共中央关于1984年农村工作的通知》中规定了"土地承包制一般应在15年以上"，并"鼓励土地逐步向种田能手集中"，开始松动对土地流转的限制，并且坚持"大稳定，小调整"的原则与需要调整土地的农户充分商量，由集体统一调整，维持土地的稳定性。

（二）家庭联产承包责任制的巩固阶段（1985~1992年）

由于这一阶段我国经济正处于从计划经济向市场经济转轨的过程中，因此这一时期的家庭联产承包制主要是在确立集体所有、农户经营的体制后通过相关政策进一步巩固它，这一阶段经历了由动摇"两权分离"、家庭联产承包经营到稳定联产承包经营、统分结合、双层经营的过程，由农地使用权不能流转，到《宪法》第10条第4款修正确定为"农地使用权可以依照法律的规定转让"，从而使农地转包权实现从理论创新到实践创新。与此同时，农村经济体制改革向纵深发展，全面转入农产品和农业生产资料的流通领域，1985年中央一号文件规定"从今年起，除个别品种外，国家不再向农民下达农产品统派任务，按照不同情况，分别实行合同定购和市场收购"，"任何单位都不得再向农民下达指令性的生产计划"。计划经济时期"统购统销制度"逐渐消失，农民可以自由种植作物，拥有自由的土地经营权。这一时期，在农地集体所有、家庭经营的基本制度框架下，进一步试点、创新农地使用制度，努力挖掘和提高农地生产率，实现资源优化配置和制度激励。

（三）家庭联产承包制逐渐成熟阶段（1993~2002年）

1993年3月29日，第八届全国人民代表大会第一次会议通过的《中华人民共和国宪法修正案》把家庭承包责任制和双层经营体制写入宪法中，确立了家庭联产承包制的地位。11月颁布的《中共中央、国务院关于当前农业和农村经济发展的若干政策措施》明确提出把土地承包权延长30年。同年在《关于当前农业和农村经济发展的若干政策措施》中规定"在坚持土地集体所有和不改变土地用途的前提下，经发包方统一，允许土地的使用权依法有偿转让"。2002年8月中共中央颁布了《中华人民共和国农村土地承包法》，从法律层面保障了农民的土地承包经营权，允许农地在自愿基础上流转。这标志着农村土地承包经营制度已逐渐成熟，农民从法律上享有了承包土地的长期、稳定的使用权，提倡在承包期内"增人不增地，减人不减地"，在坚持土地集体所有和不改变农业用途的前提下，经发包方同意，允许承包方在承包期内对承包地依法转包、转让、互换、入股，建立土地承包经营权流转机制。在坚持集体所有制的前提下，各地进行了各种形式的农地制度创新，如两田制、股份合作制等，有效地促进了农民的增收和农业的发展。

（四）家庭承包经营制度的完善阶段（2003年至今）

2003年在党的十六届三中全会《关于完善社会主义市场经济体制若干问题的决定》中提出"土地家庭承包经营是农村基本经营制度的核心，要长期稳定并不断完善以家庭承包经营为基础、统分结合的双层经营体制，依法保障农民对土地承包经营的各项权利。农户在承包期内可依法、自愿、有偿流转土地承包经营权，完善流转办法，逐步发展适度规模经营"。2004年《宪法》将"家庭承包为主的责任制"修改为"农村集体经济组织实行家庭承包经营为基础、统分结合的双层经营体制"，即标志着以家庭承包经营为基础、统分结合的双层经营体制作为我国农村基本经营制度的法律地位正式确立。2004年以来，中央连续颁布6个"一号文件"来稳定农业发展、促进农民增收，取消了农业税，以及对农业进行直接补贴，并且几乎每一个文件都强调对农民的土地承包经营权加以保护，2009年中央"一号文件"指出"对现有土地承包关系保持稳定并长期不变"。2014年11月20日，中共中央办公厅、国务院印发了《关于引导农村土地经营权有序流转发展农业适度规模经营的意见》，提出实现所有权、承包权、经营权三权分置，引导土地经营权有序流转，发展多种形式的适度规模经营，使农民成为土地流转和规模经营的积极参与者和真正受益者。随着改革的深入，从最初的农业哺育工业，再到如今工业开始反哺农业，土地的收益权越来越多指向农民。综合以上论述，笔者将新中国成立以来各时期土地产权制度的特点表述如下（见表7-8）。

表7-8 新中国成立以来各时期土地产权制度特点

时期	土地产权制度特点
1949~1952年	农民的土地所有制，所有权、使用权、收益权、处置权等都属于农民所有
1953~1958年	土地农民所有制向集体公有制的过渡
互助组阶段	农民拥有农地的所有权和使用权等
初级合作社阶段	农户拥有农地的所有权，经营权和使用权由具有互助性质的集体组织统一经营、共同使用
高级合作社阶段	废除了农地私有制，形成集体统一所有、统一经营的农地产权制度
1959~1978年	人民公社体制下的土地集体所有、集体经营的产权制度
1979~1984年	确立集体所有、农户经营体制的家庭联产承包责任制
1985~1992年	在坚持家庭联产承包责任制下，取消统购统销制度，农民获得农地自由的经营权
1993~2002年	延长土地承包权30年，在坚持土地集体所有和不改变农业用途的前提下，经发包方同意，允许承包方在承包期内对承包地依法转包、转让、互换、入股，建立土地承包经营权流转机制
2003年至今	在坚持家庭联产承包责任制下，土地收益权越来越指向农民

三 启示

（一）我国正处于深化改革的重要时期，农村改革的关键在于创新农地产权制度

我国城市地区已经基本建立了市场经济体系，而在农村地区市场体系还未真正建立。城乡统筹发展要求工业反哺农业，以工促农，以城带乡，促进城乡一体化发展。在促进农村的深化改革中，最重要的是如何创新农地产权制度的问题。我国现行的家庭联产承包责任制，农地所有权属于集体，这种集体所有制不利于农地的流转和农地产权资本化的实现，导致农村的发展和农业现代化进程缓慢，也是产生城乡之间以及农村内部矛盾的主要根源。解决矛盾的关键在于明晰土地产权，加快创新农地产权制度，在保障农民利益

的前提下，实现农地的自由流转。2014年《关于引导农村土地经营权有序流转发展农业适度规模经营的意见》明确了在坚持家庭联产承包制不动摇的前提下，引导农村土地（承包耕地）有序流转，发展农业适度规模经营，是我国土地制度改革的重大制度创新、理论创新和实践创新，标志着农地流转进入新的阶段。创新农地产权制度对于加快农业现代化，逐步改变城乡二元经济结构体制，实现城乡一体具有重大的作用。

（二）要坚持以家庭联产承包责任制为基础，放活农地使用权

《关于引导农村土地经营权有序流转发展农业适度规模经营的意见》实现土地所有权、承包权和经营权的"三权分置"。土地所有权归集体所有，承包权归农民所有，农民能够处置农地的经营使用权，促进农地向家庭农场、专业大户、龙头企业等新型农业经营主体集中，改变农地细碎化的生产现状，实现连片规模化的经营方式。

（三）农地产权制度始终应以农民的利益为中心

农地作为农民就业、生活、养老等重要的实现途径，农地产权制度应当始终以农民的利益为中心，不能只考虑阶段性的利益，而应该以长远的目光，保障农民的切实利益，包括增加农民的收入，提高农民的生活水平，促进农民融入城市生活，将城市的文化生活带入到广大的农村地区，提高农民的社会保障以及公共服务水平。

第三节　途径的启示：基于农地产权资本化的视角

在城镇化的过程中，一个直观表现便是农村人口大量迁移到城市。这一迁移给城市发展输入了大量的劳动力，极大促进了城市发展，然而农村到城镇的转变方式不应是单纯地把农村人口迁移向城市，也并非盲目地把农村改造成城市，更不应该是城市建设过程中单向吸收和转移农村资源，导致农村萎缩，进而消失。新型的城镇化，应是以人为本，缩小城乡差距、追求城乡一体化的过程，在城镇和农村发展的问题上，需要注重两者差异，不刻意消除而是利用差异协调互补地发展。

面对过去城镇化的误区,新型城镇化该走什么样的路径?江西省位于中部,是具有悠久农业历史的农业大省,农村人口数量庞大,大中城市的保障措施不健全、吸纳能力不够,由于发展水平较为落后也暂时不可能走东部城市群发展的路径,农民不能顺利转变为产业工人,就会产生"候鸟式迁徙"等半城市化问题,给城市发展带来损失。因此,新型的城镇化才需要发展小城市、小城镇和建设社会主义新农村,这一新思路的核心就是"就近城镇化",但这一降低城市成本的最佳选择正面临着土地产权的障碍。针对土地产权的障碍,本节主要从农地产权资本化的角度入手进行探索性研究。

一 农地产权资本化

目前,农地是农民最基本的生活保障,同时充当了就业、社会保障、收入三重角色。由于农业收入相对较低,许多农民放弃了农业生产活动,转移到城市从事第二、第三产业的生产,我国耕地撂荒现象日益严重,其原因如下。

其一,农业成本上升,效益下降。尽管国家出台了多项对农业的支持政策,但是农民种粮的成本却急剧上升,种子、化肥、农药等农资价格持续上升,从事农业的农民收入低是农地撂荒的主要原因。而剩余的从事农业的劳动力主要以老人、儿童、妇女为主,导致了农村劳动力结构的改变,他们只能从事简单小面积的耕种,导致大面积耕地的撂荒。

其二,农业基础设施差。农村地区的自然条件各不相同,许多地区的水利设施损坏严重,耕作条件差,由于地形等原因,机械化水平不高。

其三,惠农补贴错位。国家为促进农业生产提出的补贴政策没有很好地发挥作用,例如自 2004 年开始对种粮农民实施的"粮食直补"等政策,国家实行的种粮补贴原则是谁种地补给谁,承包给他人的,按照承包协议处理,撂荒地和非农业征(占)用的耕地不予补贴。但在实际的执行过程中,土地长期闲置、无人耕种的承包者仍然享受着种粮补贴,而一些有耕种能力的农民愿意耕种土地或耕种这些土地,却享受不到种粮补贴,在一定程度上削减了有生产意愿农民的生产积极性。农业补贴不足以弥补农村和城市的收入差距，同时实施过程中的不到位一方面降低了补贴资金的使用效率，另一方面又牵制着农业的发展，因此农业补贴对耕地的保护是低效率的。

土地流转机制不健全、农地污染严重等原因也同样导致了农村耕地撂荒现象。此外，由于家庭联产承包责任制导致分散经营，单个农户的耕地规模小、不成块，各个农户的耕作方式和技术不同，农用地结构难以调整，整体规划难以实施，土地资源利用效率低，限制了农业的规模化经营，导致农业组织化程度和现代化程度都很低，减少了农民的生产积极性。虽然耕种收入少，但如果完全抛荒，一方面农民会觉得浪费，另一方面现有的农业直接补贴的对象是耕地的承包者，完全抛荒怕被集体处罚或者收回，拿不到农业补贴，因此出现了年轻劳动力外出打工，剩余的妇幼老弱耕种的现象。农地的利用效率低，保护18亿亩耕地红线不容乐观，因此应当促进农地产权资本化，提高农地生产效率，优化农业发展。

产权是指经济所有制关系的法律表现形式，包括财产的所有权、占有权、支配权、使用权、收益权和处置权。土地产权以土地所有权为基础，包括土地所有权、土地使用权、土地收益权和土地处置权。我国现行的农地产权制度存在一定的缺陷。第一是农地产权主体不明确，农民没有农地的所有权，缺乏对农地投入的积极性。第二是相关法律法规不健全，农民对土地的权益没有保障。第三是土地较为分散，不利于农业的规模化生产。在农村现代产权制度下，一方面劳动力具有流动性的特征，劳动力会流入收益较高的地方；另一方面对所有者有利的土地产权制度，能够提高效率和农业生产率，稀缺的土地资源也逐渐被看作一项可以投资的资本，土地和劳动力产生了分离，土地资源也被资本化并形成了土地资本（杨元庆，2009）。资本化的实质内容是把资产凭其数以转换成现期市场交换价值，市场化交易能够促进土地资本化的实现，促使农地资产价值得到充分实现（黄韬，2008）。市场机制运行的基本条件有三点：①产权界定清晰；②产权的转让；③产权受法律保护。目前，我国农地仍实行的是坚持农地集体所有，严格土地用途，农民享有承包权、经营权、使用权、收益权等权利。明确产权可以引导农民实现将外部性内在化的激励，促进土地使用权的合理流转，使生产要素由低效率流转到高效率，合理配置资源，实现农民对土地的收益权，促进土地要素的市场化和资本化。

马克思认为，当土地的收益权能够进入到市场流通，并且像其他的商品一样能够自由交易，土地就实现了资本化。费雪（1906）把资本定义为能在一段时期内提供服务的财富，包括土地、机器、建筑物、原材料、自然资源、人的技能等。而收益则是指服务流量超过必要的维持和更替费用的余额。连接资本与收益的是利率，因为资本的价值只不过是由其产生的未来收益流量的现在值，费雪关于资本价值未来收益的现值的论断构成了现代不动产评估技术的理论基础。用公式表示为

$$V(t) = \int_0^\infty f(t)e^{-rt}dt \qquad (7-9)$$

其中，$V(t)$ 为土地价值，$f(t)$ 为土地净收益，r 为贴现率，t 为时间。

本节提出的农地产权资本化的研究对象主要是指农用地产权的资本化，不包括非农用地或建设用地产权资本化，旨在坚持农地所有权集体所有，明确农民长期的承包权、经营权、使用权和自由处置权等权利，构建农地所有权、承包经营权、使用权"三权分离"的产权结构体系，建立健全土地承包经营权流转市场，按照依法自愿有偿原则，允许农民以转包、出租、互换、转让、股份合作等形式流转土地承包经营权，加快农地土地流转以发展多种形式的适度规模经营，使农民收入增加，城乡差距缩小，又可以促进农业规模化经营，增加农业的人力资本，优化农业管理经营模式，促进农业市场要素的融入，以及增加国家对"三农"的投资，从而实现农地产权资本化，促进农业发展，增加农民的收入，缩小城乡差距。农地产权资本化的收益现值构成可以表达为：

$$V(t) = \int_0^\infty [R(t)]e^{-rt}dt \qquad (7-10)$$

其中，$V(t)$ 代表通过农地产权资本化带来的收益现值，$R(t)$ 代表农地产权资本化带来的净收益，r 为贴现率，t 为时间。

在我国，农地资本化主要是指农地使用权的融通与流转，土地资本化

实际上是地租的资本化，而地租是以地价形式投入土地的资本的利息，从而可以得到农地使用权的价格（黄延延，2012）。土地价格的一般表示形式为：

$$土地价格 = 地租/利率 \quad (7-11)$$

农地价格表示为：

$$P = C/I \quad (7-12)$$

P 表示农村土地价格，C 代表农地的年租金，I 代表年利率。土地的价格代表的是所有权的价格，而我国土地的资本化是土地使用权的资本化，所以我们要得到的是农地使用权的价格，一般是有限期的流转，即在农地使用权资本化的年限中未来收益的贴现，农地使用权的价格则可表示为式（7-13）。当 n 趋于无限大，即转让土地的所有权，式中 $1/(1+I)^n = 0$，P' 就是农地地租的价格，使用权的价格等于所有权的价格：

$$P' = (C/I)[1 - 1/(1+I)^n] \quad (7-13)$$

二 农地产权资本化的途径

（一）农用地向建设用地转变的资本化途径

农用地转变为建设用地的农地产权资本化，根据资本化之后的用途可以分为公共利益下农地征收的所有权等资本化途径和非公共利益下农地征购的使用权等资本化途径（杜明义，2014）。

我国法律规定国家为了公共利益需要，可依法对土地实行征用或征收并给予补偿。农地征收并且转变为建设用地时，政府对农民需要进行一定的补偿，但是在补偿的过程中常常出现补偿不到位等情况，农民农地资本化的收益受到损害，农地的征收未能考虑到农民的发展问题，因此农民对农地征收出现排斥的现象。国家应根据城镇规划与土地用途管制原则对农地设立农地发展权，在城市规划、交通、水利等基础设施建设区构建并实施农地发展权，在设立农地发展权之后，征地价格应由征地补偿费、农地发展权价值构成。政府支付给农民的征地补偿费应当包括农地的使用权价值、附着物赔偿价值、安置费等费用。我国法律法规存在漏洞，导致产生以公共利益为目的的农地征收，反将农地使用权高价出让给商业开发者，从而获得高额收益的现象，农地资本化的本质是非公共利益，损害了农民农地权益。

非公共利益下农地征购的使用权资本化，土地流入主体是投资开发者，农业用地需要被投资开发者使用，必须要在国家严格控制批准下，实行农地征购制度，征收的农地所有权属于国家，投资开发者通过市场价格得到农地使用权，农民获得平等市场交易的使用权价格。国家获得所有权应该对农民集体组织补偿或进行相应税费减免进行补偿，从而提高农民土地资本化收益（杜明义，2014）。

（二）农用地规模化生产的使用权资本化

通过建立的土地流转信息平台，以市场化的价格，对细碎农地的使用经营权进行流转，以出租、转包、入股、抵押等方式实现农地的集中成片，通常农地流转的流入主体是新型农业经营主体，以实现农地的规模化生产。

三 农地产权资本化产生的效益分析

（一）提高农民的收入

促进农村土地产权资本化，农民可以从农地使用权有偿转让、租赁、转包等形式的流转方式中得到农地流转的补偿，解决了部分农民"亦工亦农，亦商亦农"的兼业状态，解放农地对部分农民的束缚，使这部分农村剩余劳动力能够放心地转移到城镇中，有利于农民从第一产业转移到第二、第三产业中就业，扩宽了就业渠道，对于促进农民就业，增加农民收入，提高城镇化水平有巨大的作用。从图7-1的农村居民人均纯收入来源中可以看出，现阶段农民的收入以家庭经营收入和工资性收入为主，二者相差不大。但是从图7-2的1995~2012年农村居民纯收入的构成变化中可以看出，在农村居民人均纯收入的构成中，农民的工资性收入上升得最快；财产性收入无论是占比还是增长变化都是较小和较慢的,主要原因是农村土地的产权不明确,农地产权资本化程度不高,直接造成了农民的财产性收入小,进而影响了农民收入相比于城镇居民收入增长慢,城乡差距扩大。

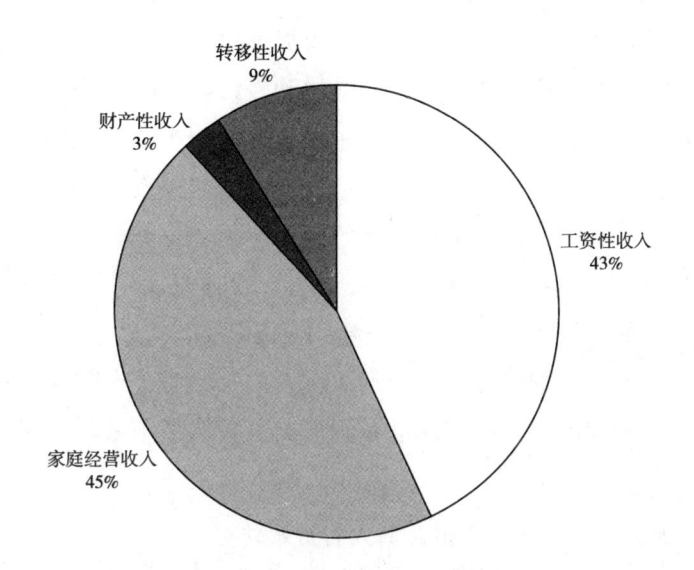

图 7-1　2012 年农村居民纯收入的构成

资料来源:2013 年《中国农村统计年鉴》。

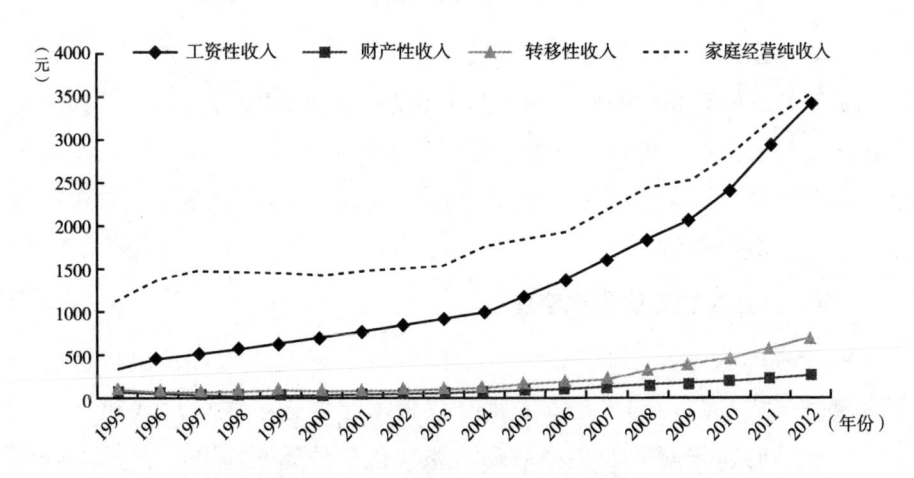

图 7-2　1995~2012 年农村居民纯收入的构成变化

资料来源:2013 年《中国农村统计年鉴》。

(二)促进农业规模化生产和现代农业的发展

目前我国大部分农地是细碎化和农户小规模经营方式,现代化的农机设备和先进的农业生产管理技术难以在农业上广泛应用,存在生产效率低、产量低等劣势。农民的农业生产经营很难对提高家庭收入有很大的影响,生产成本逐步提高,使农产品价格波动较大,同时自然环境对农业有很大的影响,农业生产风险性较大,削减了农民的生产积极性。另外,部分农民外出打工,土地抛荒现象严重。发展农地产权资本化,加速土地流转,可以促进农村的土地资源在农地的经营使用者之间合理流动,从低效率流向高效率,让有经验、有条件、有能力的农业大户得到农地的使用权,优化土地的资源配置,扩大农业生产的规模,促进农村土地的集约化,克服传统农业小规模生产的局限,将机械化农业生产和现代农业生产方式运用到大规模的农业生产活动中,提高农地的产出效率,促进农业的现代化发展。

(三)促进农村剩余人力资源向人力资本转变

由于农村地区的人力资源向人力资本转化相对滞后,一定程度上制约了农村经济的发展。农村的人力资源普遍存在文化素质不高的现象,对农业生产的技术掌握不够。促进农地产权资本化,实现农业生产规模化和集约化。尽管直接从事农业生产的农民人数减少,但是集约化的生产方式和现代农业的发展有利于将科学的农业生产方式在实际中得到应用。农民作为最直接的生产者,也将从以前家庭联产承包责任制的农民个体,变成有技术的农业工人。促进农村的人力资源向人力资本转变,是实现农业可持续发展的必要条件。

(四)加强对农业的生产管理

家庭联产承包责任制下的农业生产方式以家庭为生产单位,这决定了其管理方式是自由的管理,农地产权资本化促进了农业现代化生产方式,因此同时应当对农业生产活动实施现代化的管理模式。其基本要求有如下几点:①有计划地提高农业生产的社会化水平,科学合理地组织农业生产力;②大力开展对农业技术措施的经济评价工作,提高农业生产的经济效益；③根据现代化农业生产的特点，改进管理体制和管理方式；④逐步利用电子计算机等现代化管理手段以及现代经济数学方法来加强管理；⑤逐步建立一支有高度政治觉悟，具有农业现代化管理技能的队伍。加强对农业的生产管理，可以减少成本，提高生产效率，促进农业发展。

（五）促进要素市场向农业和农村的流入

土地流转、农地产权资本化既可以使农村剩余劳动力转移到城市中，促进城镇化进程，也吸引了城市的资金、技术、人才等要素向农村地区和农业流入，产权市场、金融市场、技术市场、信息市场等要素市场也将在农村逐渐培育和发展，发挥市场在资源配置中的基础性作用，提高农村的经济效益。

（六）增加国家财政对"三农"的支出

解决好"三农"问题是实现中华民族伟大复兴的重要方面，也是现阶段城乡差距逐渐扩大亟须解决的问题。要素市场的发展使要素向农村以及农业聚集，农业的迅速增长将增加国家财政对农村和农业的基础设施和固定资产投资。此外，由于许多农民失去了农地，国家也会增加对农民的财政投入，提高农民的社会福利水平。

四 启示

（一）促进农地产权资本化有利于实现农民对土地的收益权

对农地进行确权，促进农地产权资本化，农民通过土地流转可以获得流转收益，实现农民的土地收益权利。土地产权资本化的目的就是让农民受益，因此必须要促进土地产权资本化收益分配的公平性，使农民能够公平实现对农地的收益权。

（二）促进农地产权资本化有利于农业现代化发展

促进农地产权资本化可以使细碎的农地通过出租、转包、股份合作等方式进行流转成为连片的大规模的农地，从而可以实现规模化养殖。不仅可以使撂荒的农地重新得到耕种，而且规模化的经营可以提高农业生产效率，机械化程度的提高等现代化生产方式可以有效提高生产产量。农村剩余劳动力人力资源向人力资本进行转变，运用科学的劳动技能和生产方式，提高劳动力的生产效率。此外，引入现代管理理念方式对于降低生产成本有很大的作用，有利于农业的现代化发展。

（三）促进农地产权资本化有利于农村的发展

促进农业产权资本化在促进农民和农业发展的同时，也能促进农民生活水平的提高，这将增加对生活环境与生活质量的需求，也必然增加对农村发展的要求，而农业的发展将引入多方面的资本流入农村地区，改善农村地区的交通基础设施以及公共服务设施，对促进农村的建设和发展具有重要的作用。

第四节　推进模式：引导农村土地经营权有序流转

一　土地流转的政策梳理

新中国成立以来的土地流转政策经历了四个阶段，分别是全面禁止阶段、允许流转阶段、再次禁止阶段、逐渐放开阶段。表7-9列举了主要文件以及政策要点，可以看出农村土地流转是农村经济发展的方向，是实现农地产权资本化的重要途径。加快农村土地流转，促进农村土地与资本的转换，对农民而言可以获得土地流转收益，有利于农民增加收入、改善生活以及进行资本积累，并且促使农民向城市转移，提高城镇化水平。此外，对农业发展而言，农村土地流转使土地相对集中成片，有利于农业的规模化生产，实现农业现代化。

二　土地流转模式比较

在坚持家庭联产承包责任制的条件下以及农村土地流转原则的前提下，土地流转的形式主要有转包、出租、互换、转让、入股等，其特点如表7-10所示。全国各地土地流转的形式呈现多样化发展，由于每种土地流转形

表 7-9 新中国成立以来的土地流转政策变化

阶段	时间	主要文件	政策要点
全面禁止	1962~1988年	《农村人民公社工作条例修正草案》(1962)	"三级所有,队为基础"的集体土地所有制形式
允许流转	1988~1998年	《宪法修正案》(1988)	任何组织或个人不得侵占、买卖或者以其他形式非法转让土地
		《土地管理法》(1988)	土地的使用权可以依照法律的规定转让
		《城镇国有土地使用权出让和转让暂行条例》	国有土地和集体所有的土地的使用权可以依法转让
再次禁止	1998~2004年	《土地管理法》(1998)	国家为公共利益的需要,可以依法对集体所有的土地实行征用;农民集体所有的土地的使用权不得出让、转让或出租用于非农业建设
逐渐放开	2004年至今	《关于深化改革严格土地管理的决定》(2004)	在符合规划的前提下,村庄、集镇、建制镇中的农民集体所有建设用地使用权可以依法流转
		《中共中央关于全面深化改革若干重大问题的决定》(2013)	赋予农民对承包地占有、使用、收益、流转及承包经营权抵押、担保权能
		《国家新型城镇化规划(2014~2020)》	允许农村集体经营性建设用地出让、租赁、入股,实行与国有土地同等入市、同权同价
		《关于引导农村土地经营权有序流转发展农业适度规模经营的意见》(2014)	所有权、承包权、经营权三权分置,引导土地经营权有序流转,发展多种形式的适度规模经营

式具有不同的特点,因此适用性、风险性也有所不同。出租和转包都是坚持了原土地承包关系不变,原土地承包合同规定的权利和义务仍由承包方履行,新的承包方和承租方按照合同协议对原承包方负责。出租和转包不需要经过发包方的许可,只需向发包方备案即可,程序简便,因此成为欠发达地区农村土地流转的主要形式。但是出租存在契约稳定性较低的缺陷,土地所有权和承包期限等受限制,土地流入方的生产经营活动同样受限制,而转包

的运用范围具有一定的局限性，很难满足成片规模经营的要求。互换是需要在双方农户签订互换合同后，要与发包人变更原土地承包合同，形式简单、便于生产。但是由于农户之间私下互换土地时有发生，没有通过发包人变更土地承包合同，容易引发纠纷，也难以形成规模化和集约化的农业生产方式。转让是土地的承包经营权的根本性让渡，土地流出方得到一次性收益，在农村土地流转中应用占比较小，适用范围主要是一些有稳定非农业收入的农民和不愿意从事农业生产的农户。返租倒包模式的适应性较广，各种地形以及经济发展状况的地区都适用，但在其实施中常出现强制性征收农户土地，以及由于农户与集体组织信息的不对称导致的集体组织的寻租行为，损害农户的利益。股份合作对当地的经济发展水平、农户素质等要求较高，适用于第二、第三产业较发达的地区。尽管农民失去了对农地的直接经营权，但是可以通过股份得到股权收益。土地信托适用于经济比较发达的地区，可以科学引进农村不同土地所需的配套产业，及时地把握市场信息，但是全国试点地区有限，无太多的经验可以借鉴。抵押的方式存在农户不能按期还贷等风险，并且存在产权不明晰的特征，因此我国目前对土地使用权抵押贷款严格限制。我国的农村经济发展状况与风俗民情等实际状况存在很大的差别，应该根据当地的实际情况与探索创新，提出合适的土地流转方式，保护农民的权益，真正使农民受益，促进农业现代化。

表7-10 农村土地流转的形式

形式	特点
出租	把农民的承包经营权货币化，农户把土地承包经营权租给农业经营大户，属于一种债权的流转
转让	让农户全部或部分地放弃其拥有的农村土地承包经营权
转包	农户把自己承包的土地全部或部分出让给别人耕作
入股	将农户的土地承包经营权作为股权，资源入股组成土地股份合作社或股份合作制公司等，统一经营或对外发包，成员共担风险，共享收益

第七章 江西省新型城镇化融入长江经济带的关键之二：就近城镇化融入

续表

形式	特点
互换	在同一村组织内村民自愿将集体组织的承包土地进行交换,同时将土地承包经营权也进行相应的交换
返租倒包	在承包方自愿的基础上,集体经济组织将已发包给农民的土地再返租回来,经过统一的规划整理,重新发包或倒包给其他从事农业生产的经营者
信托	坚持农村土地集体所有权不变、承包权长期稳定的前提下,农户将土地的经营权(使用权)委托给土地信托服务组织即受托人,在一定期限内由受托人以自己的名义管理、使用土地或处分土地的使用权,委托人则获得土地的收益
抵押	通过农村土地承包方式取得的土地承包经营权有效存在的前提下,土地使用者(原承包方)并不转移对土地的占有权,而是将自己拥有的物权性质的土地承包经营权作为债券担保,发挥土地融资作用,取得银行贷款(主要是农业经营贷款)的形式

从2013年《中国农业统计年鉴》中的数据可获知,2012年全国农村家庭承包经营的耕地面积为8736.3366万公顷,家庭承包耕地流转总面积为1855.5605万公顷,比2011年增加了22.1%,其中按照流转形式划分耕地流转如表7-11所示。可以看到,在家庭承包耕地流转中转包的数量最多,出租的流转数量位于第二位,互换的流转数量位于第三位,而转让最少,主要是因为转包、出租不改变农地的承包权,只将农地的使用权流转出去,程序简单,适用性广。转让是放弃农地的承包权,而在现阶段农民对土地流转存在怀疑态度,认识不够深入,转让存在较大的局限性,从与上年的增长情况来看,出租增长最多,股份合作位于第二,其他形式排名第三,转让依然增长最少。按照流转去向划分,其中最高的是流转入农户的面积,为1200.4175万公顷(见表7-12),可以看出大部分的农地流转流入了农业种植大户中,剩余的流转去向加总只有流转入农户面积的一半左右。流转入专业合作社的增长率最高,比2011年上升44.4%;流转入企业的面积次之,比2011年上升34%,可以看出农户以外的土地流入主体是未来的发展趋势。

表7-11 2012年按流转形式划分耕地流转数量

流转形式	流转数量（公顷）	比上年增减（%）
转包	9152532	18.0
转让	733228	9.0
互换	1200363	23.2
出租	5355184	30.2
股份合作	1093758	29.1
其他形式	1020540	23.0

资料来源：2013年《中国农业统计年鉴》。

表7-12 2012年按流转去向划分耕地流转数量

流转去向	流转数量（公顷）	比上年增减（%）
流转入农户的面积	12004175	16.8
流转入专业合作社的面积	2940290	44.4
流转入企业的面积	1704207	34.0
流转入其他主体的面积	1906934	18.5

资料来源：2013年《中国农业统计年鉴》。

三 江西省土地流转的经验

（一）江西省土地流转的经验

江西省农业厅发布的关于贯彻落实《江西省现代农业体系建设规划纲要（2012~2020年）》的实施意见中提出要鼓励发展适度规模经营，加强土地的确权登记工作，坚持家庭承包经营不动摇，赋予农民更加充分和有保障的土地承包经营权，现有土地承包权关系保持稳定并长久不变。着力巩固土地确权、登记、颁证等工作，明确农村土地产权，大力推动和引导农民依法、自愿、有偿、规范开展农村土地承包经营权流转，推动因劳动力转移而闲置的土地资源向农业企业、农民专业合作社、家庭农场和种养大户集中。大力发展农民专业合作社，按照规范化、规模化、标准化、品牌化、产业化，有制度、有产业、有品牌、有人才的"五化四有"要求，以促进现代农业发展、农民增产增收、繁荣农村经济为目标，深入开展示范社创建活动,建立健全合作社工作指导服务体系,加大人才支持力度,规范和壮大一批示范社,支持有条件的农民合作社开展内部信用合作。从实施意见中可以看出促进农村的土地流转是巩固和完善现代农业经营制度的主要内容,是促进农业现代化的重要途径。为了推进江西省农民合作社的发展,省农业厅出台《江西省农民合作社示范社认定及监测管理办法》,表示对省级农民合作社示范社的评定和监测工作要遵循市场经济规律,引进竞争淘汰机制,发挥中介组织和专家的作用,坚持公开、公平、公正原则,不干预农民合作社的经营自主权。农地产权资本化促进了农业的市场化进程,有利于资源的优化配置,提高农业生产效率。

江西省农业厅有关人员表示,目前全省农村土地流转面积为930万亩,流转率达到28%。国家统计局江西调查总队数据显示,2014年前三季度全省农村居民人均可支配收入为6781元,同比增长730元,增长12.1%;全国农村居民人均可支配收入为8527元,增长11.8%。农村居民人均可支配收入构成中,人均工资性收入3159元,增长16%;经营净收入2157元,增长9.8%;财产净收入98元,增长24.4%;转移净收入1367元,增长6.4%。随着江西省农村土地确权登记的有序进行,财产净收入增长速度最快,土地流转将成为提高农民收入的重要来源。截至2014年11月初,全省111个有确权任务的县(市、区)、1426个乡镇推进农村土地的确权工作,其中92个县(市、区)落实了作业单位,完成农村土地的勘测面积达到1157.5万亩,完善土地承包合同199.4万份,完成登记簿农户数达到63.3万户,涉及面积304.5万亩,成立了86个县级、758个乡镇级土地流转服务中心,指导签订土地流转合同97.3万份。但从江西省各地方而言,它们与全省土地确权工作进度上有差距,质量上也存在优劣。

江西省多地共同探索土地流转的模式,通过案例经验描述可以更好地把握省内的土地产权资本化的现状。

1. 安义县"种植大户"模式

江西省安义县的种粮大户凌继河,连续三年获得由农业部颁发的"国家级种粮大户"的荣誉称号,由他创办的江西绿能公司也被评为"江西省农业产业化龙头企业"。2008 年，凌继河投资 1000 余万元组建了江西绿能公司，发展现代农业，带动农民共同致富。经过几年的发展，公司种粮规模逐年扩大，公司共流转耕地 1.8 万亩，并且聘请农民 137 名，一对夫妻每月可领工资大约 5000 元。此外，年底统一发年终奖，规定对于粮食亩产超过规定基数 1~50 斤，奖励 0.5 元/斤；超过 51~100 斤，奖励 1 元/斤；超过 100 斤以上，奖励 1.5 元/斤，有效地激励了农民生产的积极性，使农民得到更多的实惠。凌继河与江西农业大学、江苏农业研究院、广东农业科学院等省内外的研究院建立合作关系，引进先进的农业科技，引种种植再生稻，大量使用新技术，对农业设施升级改造，争取国家项目支持和企业自筹等方式筹集资金 5000 余万元。已建成 9000 亩高标准良田，其中有 6000 亩示范园区，运用良种良法、测土配方施肥和全程机械化耕作，实现了农业现代化。通过科学化管理，将商业管理经验推广至农业管理中，采取分区管理的方式，各分区相互竞争、绩效考核、优胜劣汰，对有突出表现的种粮大户年终时发放年终奖。种养大户的发展对带动当地村民生产具有积极的作用，同时提供就业岗位，解决农村的就业问题，科学的经营管理模式具有有效的激励和提高生产率的作用。

2. 安义县"以土地入股农业合作社"模式

江西安义县新民乡乌溪村村民引资发展水果种植园，并不满足于流转出租土地收取一定的租金，而是通过股份合作入股组建农民合作社的方式，以土地、资金入股的方式投资，农民自己成为股东。2012 年，乌溪村看中经济效益较好的葡萄产业，建立起了总投资 500 万元、占地 500 亩的葡萄种植园，并组建专业合作社。与南昌市其他水果种植园不同的是，乌溪村有 15 户村民通过土地入股的方式投资葡萄园，入股的土地达到了 110 亩。对于土地全部入股的村民，葡萄园还优先提供了劳动岗位，解决他们失去土地后的就业问题，农民可以通过经营葡萄产业得到一定的工资收入和按照土地、资金入股的股份取得年终的分红。这样不仅可以提高农民的收入，而且获得扩大生产或扩展产业链的资金需求，促进农业发展。

3. 南昌县多方式推进土地流转

首先，南昌市委、市政府出台《关于建立农村土地承包经营权流转交易市场促进适度规模经营的意见（试行）》之后，南昌县积极开展农村土地承包经营权流转交易市场建设试点工作，采取构建服务平台、加大扶持力度、培育新型农业经营主体三大举措，截至2014年4月底，南昌县农村土地流转面积达到31.86万亩，流转率达到31.54%。南昌县在全省率先建立集农村土地流转服务中心、农村土地承包经营权流转交易中心及农村土地承包纠纷仲裁委员会三位一体的农村土地流转服务平台，免费为土地的供求提供服务。

其次，政府为了激励延长土地流转的期限，通过政策的扶持，出台了《南昌县农业产业化专项资金奖补办法》，对流转期较长的经营主体进行奖励和补贴。强化政策性水稻保险，县财政补助投保农户的30%保费，大力推行由"政府主导、财政支持、市场运作、投保自愿"的商业保险，其中县财政承担商业保险保费的70%。

最后，是对土地流入的主体培育，以围绕构建新型农业经营体系为中心，大力发展和培育种养大户、家庭农场、农民合作社、龙头企业等新型农业经营主体。南昌县这种多方式推进土地流转的方式，既为土地流转建立了流转平台，为土地的供求提供免费服务，又对农业保险采取优惠政策，鼓励农业生产的积极性，土地流入主体的培育为新型农业生产奠定了基础。

4. 南城县"流转土地抵押"模式

2014年以来，南城农信社以流转土地作抵押，向县内多个乡镇的种粮大户提供帮扶，支持当地发展种粮大户。土地流转形成的新型农业经营主体在发展生产过程中，资金来源受到限制，阻碍了农业发展，为了得到银行的信贷支持，用农村流转土地当作抵押物，获得信用贷款的模式，解决了农地流入主体发展农业过程中融资困难的问题，仅2014年上半年农信社帮助农民承包良田面积达3000余亩。万坊镇农民张宝民承包了本村及周边稻田300多亩，并以《农村土地承包经营权证》和《土地流转合同》作抵押，在南城农信社贷款30万元，用于购置农业机械、购买农药化肥及支付雇用农民的工资等。运用抵押的方式从银行取得贷款，可以使更多有能力的农民从事更大面积的耕种，减少资金的约束。

5. 永新县"先租后建"模式

先租后建主要针对的是耕地主体耕种不到位造成农地抛荒、耕种质量差等困境,因此创新土地开发模式,通过建立土地流转平台、创建土地开发项目,向社会公布项目区块位置和面积,对拟开发项目区块采取先租赁后建设的方式,有意向的种植企业或种植大户与乡镇、村组、农户洽谈,对本地特色农业产业优先发展,落实耕作主体。与农户签订租赁合同之后,种植企业或种植大户可全程参与项目建设,跟踪质量监管,按照规划和自身实际耕种要求实施。由县国土部门抽调干部及项目区的工作人员,对项目实施过程中的纠纷、进度等事项跟踪处理。此外,在规划设计中,项目的选址、田间道路改造、水利灌溉等要充分听取农民的意见,尊重农民意愿。永新的"先租后建"模式将土地流转与土地开发相结合,对当地的农业进行有序规划,发展特色农业,通过农地租赁对农地开发利用,并改善了农地的基础设施。

(二) 对江西省土地流转的启示

通过总结江西省土地流转的已有经验,并就土地流转中存在的问题进行探讨,可以得到一些启示以对江西省的土地流转工作予以指导。

1. 江西省正处于土地流转的确权阶段

作为土地流转的前提条件,农地的确权十分重要,对农地明晰确权。为此,《关于引导农村土地经营权有序流转发展农业适度规模经营的意见》规定,用五年左右的时间基本完成土地承包经营权确权登记颁布工作,妥善解决农户承包地块面积不准、四至不清等问题。江西省正处于土地流转的确权阶段,因此各地要保持承包关系稳定,以现有承包台账、合同、证书为依据确认承包地归属,完善承包合同,健全登记簿,颁发权属证书,强化土地承包经营物权保护,为开展土地流转、调处土地纠纷、进行征地补偿和抵押担保提供重要依据。针对现在推行的确权工作遇到的问题,例如县乡一些领导干部由于农地的确权将会规范征地行为,从而没有推行确权的积极性,应当积极提供解决措施办法,使农地的确权工作顺利快速开展实施。

2. 因地制宜、循序推动土地流转和规模经营

我国土地的基本情况是人多地少,由于各地的地理环境以及人文环境存

在差异性，土地流转的形式也应该适应当地的环境，而不是各地统一的形式和流转规模。在坚持农户自愿的原则下，根据当地的经济发展状况，农民的意愿，综合各方面的条件，鼓励创新土地流转形式，发展多种形式的土地流转和规模经营模式，相同地区的流转形式和规模经营也应当有所差异。政府应当强化土地流转的市场体系的建设，为土地流转的信息提供交换平台。土地流转是关于农民今后生活的重要事项，应当循序推进，不能操之过急，让农民充分了解土地流转，尊重农民的意愿，有序推进土地流转，政府也不能盲目地为了追求政绩而片面追求流转速度和超大面积的规模经营。习近平主席表示要尊重农民意愿，坚持依法自愿有偿流转土地经营权，不能搞强迫命令，不能搞行政瞎指挥，不能片面追求快和大，更不能忽视了经营自家承包耕地的普通农户仍占大多数的基本农情。

3. 针对现行土地流转过程中出现的问题，采取积极措施

全国各地包括江西省在内，土地流转的相关试点正在陆续开展中，针对已经出现的问题，例如土地流转纠纷、市场流转率不高、土地流转相关法律不健全、土地流转市场不健全等，积极提出解决措施，正确处理农村土地承包经营权流转中的各项关系，尽快完善土地流转制度，使农民放心地进行土地流转，保证农民以及新型农业经营主体的相关利益。

四 引导土地有序流转的政策建议

城镇化是衡量一个国家或地区现代化程度的重要标志（李洁明，2003）。然而，我国在大力推进城镇化的进程中，遇到了许多问题，其中农业人口真实城镇化水平不高、"半城市化"现象普遍存在的问题尤为突出。江西省地属中部欠发达地区，经济条件较为落后，青壮年农民劳动力以南下北上务工居多。近年来，江西籍农民在省内务工的比重逐年上升，省外就业的农民工持续回流，虽然越来越多的农业人口选择"在家门口务工"，但他们之中的绝大多数仍不愿放弃手中的土地，留下耕地由家庭中弱势劳动力进行耕种。江西省是历史悠久的农业大省，在保障我国的粮食安全问题上一直有着巨大贡献，这种做法显然不利于对有限农地的集约化和规模化使用。而农民进城若无法真正享受到与市民同等的福利和保障，那么简单地割裂农民与土地的关系、把农民迁入城市，就会导致候鸟式迁徙现象的发生。农民在城市生活没有保障，城乡二元结构无实质性改善，向现代经济结构转型的压力依然巨大。

新型城镇化是相对于过去而言更为合理的城镇化方式，是对城镇化概念的展开与升华，是以人为本的，以实现区域统筹与协调一体、产业升级与生态文明、制度改革与制度创新为目标的崭新城镇化过程。江西的产业基础比较薄弱，为摆脱过去城镇化所面临的困境，新的城镇化发展需要以省内的农转非为主，这就需要充分发挥小城镇的积极作用。而这一就近城镇化的思路所遇到的最大障碍便是土地产权的问题，对农地产权资本化的研究就是一个有益的探索，不仅可以从理论上丰富区域城镇化研究，而且还能够在实践中适应现实需要、推动就近城镇化，这对江西促进经济社会发展和实现以人为本、解决农民工进城问题有着重大的现实意义。

（一）继续推进农村土地承包经营权流转

1. 完成农村土地确权赋能

应尽快完善农地产权制度，从法律上确立农地所有权主体。我国农地所有权主体法律界定不明，形成了模糊的共有产权，农民的农地使用、收益和处置权等得不到有力的保障，从而难以有控制地、主动地进行农地资本化经营。要明确农村土地所有权主体归集体所有，并加快农民土地承包经营权确权的颁证。此外，要赋予农民承包地的权利，更要对其进行切实的保护，以避免农民的权益受到不必要的损害。明确农地产权主体享有的权利，将权利的内容进行细化（刘正山，2003）。向所有农民发放符合规定的合同和证书，对农民增加土地中长期投入的决策具有显著影响。

2. 健全我国农村土地流转法律制度

完善土地所有权法律制度，制定专门针对农村土地流转的法律法规，完善《物权法》关于土地产权的规定。使土地所有权制度与现行法律关于农村集体所有制相吻合，确保农村集体经济制度不变，同时又能赋予农地承包者相应的权益，使农民的权利得到保障。法律法规除了明确农民承包土地的权利之外，在土地流转中也应当保护农民的利益，在出现纠纷时，能够给予弱势群体农民更多的保护，农民才没有后顾之忧，放心让土地流转。此外，应当对农民实施法律援助，成立相关法律咨询机构及服务机构，专门处理土地流转中出现的纠纷，维护农民的权益。

3. 完善农村土地流转市场体系

可以在优化农村土地流转市场环境上下功夫。转变政府职能，不得强制性使用行政手段干预土地流转，正确引导土地规范、透明地流转，遵循"依法、自愿、有偿"原则，规范基层政府的行为，杜绝违规违法操作，维护土地流转双方的利益。完善农村土地流转中介机构，积极培育和发展土地流转中介组织。目前许多农村地区土地流转的中介组织缺少规制，使得一些人可以利用制度的缺陷和漏洞来从中获利，损害了农民的利益。由于在土地流转过程中土地供求信息空间分布分散，土地流出主体和土地流入主体之间的信息传递存在障碍，土地交易成本过高，资源配置效率低。应当在全国范围内广泛建立以承包农户为流转主体，以土地承包经营权为交易对象的土地流转交易场所，即土地流转市场，组织、协调、指导土地承包经营权的流转，提高由信息渠道不顺畅导致的低效率问题。促进其他形式的中介机构，如土地融资机构和保险机构等形式的中介机构的发展，建立中介机构监督机构，保障农民权益不受侵害。

建立健全土地流转机制。包括建立健全土地流转价格机制，确定比较公平合理，对土地流转双方都有利的土地流转价格，既能够通过价格调节实现土地流转市场的供需平衡，优化土地资源配置，又能够提高农户对土地流转的积极性，建立科学的农地承包经营权流转价格评估体系。建立健全土地流转风险保障机制，在签订土地流转合同之前应对土地投资经营者进行严格审查，适当缴纳一定的风险保证金和使用保证金，降低在合同期限内土地单方面毁约造成的风险。建立健全处理土地流转纠纷机制，加强和完善以村级调解为基础、仲裁机构依法仲裁为主体、依法诉讼为辅的处理农村土地流转纠纷机制，从机构的设立、人员以及经费上给予保证，使之能够及时处理土地流转过程中的各种纠纷。

4. 加强基层政府和农民对土地流转的认识

少数地区的地方领导对于土地产权资本化、土地流转的认识不到位，行动迟缓，对相关的政策和法律法规研究不深入，并在某些地区出现经费到位率不高的现象。应当加强基层政府对土地产权资本化的理解认识，清楚详细了解土地流转相关政策法规的细节，才能正确引导农民的土地流转工作，提高效率。基层政府应当发挥关键作用，加强宣传，使农民充分了解农地产权资本化、土地流转的具体内容和实际意义，解释农民承包农地拥有的权利，分析流转的利弊，介绍土地流转的形式，提高农民对土地流转的认识，制定详细的工作计划，根据当地实际情况，进行广泛宣传。地方政府应当加大对宣传工作资金、时间和人力资源的投入力度，确保宣传工作的顺利执行。

（二）根据区位不同，选择差异化的农地产权资本化

由于农地区位具有差异性，因此农地的价值也有所不同。根据农地离城市的距离，划分为三个区域，分别为城市、近城市的农地、远离城市的农地（见图7-3）。由于我国处于城市化快速增长的阶段，城市的迅速发展，城市郊区化使城市不断向外延伸扩张，农地产权资本化的同时也会导致一部分农民向城市转移，城市建设土地紧缺，近城市的农地作为建设用地的商业价值比较大，因此近城市的农地资本化的途径用于农用地向建设用地转变，即公共利益下农地征收的所有权和非公共利益下农地征购的使用权资本化价值比较高。一方面，对于距离城市较近的农地，应当适度放开土地流转后的耕地性质不变要求，为城市的扩张提供建设用地，促进城市的发展。另一方面，远离城市的农地比较适合农用地规模化生产的使用权资本化途径，通过土地流转，将土地流转到种粮大户等新型农业经营主体中，提高农地的生产效率。

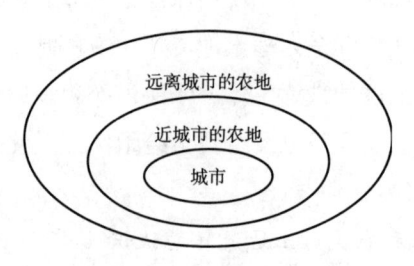

图7-3 农地区位图

(三) 推动实现城乡统筹的发展

"三农"的发展不能只依靠农地产权资本化，而是应当纳入城市的规划发展中，统筹城乡发展，做好农业产业的规划，发展当地特色农业，并且在公共服务上也应当实现公共服务的均等化。农民失地等于失去了一个获取收入的重要渠道，由于农民的教育水平比较低，以及城镇就业岗位也有限，农民的再就业困难，加上有一些农民失地得到的补偿不到位，危及农民的基本生计，因此将农民纳入社会保障体系中是十分必要的。应当完善农村的社会保障，构建城乡一体的社保体系，将全体农村居民纳入保障体系当中，构建城乡统一的医疗、生育、养老、伤残等社会保险制度。共享经济发展的成果，解决农民的后顾之忧。增加对农村地区的公共服务投资，完善基础设施建设，增加将农村资源转换为人力资本的投资，对农民提供专业的农业技能教育培训，提升农民的生产技能。

(四) 推进转移农民市民化

对于流转出农地、转移到城镇的农民，应当通过政策扶持使之尽快融入城市生活中，使之市民化。首先，要解决好转移农民的就业问题。农地流转或征收后，应通过培训让农民获得农村现代农业与非农产业的就业，同时许多农民进入城镇，应实行优惠政策解决好就业渠道，保证一定的就业资金。其次要解决好居住问题。农地整体流转和一些农地征收后许多农民会失去原居住地，应进行规划让农民获得新的居住地，让农民能真心支持农地资本化经营。再次，要解决好教育问题，农地流转和征收后一些农民会涌入城镇，应让其子女享受与城镇子女同等的教育机会，促进农村剩余劳动力的转移（杜明义，2014）。最后，要认真落实农民自由迁徙与落户，让转移到城镇的农民获得平等的市民身份。

(五) 促进农地产权资本化的新探索：取消农业"四补贴"

尽管农地荒废，但是许多农民仍不愿意放弃农地的使用权，其中最重要的原因之一便是农村社会保障的不完善，因此本书在完善农村社会保障措施上进行了探索，即取消无效率的农业补贴，完善农村社会养老保险机制，使农民能够没有后顾之忧，促进土地流转，加速农地的资本化。

中国的农业补贴政策先后经历了1960~1993年的"向粮食消费者提供补贴"、1993~2003年的"对粮食流通环节进行补贴"和2004年之后的"对种粮农民直接补贴"三个阶段,表现了国家对农业的支持和保护政策。2004年开始,中央政府连续七年出台"中央一号文件",农业税减免、免征农业税、种粮直补、农资综合补贴政策、良种补贴政策、农机购置补贴政策等农业补贴政策先后在全国范围内实施,使粮食播种面积增加。从粮食产量来看,1998~2003年粮食产量明显下降,2003年之后开始大幅上升(见图7-4)。粮食作物播种面积自1999年之后明显下降,2003年之后有所上升,但是粮食作物播种面积低于1999年之前水平;农作物总播种面积呈现较平稳状态,2006年之后有小幅度上升趋势,因此农业补贴政策在一定程度上调动了农民的种粮积极性,但是粮食的增产与化肥和农药的使用有较大的关系,农业补贴作用有限(见图7-5)。

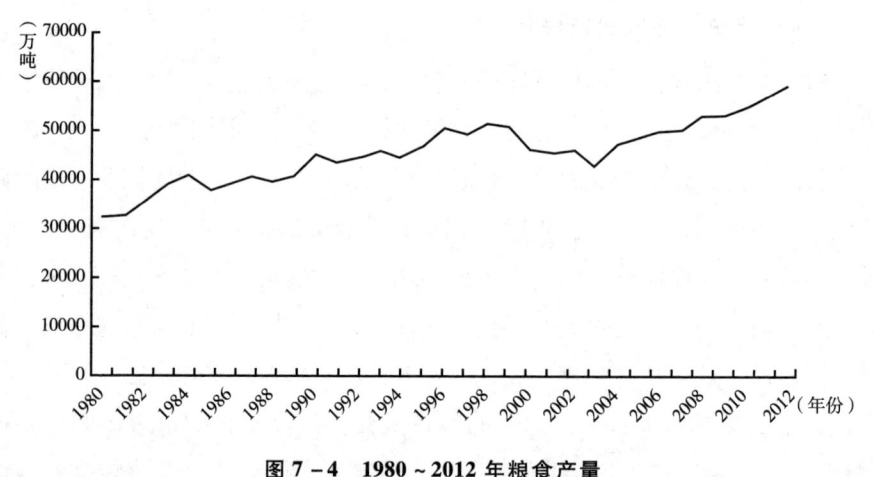

图7-4　1980~2012年粮食产量

资料来源:相关年份《中国农村统计年鉴》。

从理论上来说,农业"四补贴"政策应该调动农民对耕地保护的积极性,但是农业补贴政策并没有对耕地起到有效的保护作用,1996年全国耕地总面积为19.51亿亩,2003年底耕地面积为18.51亿亩,2011年底下降到18.25亿亩,除了明显的耕地减少,还有很多没有统计的耕地抛荒现象,实际耕地数下降,保护18亿亩耕地红线不容乐观,同时耕地质量问题凸显。

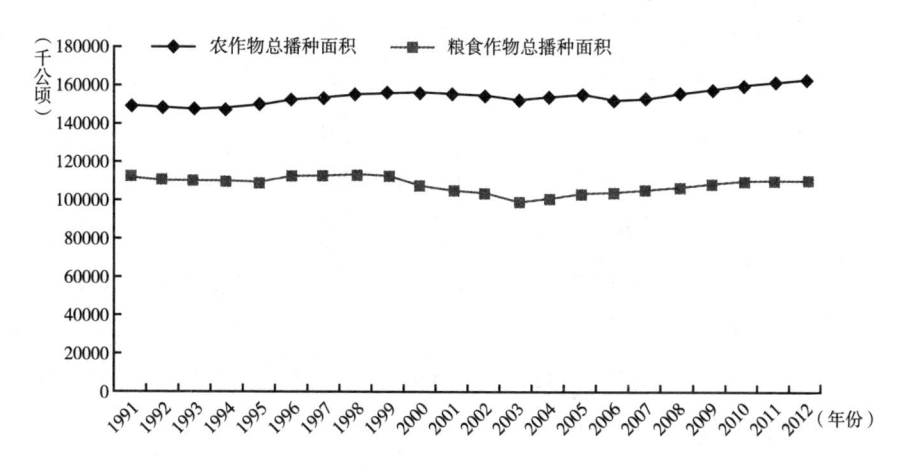

图7-5　1991~2012年农作物总播种面积及粮食作物播种面积

资料来源：1992~2013年《中国统计年鉴》。

从以上的分析中可以看出，一方面耕地撂荒的现象日益严重，农地补贴制度存在缺陷，无法真正促进农业发展，形成有效的规模种植；另一方面，现行的新型农村养老保险存在着没有实现普遍参保、保障水平低的特点，基于这些特点，本节提出以农地补贴制度改革完善农村养老保险，使新型农村养老保险覆盖到全部农村人口，成为普惠式福利。实现此项改革可分为两部分，第一部分是取消农业"四补贴"，将"四补贴"资金投入转移到新型农村社会养老保险的集体补贴中；第二部分是延长农民对土地承包经营权的使用时间，稳定农户农地承包权，落实农地的所有权、承包权、经营权的三权分置，引导土地的有序流转。以农地补贴制度改革完善农村养老保险运行机制的设计，提出首先以取消粮食直补、农资综合补贴、良种补贴和农机购置补贴这"四补贴"，分离农村土地的所有权、承包权和使用权，确定所有权归集体所有，承包经营权分担到户，并且延长农民对土地的承包权的年限，使用权可以由承包土地的农民有条件自由流转出去，限制耕地流转成为非农用地（见图7-6）。建立所有农村居民的养老保险账户，把需要的"四补贴"资金投入，分派到新型农村养老保险基金的地方政府补贴的集体补助账户中去，并且中央政府应该相应提高基础养老金水平。这样既可以使全体农村居民强制性参加到新型农村社会养老保险中，增加资金投入，提高社会保障水平，又使农民对土地流转没有顾虑，将承包的土地流转出去形成规模化生产经营，提高农业的生产效率。以 2010 年数据为例，根据农业部数据，2010 年国家财政用于"四补贴"的资金共计 1225.9 亿元，2010 年 16 周岁以上、60 岁以下人口有 4.27 亿人，忽略 16 周岁以上在校学生人数的影响，平均每人可分得补贴近 287 元，是现有新型农村养老保险中集体补贴 30 元的 9 倍以上，大大增加农村养老保险的保障水平。如果将"四补贴"资金转给农村养老保险中的集体补贴，同时提高中央财政对基础养老金的标准，农村居民福利水平将大大提高。

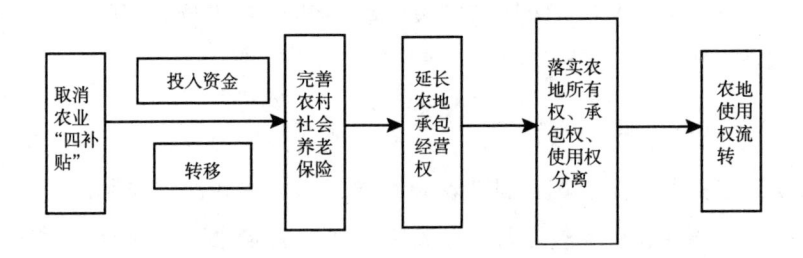

图 7-6　以取消农业"四补贴"政策促进农地产权资本化机制

第五节　推进方式：大力发展县域特色经济

在拥有了土地作为保障之后，地方农业人口留在当地或近地发展便有了现实依据。此时，若以就近的颇具发展潜力的经济体作为牵引力，将更有利于促使农业人口的转移，从而实现就近的城镇化。

发展县域经济有助于将农村劳动力就近聚集在当地，保护本地人力资源不外流到其他经济发达的省市中去，缓解打工"候鸟"人群面临的来自家庭及自身发展的社会压力；也有助于推动地方的产业经济发展，进而在小范围内由点到面扩散带动相邻县镇的经济发展。在此，本节以江西省内颇具特色的三处县域的经济发展为例进行分析和研究，力图为江西省县域经济的发展所面临的问题做出解释，并对未来如何发展提出导向性的建议。

一 推进产业融合的县域特色农业现代化：以泰和乌鸡产业为例

当前泰和乌鸡已基本形成保种、养殖、加工为一体的农业产业链，但产业附加值仍较低，且对地方相关产业带动不强。据估计，当品牌效益生成后，泰和乌鸡产业收入有望达到100亿元，这需要探索泰和乌鸡品牌产品如何"走出去"、泰和乌鸡加工产业如何"赶上去"以及泰和乌鸡产业如何"走进来"，由此走出一条新型农业现代化与县域经济融合发展的示范之路。

（一）泰和乌鸡产业发展的优势和现状

1. 注册了系列产权保护品牌，成为国字号农产品地理标志产品

泰和乌鸡为世界珍禽，至今已有2200多年历史。泰和乌鸡集药用、营养保健、观赏三大价值于一身而成为泰和引以为傲的"地标品牌"。2000年以来，泰和乌鸡先后获得首批国家级畜禽保护品种、全国首例活体原产地域保护产品、地理标志证明商标、中国驰名商标、中国农产品地理标志产品等多块金字招牌，已经成为泰和县发展县域特色经济的珍贵资源。

2. 基本形成保种、养殖、加工一体的农业产业链，具有一定的产供销能力

通过推行泰和乌鸡标准化养殖，开拓产品销售新通道，泰和乌鸡产业发展步伐明显加快。截至2014年，全县已经建立了13个泰和乌鸡大型养殖场和澄江、马市、南溪、塘洲四大商品乌鸡养殖场基地，培育1万只以上泰和乌鸡的养殖大户200多户；创办泰和乌鸡加工企业13家，年加工鲜活泰和乌鸡600多万只，形成8大系列130个品种。

3. 初步迈向实体＋电子商铺的营销模式，农民增收初见成效

泰和乌鸡蛋、泰和乌鸡相继获得国家有机产品认证，并引导企业与上海股东商场签订了泰和乌鸡产品入驻商城销售意向书。2014年全县饲养泰和乌鸡2000万只，出栏1600多万只，销售泰和乌鸡蛋1000多万枚，创产值6.5亿元，实现利润2.1亿元，农民从中人均增收425元。

(二) 制约泰和乌鸡产业发展的问题与原因

1. 生产者的品种保护意识不强，种质资源保护体系不健全

20 世纪 80 年代初期，随着泰和乌鸡价格的不断攀升，当地养殖户急功近利，掺杂使假，使用激素饲料，降低了泰和乌鸡的品质；以次充好，以假乱真，损毁了泰和乌鸡的形象。20 世纪 90 年代全国各地到泰和引种泰和乌鸡，并在当地繁育杂交乌鸡。由于杂交乌鸡成本低廉，加上杂交乌鸡市场的不断扩大，对原种泰和乌鸡市场形成了很大的冲击。更为重要的是，泰和县在泰和乌鸡种质资源保护上尚未建立"原种鸡－母代鸡－商品鸡"三级良种繁育体系，目前仅停留在保种的层面上。当地销售与加工均是原种鸡，虽然在短期内获得了一定的经济效益，但给长远发展带来了诸多隐患。

2. "泰和乌鸡"品牌侵权行为严重，产品品质参差不齐

为谋取利益，部分外地企业盗用泰和乌鸡品牌，大肆养殖和加工杂交乌鸡销往市场；少数本地商贩也经常以次充好，挤占乌鸡市场，损毁乌鸡声誉。为了打假维权，泰和乌鸡协会曾制作了正宗泰和乌鸡防伪标识标志并启动了防伪查询系统，但由于"泰和乌鸡"商标目前只适用于活体乌鸡，打假维权工作停滞。尽管"泰和乌鸡"注册了商标，并已有国家质量标准体系，但是市场上销售的泰和乌鸡仍真假难辨，出现了乌鸡产品品质参差不齐、鱼目混珠现象，影响消费者的消费预期。

3. 泰和乌鸡"珍、稀、奇、特"品质表现缺乏科学依据

泰和乌鸡的品质好在哪里？"珍、稀、奇、特"表现在哪里？当前我们对泰和乌鸡的认识还停留在古代书籍记载、古药典说明中，它的药用疗方和营养功效缺乏科学准确的实验依据，没有科学的研究数据，我们对泰和乌鸡的认识和认同就只能在遐想之中，就会缺乏底气和自信。泰和乌鸡的营养元素含量和药用元素含量的微观表现不能实时公布，泰和乌鸡的十大独特特征宣传普及不够，人们对泰和乌鸡的神奇珍贵之处认识不足。

4. 产业经营组织化程度低，对地方相关产业带动不强

目前，泰和乌鸡仍是以养殖大户分散饲养为主，与瞬息万变的大市场不相适应，致使行情好时一哄而上，行情差时一哄而下，难以规避市场经济风险。由于缺乏大型龙头企业带动，多年来，泰和乌鸡的销售主要以活体乌鸡、速冻冰鲜乌鸡、礼品包装的鲜蛋为主，不利于长途运输和保鲜，且附加值低，制约了销售市场的进一步拓展。尽管全县现有 7 家泰和乌鸡加工企业，但由于投入不足，产品科技含量不高，市场开发不得力，使得泰和乌鸡的加工转化一直停滞不前，无法带动泰和乌鸡产业的深度发展。由于泰和乌鸡产业仍然处于"微笑曲线"底部，产业层次低，对当地相关产业如旅游业、创意文化产业等的带动作用不强。

（三）以泰和乌鸡产业为特色的县域经济发展路径与对策

1. 加大正本清源力度，着力建立"泰和乌鸡"品牌，推进乌鸡产品"走出去"是发展泰和乌鸡特色产业的根本保障

（1）加大正本清源力度，加快推进泰和乌鸡品质研究和产品科技创新开发。

加大对泰和乌鸡品质研究和产品科技创新开发，采取政府与企业联盟方式组建原种泰和乌鸡研究院，与高校、科研院所合作，发挥其人才、设备和技术优势研发营养保健、药用等乌鸡系列产品，以此正本清源树立"泰和乌鸡"的国字优质品牌，恢复生产者和消费者信任度，带动泰和乌鸡及其衍生品的消费，促进泰和乌鸡产业链的振兴。

（2）加强对"泰和乌鸡"的"珍、稀、奇、特"品质表现的宣传。

通过报纸、电台、电视台等新闻媒体的努力，推动一系列有关"泰和乌鸡产业化发展"的大讨论，着重加强"泰和乌鸡"的"珍、稀、奇、特"品质表现的宣传，如"泰和乌鸡"形象目标的确定，产业化发展通用标语和口号的确定，泰和乌鸡产业化发展对泰和县经济发展的意义等，增强全县民众开发泰和乌鸡的观念，扩大民众的参与程度。

（3）全力塑造"泰和乌鸡"品牌，统一品牌标签和防伪标识。

乌鸡办公室和乌鸡协会要加强品牌建设，建立"泰和乌鸡"产品标准，对每一只流入市场的"泰和乌鸡"进行标准筛选，配备统一品牌标签和唯一的标识码，在每一个活体乌鸡和鸡蛋上烙印防伪标识，通过每一个标识码和防伪标识对"泰和乌鸡"实行系统管理和营销管理，使每一只乌鸡都有唯一的身份，有效防止假冒伪劣。

（4）加快协会职能转变，组建泰和乌鸡产业发展集团，提高营销组织能力。

一是要发展专业化合作组织，提高饲养户组织化程度。坚持"民办、民管、民受益"原则，创建一批泰和乌鸡养殖专业合作社，为养殖户提供产前、产中、产后服务，架起从生产到销售的桥梁。二是要引导龙头企业、专业合作组织与养殖农户结成利益均沾、风险共担的经济共同体，实现泰和乌鸡专业合作组织与龙头企业的有效对接，提高饲养户市场化、组织化程度和抗风险能力，促进泰和乌鸡产业的发展。三是要培育壮大龙头企业，增强辐射带动功能。强化企业联营、扶强不扶弱战略，继续扶持江西生物谷、半边天药业、汪陂途禽业，发挥其龙头带动作用。加强泰和乌鸡协会的品牌宣传与招商引资作用，鼓励和引导社会资本投向泰和乌鸡产业，实行开放型产业发展战略。

（5）加快企业创业创新，依托物联网和互联网技术，建立泰和乌鸡产品诚信营销系统。

一是充分利用物联网技术，通过打造1~2家乌鸡智能化养殖示范场，推行统一生产布局、统一技术规范、统一提供鸡苗、统一饲料配方、统一禽病防疫的"五统一"生产管理模式，利用物联网技术，实现泰和乌鸡养殖由标准化向智能化方向转型。将物联网与互联网对接，实现产品溯源，让消费者通过物联网看到所购产品的养殖环境和管理程序，消除消费者对产品安全的担忧。二是充分利用"互联网+"平台，着力打造以泰和乌鸡序列产品为主，集全县特色农产品展示展销、电子商务知识培训为一体的"泰和特色农产品网络销售平台"。三是在周边地区和大中沿海城市设立统一标识的泰和乌鸡产品专卖店，实行连锁经营。利用电商在资金、检验和销售渠道方面的优势，让消费者与线下的养殖企业合作并约定产品质量，将检验合格的农产品以集体的品牌进行线上销售，构建一条从养殖到餐桌的直销通道。

2. 实施品牌共享认证，着力推进泰和乌鸡生产加工"赶上去"是推动县域特色经济发展的有力抓手

（1）实施品牌共享战略，提高泰和乌鸡加工企业的创新利润。

一是建立严格的"泰和乌鸡"品牌监管和"四统一"运行机制，即统一商标名称，企业在统一证明商标下加注自有商标，采取母子商标制；统一质量标准，养殖企业严格执行《世界地理标志泰和乌鸡》（GB/T21004 2007）国家标准和农业部颁发的《农产品地理标准泰和乌鸡养殖技术操作规程》，加工企业参照泰和乌鸡国家标准和国家食品、药品相关标准制定企业标准，做到"泰和乌鸡"的品牌共享共建。二是通过整合兼并、内引外联等办法，培养扶持一批本地龙头企业，帮助江西生物谷、半边天药业、汪陂途禽业等现有泰和乌鸡龙头加工企业上规模、上档次，提高泰和乌鸡加工企业的创新利润。

（2）推进品牌国际认证制度，开拓泰和乌鸡标准化保健添加产品的国际市场。

申请将泰和乌鸡产业发展列入省级层次"十三五"规划，结合国家推行的"一带一路"战略，发挥泰和乌鸡世界珍禽和国字号农产品地理标志产品的优势，鼓励江西生物谷和半边天药业等骨干加工企业率先进行泰和乌鸡养身保健添加产品的国际认证工作，提高国际化产品的市场份额。

3. 实施多产业融合发展，着力推进泰和乌鸡产业"引进来"是实现县域经济产业升级全面发展的有效途径

（1）推进文化先行战略，增强泰和乌鸡产业"引进来"的原始动力。

一是筹建泰和乌鸡文化博物馆，制作"禽仙子泰和乌鸡动漫"，宣传泰和乌鸡文化、美食、观赏、药用价值；二是定期举办泰和乌鸡文化节，开展泰和乌鸡文化展、产业高峰论坛、经贸洽谈会；三是组建企业参加国内相关农产品展销会、博览会、交易会等活动；四是完善泰和乌鸡官方网站，将网站建设成为集产品宣传、防伪查询、信息发布、技术培训、投资推介、互动交流等为一体的泰和乌鸡专业网站。

（2）推进旅游融合战略，增强泰和乌鸡产业"引进来"的带动效应。

一是申请将泰和乌鸡产业发展列入市级层次"十三五"规划建议，充分发挥《西游记》有关"真假乌鸡国"的传说，充分挖掘泰和乌鸡深厚的文化底蕴，建立全国唯一的"乌鸡国"旅游景区；二是通过和大井冈山红色旅游线路衔接，建立第二条"神话"旅游线路；三是开拓当地泰和乌鸡品尝、体验等深度旅游节目，提升泰和乌鸡产业带动县域经济发展的共享度。

二 推进循环经济的新型工业化：以丰城循环经济园区为例

当前我国经济步入新常态，经济增速放缓，下行压力不断增大，而丰城循环经济园区却全面进入了发展的快车道，尤其是近两年呈现出"井喷式"的发展态势，不仅成功引进江西瑞林、江西冠今、史丹利等一大批国内知名的龙头企业落户，而且两年间还完成签约资金达93亿元，占园区项目总投资的82%，园区各项指标已进入指数级增长阶段。2014年，园区工业产值达135亿元，实现税收4.76亿元，成为丰城最具特色的绿色经济增长点，被国家相继评定为全国再生资源回收体系建设试点单位、全国工业固废综合利用示范基地、中国再生铝基地和国家"城市矿产"示范基地。

（一）丰城循环经济园区的成功经验探索

1. 传承历史发挥比较优势，找到一条符合当今发展潮流的循环经济道路

循环产业是永不落幕的朝阳产业，废旧资源利用是永不枯竭的"城市矿山"。不同于过去简单的垃圾回收业，循环产业是典型的劳动密集型产业、政策密集型产业、技术密集型产业和高附加值产业，对区域经济的带动作用较为明显。丰城传承其60余年废旧物资回收利用的悠久历史，拥有10万余名回收拆解从业人员以及全国闻名、江南最大的废旧物资集散地，大力发展循环经济，既解决了环保问题，又造就了一个新的绿色产业。

2. 筑巢引凤先行先试，探索出一个县域循环经济产业园区快速发展的样板

2007年起，丰城依托现有产业基础和资源优势，通过筑巢引凤的方式和先行先试的魄力，建设了循环经济产业园区，将一批批电子废弃物、废旧家电、报废汽车等城市垃圾"吃干榨尽""变废为宝"。截至目前，园区已签约落户企业55家，其中规模以上企业14家，上市企业4家，央企、国企3家，协议总投资约137亿元。如今，循环经济园区已成为中东部地区发展再生资源产业最具投资价值和最具发展潜力的投资首选地，成为县域循环经济产业园区快速发展的样板。

3. 技术引领规模扩张，打造出全省首个国家级的循环经济产业基地

丰城循环经济产业园区高度重视技术引领作用，已聚集众多龙头技术型的龙头骨干企业，如全国一流的稀贵金属研发示范企业中国瑞林、港深上市公司东江环保、中国城市矿产第一股格林美、全球最大塑编企业天津华今、江西省首家E版上市企业——江西丰荣、世界最大复合肥企业史丹利等龙头企业相继入驻。如今，循环经济园区已成为全国再生资源回收体系建设试点单位、江西省循环经济试点单位、江西省再生资源利用产业示范基地、全国工业固废综合利用示范基地、中国再生铝基地和国家"城市矿产"示范基地。

4. 链式发展产业整合，形成一个快速发展的县域特色朝阳产业增长极

丰城循环经济产业园区积极推动再生资源产业向技术、资金密集和集群化转型，通过链式发展进行产业整合，已聚集了以格林美、新兴发展为龙头的回收、拆解产业区，以江西金洋、江西宏成、泰和百盛、江西恒泰为代表的熔炼产业区，以中国瑞林、东江环保、江西冠今、江西明大、江西邦尔达为代表的精深加工产业区，以赣中再生金属集散市场为主体的再生资源专业市场系统，吸引全省、全国的废旧资源向丰城聚集。2014年，循环经济园区企业工业产值已占丰城市当年工业总产值的21%，成为丰城经济绿色崛起新的产业增长极。

（二）制约丰城循环经济园区领先发展的因素分析

1. 体制阻碍：园区没有"户口"，还不是省级产业园

经过八年的建设发展，作为中东部乃至全国循环经济产业发展示范区的丰城循环经济园区未被列为省级产业园区，也未被列入国家和江西省产业园区名录，尚不是正式、独立的产业园区。园区现有的综合服务平台已难以满足日趋强烈的大型企业规模化发展的需求，也难以支撑再生资源企业对园区专业化服务的要求，丰城循环经济园区正面临着政策扶持、专项发展资金、项目审批、用地指标、金融支持、招商引资、品牌申报等方面的重大瓶颈。

2. 产业阻碍：园区之内产业链、产业群尚不完整

目前，循环经济园已基本形成以"废电线电缆、废五金和废电机拆解-废铜-熔炼加工-铜杆、铜丝、铜排""废铝-分选-熔炼-再生铝-铝材"为特色的两条完整的产业链，稀贵金属和再生塑料产业链尚不完整，再生金属的深加工、精加工环节亟待完善。受产业链的延伸效应和产业群集聚效应制约，园区部分企业产能不能完全释放，如园区格林美汽车拆解项目，运行两年以来，由于缺少报废汽车来源，一直无法释放全部产能。

3. 平台阻碍：投资周期长，缺乏中小企业融资平台

由于再生资源企业属于资金密集型行业，企业绝大部分资金用于原料采购和产品流通等环节，生产经营所需的资金量大。由于再生资源企业的投资周期普遍较长，园区企业还存在融资贷款难的突出问题。当前，由于金属冶炼行业市场走势低迷，各大国有银行对再生金属企业尤其是中小企业较为谨慎，严格控制贷款规模，直接导致各家银行对企业放款难度较大，放款成本偏高。初步估计，循环经济园区中小企业融资缺口高达80亿元。

4. 公共服务设施阻碍：园区发展受空间制约较严重

尽管循环园区一直坚持"园当城建"的理念，但基础设施的建设还是跟不上园区发展的速度，各种基础设施不完善。此外，园区企业还面临着土地指标方面的问题。每年，江西省国土资源厅对丰城市固定下拨自有计划工业用地配套指标仅有800亩。随着省政府对获取土地指标的途径进行调整，再生资源产业重大项目难以通过申报省重大项目来取得用地指标，而中小企业取得用地指标的难度则更大。土地指标的制约已严重影响丰城循环经济园区的领先和持续发展。

（三）将丰城循环经济园区建成全国领先的省级示范产业园的建议

1. 体制创新引领：关键落实省级示范产业园的立项审批

首先，尽快将丰城循环经济园区增列为省级产业园。发挥丰城为江西省第一批省直管试点县（市）的体制创新优势，将丰城循环经济园区尽快增列为省级产业园区，是符合江西省委、省政府将丰城列为省直管县（市）不断深化体制改革的总体要求。其次，加快推荐园区申报国家级再生稀贵金属示范基地。重点依托中国瑞林、东江环保等入园企业，以电子废料、工业废渣、低品位杂铜和阳极泥等为原料，综合回收金、银、铂、钯、铑等十多种稀贵金属和基本金属，将园区建成并申报国家级稀贵金属再生示范基地。

2. 强区链式整合：着力打造县域经济绿色崛起的样板

首先，强区扩园推进"宜居宜业"新园区建设。市政府按照"因产兴城、以城促产、宜居宜业、共融发展"的发展思路，加快产业集聚区、宜居生态城区、现代物流园区、循环"慧谷"的"四区一谷"建设，走出一条以循环经济为核心的县域绿色崛起之路。其次，加快推进"补链工程"。以江西格林美、江西泰和百盛、江西瑞林、东江环保等龙头企业在园区已形成的上游原料聚集优势，重点建设中小企业孵化园，培育发展具有高附加值的下游精深加工产业，探索以龙头企业为引领，下游精深加工为特色，再生金属精深加工产业聚集的特色发展模式。再次，加快推进"引链工程"建设。重点引进优美科、新格、怡球、中节能、中汽零、江铃、江铜、江钨等龙头企业，为发展下游精深加工产业奠定原料基础，加速产业集聚。最后，推进绿色智慧园区建设。新建覆盖全园区企业的环保在线监测系统，打造园区一体化、虚拟化、自动化、绿色的全新数据中心，全面推进绿色智慧园区建设。

3. 现代平台孵化推进：打通"物流+互联网"交易渠道并提升中小企业科技孵化与融资能力

首先，将丰城的国家"城市矿山"交易中心纳入全省"十三五"信息化规划，加快建成国家"城市矿山"交易中心和"物流+互联网"平台。依托赣中再生金属集散市场，全面启动丰城矿业再生资源交易中心的建设，同步建立信息交互、产品交易、金融服务的网络综合平台；建立"互联网+传统物流+线下交易"的物流互联网平台。以格林美和爱回收网的"互联网+回收"回收平台为基础，创新回收交易模式，建立以园区"城市矿山"资源加工处理品种和数量为需求的"互联网+传统物流+线下交易"的串联式"互联网+再生资源回收交易"平台。其次，依托循环经济产业，加快建成园区科技企业孵化器。以"开放式、资源共享"为孵化平台搭建模式，面向再生资源产业搭建中小企业孵化平台，着重解决中小企业发展中的现实需要和共性技术难题，为中小企业融资提供良好环境。最后，引进中小金融服务机构。支持九江、南昌等地方银行、小企业信贷中心拓展市场，支持小额贷款公司、村镇银行等专业机构壮大实力和信用升级，放大融资功能。

4. 优质公共服务扎根跟进：提升园区服务绩效和创新能力

首先，以海铁联运陆地港项目为依托，建设具有港口功能、商贸服务、信息服务为一体的综合公共物流服务平台。积极引进中国物流有限公司等国内大型知名物流企业落户园区，打造区域性现代物流集散中心。其次，设立一站式综合服务中心，包含行政事务、企业事务、人才引进交流、技术转化、用工需求等多功能，形成覆盖全园区的创新型服务系统，同时成立重大项目服务专员制度，加大对项目的服务力度。最后，充分发挥政府的牵头、引导、协调作用，力促江西理工大学与循环经济园区开展产学研合作、共建产学研基地，同时推进园区与中南大学、北京工业大学、南昌大学等院校的校企联盟合作，加大再生资源产业、生产性服务业与产学研合作力度，推进重大科技成果向现实生产力转化。

三 推进传统资源依赖型产业的发展升级：以"泛高安"建陶基地为例

目前，以江西高安建筑陶瓷产业基地为中心的"泛高安"建陶产业集群已颇具规模，公共配套设施齐备，产业链条较完整，但产业附加值仍较低、资源依赖性较强，基地主营业务收入存在较大的下行压力，"泛高安"建陶产业的转型升级已迫在眉睫。通过"创新引领"和"出口倒逼"，"泛高安"建陶产业集群有望实现可持续发展，产值将超过1000亿元，由此走出一条传统资源依赖型产业的发展升级之路。

（一）"泛高安"建陶产业发展的现状和困境

1. 已经形成相对稳定的产业集群，带动了相关产业的发展，但存在严峻的下行压力

截至目前，江西高安建筑陶瓷产业基地共有建筑陶瓷生产及其配套企业158家，形成了陶瓷制造、陶瓷化工原料加工、陶瓷机械制造、陶瓷包装、陶瓷物流运输等产业集群，也是江西省20个产业示范集群之一。围绕着高安形成的"泛高安"地区（包括宜丰、上高和丰城）的大宗建陶产业，已带动了一批相关产业如环保产业、小型化工行业、机械制造业、包装等行业的发展。2007年高安市陶瓷产业基地建立，随后被江西省政府授予"江西省建筑陶瓷产业基地"称号；2008年7月，又被中国建筑材料联合会命名为"中国建筑陶瓷产业基地"，成为全国唯一的国家级建筑陶瓷产业基地；2013年，仅高安建陶产业基地的产值就已一举跃升为全国第二大陶瓷产区。然而，由于房地产低迷导致的建材瓷砖市场不景气，以及低附加值和同行竞争带来的压力，"泛高安"建陶产业面临着严峻的下行风险。2014年，高安建陶产业基地产值下降成为全国第三大陶瓷产区，"泛高安"诸多建陶产区的企业都普遍存在产品积压、产销率低、经营困难的情况，很多企业即使采取降价和赊销，效果也不佳，部分企业因承受不住压力提前停窑，甚至一些企业已经倒闭。

2. 已经形成一定的自主品牌效应，但高端品牌少、贴牌生产中低端产品的趋势依然存在

截至目前，江西高安建筑陶瓷产业基地拥有建筑陶瓷品牌136件，驰名商标10件，省著名商标25件，知名商标22件，江西名牌产品4件，自主品牌效应初步显现。然而，对应于国内生产基地的分工定位，"泛高安"建陶基地的产品结构总体上是粗放型的，销售渠道以国内三四线市场为主，盈利模式为"薄利多销"。此外，高安建陶产业基地以贴牌生产中低端产品为主，贴牌比例仍高达70%，产品的附加值低。

3. 拥有很好的特色优质陶瓷原料，但整个行业生产能耗高、运输成本高，绿色转型的压力大

据探明，"泛高安"的特色优质陶瓷原料资源储量大于5365.7万吨，优质高岭土（瓷土）资源储量大于32969万吨，但是整个"泛高安"建陶行业属于资源消耗性产业，对能源和陶土资源的消耗极大。2014年，江西高安建筑陶瓷产业基地的单位工业增长用电量高达0.15万千瓦时/万元。不仅如此，"泛高安"建陶基地的主体产品属于中低端生产，"大进大出"现象十分普遍，又加上缺乏水路港口运输通道，运输成本在其产值中所占比重平均高达30%以上。

4. 主体上已形成以内销为主的龙头化生产，但出口份额比重小、销售渠道相对单一

一直以来，"泛高安"地区的建陶企业定位为中低端、普通家庭，加上运输成本的限制，市场销售半径仅以周边800千米范围的江西、湖南、湖北三四线城市为主，其销量份额占据了销售总额的 70%。然而，国际市场未能开拓，优质产能不能释放，与佛山的建筑陶瓷出口企业 708 家、出口市场遍及 200 多个国家和地区的规模相比，高安建筑陶瓷出口份额不仅少，并且通过佛山贴牌出口的情况严重，利润空间较小。2014 年，高安建陶基地的 300 亿元产值中，出口额不到 1 亿元，属于贴牌外销的比例高达 90%。

（二）制约"泛高安"建陶产业发展升级的原因

1. 受传统发展路径依赖的影响，习惯于"薄利多销"的生产经营方式

高安建陶的历史可追溯至 1978 年，2000 年后高安的国营陶瓷企业开始改制，引进先进的生产线，承接佛山转移过来的瓷砖生产，成为"生产基地"。十几年来，基地企业采用传统的生产工艺和管理方式，导致基地对外界变化反应迟钝、拒绝变革，影响了新思维、新技术、新产品的出现。受传统发展惯性影响，高安建陶产业延续过去的"大进大出"模式，以生产低价的中低端产品为主，产品的附加值低。

2. 受批量营销模式和低投入偏好的限制，创新意识不够强，缺乏研发平台和高强度投入

在承接产业转移时，"泛高安"建陶产业基地更多地引入了生产，而没有引入科研和营销。十几年来高安建陶基地引进成套进口设备多，关键设备和零件少；引进硬件多，软件少，高新技术设备少，缺乏高水平的研发平台，更缺乏高强度的研发投入。此外，产业整体层次明显偏低，一直强调批量营销且偏好低投入，企业缺少较高投入的核心技术，使得高安普通建陶产品在国内市场上的售价仅为同类产品平均售价的 1/3，在国外市场上的售价也仅为平均售价的 1/5 甚至 1/20。

3. 受生产规模的冲击和优质陶瓷原料的"诅咒"，创业意识不够强，缺乏品牌"专有化"升级换代

建陶企业一直受到"大进大出"的规模生产扩展模式的冲击，加上"泛高安"地区政府竞相宣传其优质陶瓷原料的优势，关联的建陶企业和相关企业创新意识不够强。由于"泛高安"地区不仅生产线多而且单条生产线产能较大，自己的品牌还没有树立起来，渠道也没建立起来，只能依靠简单的低价销售模式，或者采用贴牌生产，以求得产销平衡。这种低价格竞争不利于

"高安陶瓷"品牌的"专有化"升级换代,挤压了高质量品牌的生存空间和增质通道,使得高安建陶企业的形象不够鲜明,品牌的推广软弱乏力。

4. 受运营成本的制约和公共财政投入的限制,公共配套设施没有完全发挥规模化的外部效应和环保作用

江西高安建筑陶瓷产业基地已建立了国家产品检测中心、建陶实训中心、口岸作业区、建陶博览交易中心、供气中心、污水处理厂等完善的配套功能平台。但是受运营成本的制约和公共财政投入不足的限制,这些配套设施没有发挥应有的作用。比如建陶博览交易中心建成后,从未投入使用;口岸作业区也尚未有海关入驻,"煤改气"未能完全到位,污水处理不能完全运转等,这些既影响到公共配套设施规模化外部效应的发挥,也影响到企业和基地的环境达标。

(三)"泛高安"建陶产业发展升级的路径与对策

1. 通过技术引领,延伸建陶产业的价值链

首先,抓紧制定实施淘汰落后技术细则,改造落后的旧技术,倒逼企业转型升级。政府强行限制和淘汰落后产能,新上生产线一律采用新型节能窑炉和余热利用设施。其次,组建企业战略联盟,政府建立财政补贴基金专门用于先进工艺流程、新技术的引进。补贴应有所挑选,其标准应以企业生产产品的发展前景为准,而不是以财务指标进行一刀切。优先向陶瓷原料连续球磨系统、YP10000型压砖机、瓷片抛光机、优化3D打印技术和柔性化喷墨印花机等工艺流程进行财政补贴。最后,组建省级的政-企-校协同平台,推进"高安陶瓷"的新产品研发。以新明珠、太阳等优势骨干企业为龙头,发展陶瓷薄砖、干挂陶瓷板、抗污抗菌陶瓷等功能型陶瓷产品;以江西富利高陶瓷有限公司为领头企业,大力推广薄板生产,降低运输成本,增加产品附加值。

2. 通过品牌创新,提高建陶产品的市场竞争力

首先,做好品牌载体和宣传工作。省市利用政府公信力通过互联网站、电视、报刊各种平面媒体以及中国·高安建筑陶瓷文化节等宣传形式,对高安建筑陶瓷品牌进行强势宣传。此外,设立建陶商标工作推进宣传组,对全市所有陶瓷企业生产的陶瓷产品,生产地址一律只标识"中国建筑陶瓷产业基地·江西高安",真正打响"高安陶瓷"品牌。其次,加快推动"泛高安"跨区域内的行业战略重组,着力造就一批龙头建陶企业,并扶持品牌企业上市营销。同时,引进国内品牌网络营销总部,建立高安建筑陶瓷品牌的企业总部经济。

3. 通过资源循环利用,增加建陶产品的附加值

首先,将建陶产业的循环利用纳入江西省"十三五",并加大对透水砖的政府采购力度。充分利用全国和江西省对"海绵城市"的建设契机,将透水砖系列列入政府采购清单,做到废旧陶瓷的循环再利用。其次,制定和推广建陶产业循环利用的行业标准,以此提升生产线的价值链。重点扶持江西绿岛科技有限责任公司在利用废旧瓷砖生产透水砖方面的龙头作用,带动高安建陶基地透水砖生产线发展。最后,推动制定区域性的工艺流程节能降耗标准。开展集中供料、集中供气以及集中处理废水、废渣工作的原则,制定"泛高安"区域性的工艺和设备、质量管理、节能降耗、清洁生产的标准,利用工艺创新,发展功能型产品开发技术,提升产品的附加值。

4. 通过"出口倒逼",实现建陶产业的高端升级

第一,省级政府出面尽快打通水陆港的专用运输通道,降低运输成本。加快建成江西省最大的出口和外销顺畅的铁路物流编组站与无水港,海关入驻,并推进实现铁海联运,使得高安的陶瓷在本地就能报关出口。第二,借助"一带一路"的政策利好,将整个"泛高安"地区的建陶产业升级纳入全省"走出去"的战略规划,尽快打通始发高安通往中亚、西亚的五定班列,"倒逼"建陶产业的高端升级。第三,宣传并落实现有倾斜性政策。对质量达标的建筑陶瓷产品,列入国家商务部的采购目录。同时,宣传和落实鼓励企业"走出去"的国家奖励政策,如《扶持中小企业"走出去"发展基金》,对出国参加展会的企业进行奖励。第四,鼓励高安骨干建陶企业在境外设立销售中心,可采取代销、自主品牌专卖店等形式,或者与国际品牌合作创新品牌来开拓国内外市场。第五,引进或组建外贸集团企业,成立国际贸易政策普及工作小组,鼓励建筑陶瓷企业自营出口。

参考文献

[1] 陈修颖：《长江经济带空间结构演化及重组》，《地理学报》2007年第12期。

[2] 罗祖德、徐长乐、蒋雪梅、郑燕：《四川——长江经济带上的希望之星》，《科技导报》1998年第7期。

[3] 段进军：《长江经济带联动发展的战略思考》，《地域研究与开发》2005年第2期。

[4] 陈友国：《长江流域经济带发展战略建议（三）——实现跨江、多层次经济发展区设想的探讨》，《湖南经济》2001年第1期。

[5] 唐辉、杨新梅：《长江流域经济带共同发展的基本思路与对策》，《武汉交通管理干部学院学报》1999年第2期。

[6] 朱英明、姚士谋：《长江经济带农业劳动力转移的特征研究》，《中国人口科学》1999年第2期。

[7] 辜胜阻、黄顺祥、陈志祥：《长江流域经济开发和缩小东、中、西部差距》，《长江论坛》1997年第3期。

[8] 沈玉芳等：《上海与长江中上游地区区域经济发展的不平衡性及其协调机制研究》，《华东师范大学学报》（哲学社会科学版）2000年第2期。

[9] 李靖、谷人旭：《长江经济带合作发展探讨》，《地理与地理信息科学》

2003年第1期。

[10] 陈修颖、陆林：《长江经济带空间结构形成基础及优化研究》，《经济地理》2004年第5期。

[11] 彭劲松：《长江上游经济带产业结构调整与布局研究》，《上海经济研究》2005年第4期。

[12] 陈雯、周诚军、汪劲松、向俊波：《长江流域经济一体化下的中游地区产业发展研究》，《长江流域资源与环境》2003年第3期。

[13] 丁三青：《长三角交通一体化对徐州在区域经济发展中地位的影响——〈长江三角洲地区现代化公路水路交通规划纲要〉解读》，《生产力研究》2006年第12期。

[14] 钱芝网：《长三角经济圈区域物流一体化探析》，《生产力研究》2006年第10期。

[15] 金春良：《长三角经济一体化的障碍及对策》，《中国市场》2005年第44期。

[16] 汪祝龙：《长江流域经济一体化发展现状及对策思考》，《华东经济管理》2005年第2期。

[17] 陈湘满、刘君德：《加快长江沿江基础设施建设促进长江流域经济一体化》，《邵阳师范高等专科学校报》1999年第4期。

[18] 李迅：《论成渝经济区形成及发展的基础》，《现代企业文化》2008年第6期。

[19] 中国人民银行成都分行金融研究处课题组：《我国区域经济规划现状及成渝经济区发展远景——基于"十一五"时期区域发展的回顾》，《西南金融》2010年第6期。

[20] 刘朝明、董晖、韩斌：《西部增长极与成渝经济区战略目标定位研究》，《经济学家》2006年第2期。

[21] 王海芬：《关于推进成渝经济区产业融合的思考》，《商业现代化》2010年第14期。

[22] 李文东：《积极应对金融危机，推进成渝经济区产业结构升级》，《天府新论》2009年第6期。

[23] 孙继琼：《成渝经济区城市体系规模结构实证》，《经济地理》2006年第6期。

[24] 薛宗保：《西部大开发战略下的成渝经济区研究》，《统计与信息论坛》2011年第2期。

[25] 辜胜阻、易善策、李华：《城市群的城镇化体系和工业化进程——武汉城市圈与东部三大城市群的比较研究》，《中国人口科学》2007年第4期。

[26] 王昌兴：《关于武汉城市群发展问题的若干思考》，《湖北社会科学》2004年第5期。

[27] 曾翔旻：《武汉城市群的发展模式及定位》，《沙洋师范高等专科学校学报》2003年第4期。

[28] 方创琳、蔺雪芹：《武汉城市群的空间整合与产业合理化组织》，《地理研究》2008年第2期。

[29] 赵伟：《中部地区崛起的城市群战略》，《武汉大学学报》（哲学社会科学版）2006年第4期。

[30] 董力三、张文佳：《长株潭城市群——中部新经济增长极的初步分析》，《衡阳师范学院学报》2006年第3期。

[31] 孙红玲：《城镇化到都市化的战略提升——机遇长株潭城市群建设与发展》，《经济地理》2007年第5期。

[32] 刘茂松：《长株潭城市群"两型社会"建设的几点思考》，《湖湘论坛》2008年第2期。

[33] 冷红：《长株潭城市群发展战略思考》，《云南科技管理》2011年第5期。

[34] 陈晓华、张小林：《长三角一体化背景下的皖江城市空间整合》，《现代经济探讨》2006年第8期。

[35] 程必定、袁宏：《皖江城市带承接产业转移示范区建设对中国区域发展的时代价值》，《江淮论坛》2010年第6期。

[36] 王洋：《皖江城市带承接产业转移示范区》，《安徽农通学报》2010年第5期。

[37] 李停:《皖江城市带承接产业转移的区际合作障碍——机遇晋升博弈分析视角》,《安徽师范大学学报》2010年第6期。

[38] 马怀礼、刘保满:《皖江城市带承接产业转移示范区的产业整合模式分析》,《特区经济》2011年第1期。

[39] 麻智辉:《环鄱阳湖城市群发展战略构想》,《江西社会科学》2006年第3期。

[40] 黄新建、廖汉鲁:《构建环鄱阳湖生态城市区的若干思考》,《求实》2008年第6期。

[41] 赵黎黎、黄新建:《环鄱阳湖生态城市群空间结构的经济分析》,《南昌大学学报》(人文社会科学版) 2008年第4期。

[42] 刘耀彬、刘玲:《鄱阳湖生态经济区城市群发展SWOT分析及对策建议》,《特区经济》2011年第1期。

[43] 陈永国:《积极推进新型城市化:基于新型工业化的分析》,《商业研究》2006年第16期。

[44] 杨帆:《新型城市化及其评价指标》,《理论学习》2008年第9期。

[45] 曹萍页:《新型工业化、新型城市化与城乡统筹发展》,《当代经济研究》2004年第6期。

[46] 朱铁臻:《中国特色的新型城市化道路》,《北京规划建设》2008年第5期。

[47] 程必定:《统筹城乡协调发展的新型城市化道路——兼论成渝试验区的发展思路》,《西南民族大学学报》(人文社会科学版) 2008年第1期。

[48] 张静:《走新型的可持续发展的城市化道路》,《经济问题探索》2004年第2期。

[49] 原新、唐晓平:《都市圈化:一种新型的中国城市化战略》,《中国人口、资源与环境》2006年第4期。

[50] 彭红碧、杨峰:《新型城镇化道路的科学内涵》,《理论探索》2010年第4期。

[51] 牛文元、李倩倩:《中国新型城市化战略的认识》,《科学对社会的影

响》2010 年第 1 期。

[52] 牛文元：《中国新型城市化战略的设计要点》，《战略与决策研究》2009 年第 2 期。

[53] 董嘉明、庞亚君、王琳：《准确把握新型城市化的内涵与特征——浙江省新型城市化评价指标体系研究》，《浙江经济》2008 年第 7 期。

[54] 李红波、张小林：《我国发达地区新型城市化的内涵及测度研究——以江苏省为例》，《地域研究与开发》2011 年第 6 期。

[55] 王承强：《新型城镇化进程中城镇综合承载能力评价指标体系构建》，《山东商业职业技术学院学报》2011 年第 3 期。

[56] 徐君：《中原经济区新型工业化、新型城镇化、农业现代化协调发展评价》，《技术经济》2012 年第 3 期。

[57] 曾志伟、汤放华、易纯、宁启蒙：《新型城镇化新型度评价研究——以环长株潭城市群为例》，《城市发展研究》2012 年第 3 期。

[58] 蒋满元：《城市化与经济结构演变互动机制的逻辑模型及分析》，《现代经济探讨》2005 年第 12 期。

[59] 陈永国：《新型工业化与新型城市化协调推进的逻辑》，《技术经济》2005 年第 9 期。

[60] 柯映红：《论新型工业化道路对城市化进程的影响》，《哈尔滨学院学报》2005 年第 2 期。

[61] 季小立、洪银兴：《体制转轨、发展战略转型与中国城市化路径替代》，《天津社会科学》2007 年第 4 期。

[62] 余华银、杨烨军：《安徽新型工业化与城市化关系研究》，《财贸研究》2007 年第 1 期。

[63] 李秀霞、刘春艳：《吉林省人口城市化与经济发展相关分析研究》，《人口学刊》2007 年第 3 期。

[64] 杨烨军、宋马林、廖信林：《中部地区新型工业化与新型城市化关系实证研究》，《统计与决策》2012 年第 2 期。

[65] 陈甬军：《中国的城市化与城市化研究——兼论新型城市化道路》，《东南学术》2004 年第 4 期。

[66] 蒋满元：《经济结构演变与城市化互动机制的逻辑模型及其问题探讨》，《求实》2007年第3期。

[67] 程必定：《中国应走新型城市化道路》，《中国城市经济》2005年第9期。

[68] 姜永生、范建双、宋竹：《中国新型城市化发展道路的基本思路》，《改革与战略》2008年第4期。

[69] 陈明森、李金顺：《中国城市化进程的政府推动与市场推动》，《东南学术》2004年第4期。

[70] 朱烨、卫玲：《产业结构与新型城市化互动关系文献综述》，《西安财经学院学报》2009年第5期。

[71] 安虎森、陈明：《工业化、城市化进程与我国城市化推进的路径选择》，《南开经济研究》2005年第1期。

[72] 王旭：《20世纪后半期美国大都市区空间结构趋同现象及其理论意义》，《世界历史》2006年第5期。

[73] 王旭：《芝加哥：从传统城市化典型到新型城市化典型》，《史学集刊》2009年第6期。

[74] 沈南生：《构建大都市区——中国城市化道路的最佳选择》，《商场现代化》2007年第33期。

[75] 王旭：《20世纪美国城市空间结构的变化及其理论意义》，《南通大学学报》（社会科学版）2006年第4期。

[76] 陈甬军、景普秋：《中国新型城市化道路的理论及发展目标预测》，《经济学动态》2008年第9期。

[77] 魏娟、李敏、曹玲：《基于创新理论的新型城市化支持系统研究——以江苏省为例》，《科技进步与对策》2008年第12期。

[78] 仇保兴：《中国的新型城镇化之路》，《中国发展观察》2010年第4期。

[79] 徐光平：《"十二五"时期协调推进新型城镇化与新农村建设研究》，《东岳论丛》2011年第8期。

[80] 陈建军、雷征：《"两型社会"视角下武汉城市圈新型城市化道路的探

索》,《农业现代化研究》2009年第5期。

[81] 程必定:《区域的"城市性"与中国新型城市化道路》,《浙江社会科学》2012年第1期。

[82] 邹军、朱杰:《经济转型和新型城市化背景下的城市规划应对》,《城市规划》2011年第2期。

[83] 傅恒杰:《快速城市化中的城市政府新型职能》,《邢台学院学报》2007年第1期。

[84] 吴江、王斌、申丽娟:《中国新型城镇化进程中的地方政府行为研究》,《中国行政管理》2009年第3期。

[85] 杜光华:《以科学发展观引领新型城镇化建设》,《科技经济市场》2009年第6期。

[86] 段瑞君:《欧美发达国家城市化进程的经验及其对我国的启示》,《城市》2008年第10期。

[87] 孟祥林:《城镇化进程模式:从发达国家的实践论我国存在的问题》,《广州大学学报》(社会科学版)2010年第4期。

[88] 郭尚鑫:《二战后美国"阳光带"城市的崛起及其历史作用》,《江西师范大学学报》1995年第2期。

[89] 纪晓岚:《英国城市化历史过程分析与启示》,《华东理工大学学报》(社会科学版)2004年第2期。

[90] 李林杰、申波:《日本城市化发展的经验借鉴与启示》,《日本问题研究》2007年第3期。

[91] 刘长庚:《日本城市化问题及带给我们的启示》,《科学咨询》(决策管理)2007年第5期。

[92] 肖绮芳、张换兆:《日本城市化、农地制度与农民社会保障制度关联分析》,《亚太经济》2008年第3期。

[93] 安乔治、王艳红:《日本城市化发展中对三农的保护》,《河北大学学报》(哲学社会科学版)2011年第8期。

[94] 李辉、刘春艳:《日本与韩国城市化及发展模式分析》,《现代日本经济》2008年第4期。

[95] 郭斌、李伟:《日本和印度的城镇化发展模式探析》,《首都经济贸易大学学报》2011年第5期。

[96] 刘培林:《印度城市化的特点及经验教训》,《城乡建设》2010年第10期。

[97] 任冲、宋立军:《印度城市化进程中存在的社会科学问题及原因探析》,《东南亚纵横》2013年第8期。

[98] 陈吉祥:《论城市化进程中的印度非正规就业》,《南亚研究季刊》2010年第4期。

[99] 朱农:《发展中国家的城市化问题研究》,《经济评论》2000年第5期。

[100] 王佳宁、王立坦、白静:《长江经济带的战略要素:11省(市)证据》,《重庆社会科学》2014年第8期。

[101] Jonathan E. Haskel, Sonic C. Peteira, and Matthew J. Slaughter, "Does Inward Foreign Direct Investment Boost the Productivity of Domestic Firms", *The Review of Economics and Statistic*, 2007, 89 (3): 482 - 496.

[102] 孙刚、赵莹莹:《外商直接投资对我国经济发展的影响》,《财经问题研究》2008年第11期。

[103] John Whailey, Xian Xin, "China's FDI and Non-FDI Economics and the Sustainability of Future High Chinese Growth", *China Economic Review*, 2009, (21): 123 - 135.

[104] 李子豪、刘辉煌:《FDI对环境的影响存在门槛效应吗——基于中国220个城市的检验》,《财贸经济》2012年第9期。

[105] 刘敏、曹衷阳:《外商直接投资对经济发展影响的门槛效应研究——基于居民相对消费水平视角》,《工业技术经济》2011年第12期。

[106] 冉光和、鲁钊阳:《金融发展、外商直接投资与城乡收入差距——基于我国省级面板数据的门槛模型分析》,《系统工程》2011年第7期。

[107] A. Young, "The Razors Edge: Distortions and Incremental Reform in the

People's Republic of China", *Quarterly Journal of Economics*, 2000, 115 (4): 1091 – 1135.

[108] Parsley, C. David, "Explaining the Border Effect: The Role of Exchange Rate Variability, Shipping Cost, and Geography", *Journal of International Economics*, 2001, (55): 87 – 105.

[109] 桂琦寒、陈敏、陆铭等:《中国国内商品市场趋于分割还是整合?——基于相对价格法的分析》,《世界经济》2006 年第 2 期。

[110] Samuelson, Paul A., "Theoretical Note on Trade Problem", *Review of Economics and Statistics*, 1964, 46 (2): 145 – 154.

[111] 陈红霞、李国平:《1985~2007 年京津冀区域市场一体化水平测度与过程分析》,《地理研究》2009 年第 6 期。

[112] 盛斌、毛其淋:《贸易开放,国内市场一体化与中国省际经济增长: 1985~2008 年》,《世界经济》2011 年第 11 期。

[113] 茅于轼:《再论我国粮食安全问题》,《上海财经大学学报》2004 年第 4 期。

[114] 唐健、陈志刚、赵小风等:《论中国的耕地保护与粮食安全》,《中国土地科学》2009 年第 3 期。

[115] 张凤荣、张晋科、张迪等:《1996~2004 年中国耕地的粮食生产能力变化研究》,《中国土地科学》2006 年第 2 期。

[116] 邹红艳、谭清美、朱平:《城乡一体化进程中耕地利用变化的驱动因素及区域比较》,《农业工程学报》2013 年第 21 期。

[117] 李翠珍、孔祥斌、秦静等:《大都市区农户耕地利用及对粮食生产能力的影响》,《农业工程学报》2008 年第 1 期。

[118] 王静、黄晓宇、郑振源等:《提高耕地质量对保障粮食安全更为重要》,《中国土地科学》2011 年第 5 期。

[119] 王桂新、冷淞:《中国城市化发展对粮食生产影响分析》,《人口学刊》2008 年第 3 期。

[120] 程名望、张帅、潘烜:《农村劳动力转移影响粮食产量了吗?——基于中国主产区面板数据分析》,《经济与管理研究》2013 年第 10 期。

[121] 王跃梅、姚先国、周明海：《农村劳动力外流、区域差异与粮食生产》，《管理世界》2013年第11期。

[122] 盖庆恩、朱喜、史清华：《劳动力转移对中国农业生产的影响》，《经济学（季刊）》2014年第3期。

[123] 鲍超、方创琳：《长江流域耕地-粮食-人口复合系统的动态分析及调控途径》，《中国人口·资源与环境》2007年第2期。

[124] 殷培红、方修琦、马玉玲等：《21世纪初我国粮食供需的新空间格局》，《自然资源学报》2006年第4期。

[125] 白雪红、闫慧敏、黄河清等：《内蒙古农牧交错区耕地流转实证研究——以太仆寺旗幸福乡和千斤沟镇为例》，《资源科学》2014年第4期。

[126] 花晓波、阎建忠、王琦等：《大渡河上游河谷与半山区耕地利用集约度及影响因素的对比分析》，《农业工程学报》2013年第20期。

[127] 祝滨滨、刘笑然：《我国粮食安全概念及标准研究》，《经济纵横》2010年第11期。

[128] 张忠明、钱文荣：《农户土地经营规模与粮食生产效率关系实证研究》，《中国土地科学》2010年第8期。

[129] 潘佩佩、杨桂山、苏伟忠等：《太湖流域粮食生产时空格局演变与粮食安全评价》，《自然资源学报》2013年第6期。

[130] 彭恩：《清代湖北粮食安全的水问题、对策及其启示》，《中国稻米》2007年第1期。

[131] G. J. Fielding, R. E. Glauthier, "Distribution and Allocation of Transit Subsidies in California", University of California, 1976.

[132] A. R. Tomazinis, "Productivity, Efficiency, and Quality in Urban Transportation Systems", *D. C. Heath and Company*, 1975.

[133] W. K. Talley, P. P. Anderson, "Effectiveness and Efficiency in Transit Performance: A Theoretical Perspective", *Transportation Research*, 1979.

[134] 匡敏：《运输资源优化配置的理论与实践》，中国铁道出版社，2005。

[135] 魏权龄：《数据包络分析》，科学出版社，2004。

[136] 马丹：《金融集聚浅析以及金融产业集聚程度评价指标体系的实证研究》，华侨大学硕士学位论文，2007。

[137] 谭华：《我国区域金融产业集聚水平与效率的统计研究》，暨南大学硕士学位论文，2013。

[138] 童光荣、郭笑撰：《长江流域生态环境的保护与生态城市建设》，《长江流域资源与环境》2000年第2期。

[139] 江丛干：《昌九一体化——寻找江西崛起新动力》，《中华工商时报》2014年第1期。

[140] 《鄱阳湖生态经济区共青先导区建设总体方案》，2013。

[141] 江西日报，http：//nc.focus.cn/news/2013-03-18/2995030.html。

[142] 于露、段学军：《长江沿江地区发展态势评估与分类》，《长江流域资源与环境》2011年第7期。

[143] 蔡文明、刘凌：《长江流域生态环境问题及其成因》，《河海大学学报》（自然科学版）2006年第6期。

[144] 新华社：《中央城镇化工作会议举行，习近平作重要讲话》，http：//pic.People.com.cn/n/2013/1215/c1016-23842831.html，2013年12月15日。

[145] 年福华、姚士谋、陈振光：《试论城市群区域内的网络化组织》，《地理科学》2002年第5期。

[146] 王德忠、庄仁兴：《区域经济联系定量分析初探——以上海与苏西索地区经济联系为例》，《地理科学》1996年第1期。

[147] 周一星：《城市地理学》，商务印书馆，1995。

[148] 刘军：《社会网络分析导论》，社会科学文献出版社，2004。

[149] 罗家德：《社会网络分析讲义》，中国社会科学出版社，2005。

[150] 王珺、周均清：《从"单中心区域"到"网络城市"优化战略研究——武汉城市圈空间格局》，《国际城市规划》2008年第5期。

[151] 何韶瑶、马燕玲：《基于网络城市理念的城市群空间结构体系研究——以长株潭城市群为例》，《湖南大学学报》（自然科学版）

2009年第4期。

[152] 费潇：《环杭州湾地区空间网络化发展特征分析》，《地域研究与开发》2010年第4期。

[153] 陈彦光、王义民、靳军：《城市空间网络：标度、对称、复杂与优化——城市体系空间网络分形结构研究的理论总结报告》，《信阳师范学院学报》（自然科学版）2004年第3期。

[154] 吴威、曹有挥、曹卫东、徐建、王玥：《长江三角洲公路网络的可达性空间格局及其演化》，《地理学报》2006年第10期。

[155] S. Milgram, "The Small World Problem", *Psychology Today*, 1967, 1 (1): 60 – 67.

[156] Y. Park, W. M. Zhu, "Social Network Analysis for Studying Complex Social Network Phenomena", *Research Quarterly for Exercise and Sport*, 2007, 78 (1): 18 – 29.

[157] N. R. Hassan, "Using Social Network Analysis to Measure IT Enabled Business Process Performance", *Information Systems Management*, 2009, 26 (1): 61 – 76.

[158] P. Hawe, L. Ghali, "Use of Social Network Analysis to Map the Social Relationships of Staff and Teachers at School", *Health Education Research*, 2008, 23 (1): 62 – 69.

[159] 王欣、吴殿延、王红强：《城市间经济联系的定量计算》，《城市发展研究》2006年第3期。

[160] 侯赟慧、刘志彪、岳忠刚：《长三角区域一体化进程的社会网络分析》，《中国软科学》2009年第12期。

[161] 刘耀彬、戴璐：《基于SNA的环鄱阳湖城市群网络结构的经济联系分析》，《长江流域资源与环境》2013年第3期。

[162] 鲍世行：《城市规划新概念新方法》，商务印书馆，1993。

[163] 朱顺娟、郑伯红：《从基尼系数看中国城市规模分布的区域差异》，《统计与决策》2014年第6期。

[164] 吕兰军：《长江九江段、鄱阳湖枯水期取水安全保障与思考》，《水利

发展研究》2014 年第 2 期。

[165] Attah K. Boame, "The Technical Efficiency of Canadian Urbantransit Systems", *Transportation Research PartE: Logistics and Transportation Review*, 2004 (5): 401 – 416.

[166] Daniel J. Graham, "Productivity and Efficiency in Urban Railways: Parametric and Non-Parametric Estimates Transportation Research", *Logistics and Transportation Review*, 2008 (1): 84 – 99.

[167] James Odeck, Svein Brthen, "A Meta-analysis of DEA and SFA Studies of the Technical Efficiency of Seaports: A Comparison Offixed and Random-Effects Regression Models", *Transportation Research Part A: Policy and Practice*, 2012 (10): 1574 – 1585.

[168] 刘浩、张毅、郑文升：《城市土地集约利用与区域城市化的时空耦合协调发展评价：以环渤海地区城市为例》，《地理研究》2011 年第 10 期。

[169] 孙宇杰、陈志刚：《江苏省城市土地集约利用与城市化水平协调发展研究》，《资源科学》2012 年第 5 期。

[170] 李玉双、葛京凤、梁彦庆等：《河北省城市土地集约利用与城市化的耦合协调度分析》，《水土保持研究》2013 年第 2 期。

[171] 郭施宏、王富喜：《山东省城市化与城市土地集约利用耦合协调关系研究》，《水土保持研究》2012 年第 6 期。

[172] 郑华伟、刘友兆、王希睿：《中国城镇化与土地集约利用关系的动态计量分析》，《长江流域资源与环境》2011 年第 9 期。

[173] 武京涛、涂建军、阎晓等：《中国城市土地利用效益与城市化耦合机制研究》，《城市发展研究》2011 年第 8 期。

[174] 席娟、张毅、杨小强：《陕西省城市土地利用效益与城市化耦合协调发展研究》，《华中师范大学学报》（自然科学版）2013 年第 1 期。

[175] 贾琦、运迎霞、尹泽凯：《城市群土地利用效益与城镇化水平的时空耦合分析——我国三大城市群的实证分析》，《现代城市研究》2014 年第 8 期。

[176] 田静：《新型城镇化评价指标体系构建》，《城乡规划与环境建设》2012年第4期。

[177] 赵静蓉：《城市土地利用效率和城市化的耦合协调关系研究——以西安市为例》，《陕西农业科学》2012年第4期。

[178] 刘萌等：《中国城市土地投入产出效率与城镇化水平的耦合关系对268个地级及以上城市行政单元的分析》，《中国土地科学》2014年第5期。

[179] 张锐、郑华伟：《中国城市土地集约利用与城市化协调发展评价研究》，《西安财经学院学报》2011年第3期。

[180] 马德君等：《西北民族地区城镇化与土地集约利用耦合度分析》，《财经科学》2014年第3期。

[181] 任娟：《多指标面板数据融合聚类分析》，《数理统计与管理》2013年第1期。

[182] 赵娜、郑昱、王二平：《面板数据分析的发展和应用》，《人类工效学》2012年第1期。

[183] 李因果：《面板数据聚类方法及应用》，《统计研究》2010年第9期。

[184] 郭新力：《中国农地产权制度研究》，华中农业大学博士学位论文，2007。

[185] 覃美英、程启智：《建国以来我国农地产权制度变迁的经济学分析》，《农村经济与科技》2007年第4期。

[186] 王敏燕：《中国农地产权制度改革研究》，四川大学硕士学位论文，2006。

[187] 吴玲：《新中国农地产权制度变迁研究》，东北农业大学博士学位论文，2005。

[188] 邵传林、冯振东：《中国农地产权制度60年：历程回顾与变迁评判》，《经济与管理研究》2009年第10期。

[189] 蔡昉：《中国农村改革三十年——制度经济学的分析》，《中国社会科学》2008年第6期。

[190] 杨元庆：《当议农地使用权资本化》，《求实》2009年第1期。

[191] 黄韬:《论农村土地集体产权资本化流转》,《农村经济》2008年第3期。

[192] 黄延廷:《农地资本化及其对策研究》,《天府新论》2012年第2期。

[193] 杜明义:《城乡统筹发展中农地资本化途径与保障制度探析》,《西南金融》2014年第10期。

[194] 李洁明:《发展小城镇,推进我国的城镇化战略》,复旦大学硕士学位论文,2003。

[195] 刘正山:《"圈地运动"与"反向公地灾难"——谈农地产权整合对抑制滥圈地的意义》,《中国土地》2003年第11期。

[196] 杜明义:《城乡统筹发展中农地资本化的意义、制约与对策》,《农业经济》2014年第9期。

[197] 年福华、姚士谋、陈振光:《试论城市群区域内的网络化组织》,《地理科学》2002年第5期。

后 记

　　本书以党中央、国务院谋划新发展的重大战略布局长江经济带建设为背景，从新型城镇化的角度以江西省为研究主体进行研究，探讨了江西省新型城镇化融入长江经济带在融入基础和融入过程中所面临的障碍、融入所应遵循的原则和可能的思路及融入的两个关键点。沿着这一研究主线，将江西省的新型城镇化研究和长江经济带建设重大战略布局相结合，试图寻找江西省在这一融合过程中所应处的位置和所应承担的角色，力图使江西省在响应国家政策的同时也尽可能实现战略目标和政策惠及。

　　本书得到上海市政府发展研究中心决策咨询重点项目和南昌大学江西长江经济带建设协同创新中心重点项目资助，也是南昌大学师生共同努力的结果，要感谢以下同事和学生（排名不分先后）：白彩全（南昌大学江西长江经济带建设协同创新中心、南昌大学经济管理学院）、戴璐（南昌大学江西长江经济带建设协同创新中心、中山大学南方学院）、付文琪（南昌大学经济管理学院）、李汝资（南昌大学江西长江经济带建设协同创新中心、南昌大学经济管理学院）、罗燕（南昌大学经济管理学院）、李政通（南昌大学经济管理学院）、谢德金（南昌大学江西长江经济带建设协同创新中心、南昌大学经济管理学院）、熊欢欢（南昌大学江西长江经济带建设协同创新中心、南昌大学经济管理学院）、余颖（南昌大学江西长江经济带建设协同创新中心、南昌航空大学经济管理学院)、夏露(南昌大学经济管理学院)、张新枝(江西师范大学)、张阳(南昌大学江西长江经济带建设协同创新中心、南昌大学经济管理学院)、周依仿(南昌大学经济管理学院)、张云帆(南昌大学经济管理学院)。他们为本书做出了很大贡献。

限于编写人员的理论水平和视野,本书的缺点和疏漏之处在所难免,书中的某些观点与佐证也可能仍存有缺陷,希望阅读本书的同行和朋友能提供宝贵的意见。

刘耀彬
2015 年 12 月于江西省南昌大学前湖校区

图书在版编目（CIP）数据

江西省新型城镇化融入长江经济带的基础、障碍与关键/刘耀彬，戴璐编著.—北京：社会科学文献出版社，2016.4
（长江经济带研究论丛）
ISBN 978-7-5097-8872-1

Ⅰ.①江… Ⅱ.①刘… ②戴… Ⅲ.①城市化-研究-江西省 Ⅳ.①F299.275.6

中国版本图书馆 CIP 数据核字（2016）第 052004 号

长江经济带研究论丛
江西省新型城镇化融入长江经济带的基础、障碍与关键

编　　著／刘耀彬　戴　璐

出 版 人／谢寿光
项目统筹／高　雁
责任编辑／颜林柯　林　尧

出　　版／社会科学文献出版社·经济与管理出版分社（010）59367226
　　　　　地址：北京市北三环中路甲29号院华龙大厦　邮编：100029
　　　　　网址：www.ssap.com.cn

发　　行／市场营销中心（010）59367081　59367018

印　　装／三河市东方印刷有限公司

规　　格／开　本：787mm×1092mm　1/16
　　　　　印　张：16.5　字　数：261千字

版　　次／2016年4月第1版　2016年4月第1次印刷

书　　号／ISBN 978-7-5097-8872-1

定　　价／79.00元

本书如有印装质量问题，请与读者服务中心（010-59367028）联系

▲ 版权所有 翻印必究